Pascal Bazzazi/Guido Birkner (Hrsg.)

bAV 2016

Risiken und Lösungen für Mittelstand und Familienunternehmen.
Ein Fachbuch für Entscheider

LEITER-bAV.de

IMPRESSUM

Dezember 2015

Alle in diesem Buch enthaltenen Angaben, Ereignisse, Texte und Profileinträge wurden von den Autoren und Unternehmen nach bestem Wissen erstellt. Sie erfolgen ohne jegliche Verpflichtung oder Garantie des Verlages oder der Herausgeber. Die Herausgeber übernehmen deshalb keinerlei Verantwortung oder Haftung für etwa vorhandene inhaltliche Unrichtigkeiten.

Das Werk einschließlich aller seiner Teile ist urheberrechtlich geschützt. Jede Verwertung außerhalb der engen Grenzen des Urhebergesetzes ist ohne Zustimmung des Verlages unzulässig und strafbar. Dies gilt insbesondere für Vervielfältigungen, Übersetzungen, Mikroverfilmungen und die Einspeicherung, Verarbeitung und Verbreitung in elektronischen Systemen oder Medien.

Herausgeber:
© FRANKFURT BUSINESS MEDIA GmbH – Der F.A.Z.-Fachverlag, Frankenallee 68–72, 60327 Frankfurt am Main. Geschäftsführer: Torsten Bardohn, Dr. André Hülsbömer

Pascal Bazzazi, Leiter-bAV.de, Prenzlauer Allee 216, 10405 Berlin

Redaktion: Dr. Guido Birkner

Gestaltung, Satz und Korrektorat: FRANKFURT BUSINESS MEDIA GmbH – Der F.A.Z.-Fachverlag

Druck und Verarbeitung: Boschen Offsetdruck GmbH, Alpenroder Straße 14, 65936 Frankfurt am Main, www.boschendruck.de

ISBN: 978-3-945999-14-1

Mit Ökofarben auf umweltfreundlichem Papier gedruckt. Dieses Buch wurde klimaneutral hergestellt. Der CO_2-Ausstoß wurde durch Klimaschutzprojekte kompensiert.

Vorwort

Die betriebliche Altersversorgung geht jedes Unternehmen an, nicht nur Großunternehmen, die hier in der Regel bereits gut aufgestellt sind, sondern auch den Mittelstand und Familienunternehmen. Gerade diese Betriebe sehen sich bei der bAV mit den schwierigen Bedingungen des Kapitalmarktes wie dem niedrigen Zinsniveau und dem volatilen Umfeld konfrontiert. Zudem hat der Umfang an Regulierungen in der jüngeren Vergangenheit eine bislang nicht gekannte Dimension erreicht. Gleichzeitig fokussiert sich die Bundespolitik derzeit stark auf die bAV. Hier lässt die Gesetzgebung im kommenden Jahr neue Weichenstellungen erwarten. Arbeitgeber werden bei der bAV immer wieder mit neuen Administrationspflichten konfrontiert, können aber in Zukunft auf Enthaftung hoffen, wenn die Bundesregierung die seit langem diskutierten Vorschläge endlich in Gesetzesform gießen wird.

Vor diesem Hintergrund sind gerade mittelständische Unternehmen auf aktuelle Informationen und kompetente Unterstützung angewiesen, um bei der bAV stets compliant zu sein. Entsprechend dynamisch entwickelt sich die Nachfrage nach externen Services und Beratung rund um die betriebliche Altersversorgung. Das berührt unter anderem das Asset-Management, die Administration von Vorsorgemodellen und das Aktuariat. Viele Betriebe haben die Frage nach dem Umgang mit Pensionsverpflichtungen bis heute nicht nachhaltig gelöst. Familienunternehmen müssen im Rahmen von Nachfolgeregelungen Pensionszusagen der Gesellschafter-Geschäftsführer regeln. Mit diesen und anderen Themen rund um die bAV im Mittelstand und in Familienunternehmen setzen sich die Autoren des vorliegenden Buchs „bAV 2016" auseinander. Wir wünschen den Lesern eine spannende und informative Lektüre.

Die Herausgeber

Pascal Bazzazi   Guido Birkner

Inhaltsverzeichnis

Vorwort 3

Kapitel I: bAV im Mittelstand allgemein 7

Georg Thurnes, Stefan Birkel:
bAV – ein Überblick 8

Guido Birkner, Michael Reinelt:
Betriebliche Altersversorgung im Mittelstand – eine Bestandsaufnahme 20

Alexander Gunkel:
Ohne grundlegende Verbesserungen der bAV-Rahmenbedingungen
kein verstärktes Engagement der Arbeitgeber 26

Jana Schimke:
„Da kann viel falsch gemacht werden" 32

Carsten Cornelsen:
Entgeltumwandlung, arbeitgeberfinanzierte bAV oder
gemischte Finanzierung? 36

Frank Vogel:
Was haben sie? Trends im niederländischen Pensionswesen
als Impuls für den deutschen Mittelstand 46

Kapitel II: bAV in der Praxis 57

Swen Silke Al, Alexander Siegmund:
Implementierung und Administration von betrieblichen
Versorgungssystemen 58

Matthias Edelmann, Carsten Schmidt:
bAV harmonisieren und stärken   68

Klaus Friedrich, Helmut Hofmeier:
Arbeitnehmer in kleinen und mittleren Unternehmen ausreichend versorgen   78

Henriette Meissner:
Betriebliche Altersversorgung als Teil der Nachhaltigkeitsstrategie
im Mittelstand   86

Michael Hoppstädter, Mark Walddörfer:
Aktueller Bedarf im Mittelstand: De-Risking von Direktzusagen
mit Pensionsrückstellung   92

Rainald Meyer, Frank Rebenstorff:
Die Internationalisierung des Mittelstands – eine Herausforderung für die bAV   104

Gisbert Schadek:
Digitalisierung von Prozessen bei der Verwaltung von bAV-Modellen
im Mittelstand   114

Kapitel III: Pensionspläne und Pensionsverpflichtungen in Familienunternehmen   121

Robert Müller:
bAV 2016 – Risiken und Lösungen für den Mittelstand
und Familienunternehmen   122

Bob Neubert, Jens Thomas Otto:
Die GGF-Versorgung bei Übernahmen   132

Winfried Becker:
Pensionen bei ausgewählten börsennotierten Familienunternehmen
im Spannungsfeld niedriger Zinsen   142

Kapitel IV: Asset-Management 153

Alexander Zanker, Heiko Gradehandt:
Wie Arbeitgeber trotz niedriger Zinsen eine attraktive Altersvorsorge
umsetzen 154

Wolfgang Murmann:
Anlage- und Risikomanagement für Direktzusagen 162

Klaus Mössle:
bAV und Asset-Management: mehr Aktien für die bAV 174

Stefan Rockel, Marc-Oliver Scharwath:
Luxemburg – ein lukrativer Standort für betriebliche
Altersversorgungseinrichtungen 182

Autoren- und Unternehmensporträts 193

Kapitel I:
bAV im Mittelstand allgemein

bAV – ein Überblick

In den Zeiten des Niedrigzinses birgt die betriebliche Altersversorgung Risiken, aber in denen des demographiebedingten Mangels an Talenten ebenso Chancen. Beides gilt es auch im Mittelstand aufmerksam zu managen. Eine einfache Einführung in ein komplexes Thema.

Von Georg Thurnes und Stefan Birkel

Stärkung der bAV im Koalitionsvertrag vereinbart

Der vorliegende Band beleuchtet Risiken und Lösungsstrategien, die sich aus der Sicht des Mittelstands und der Familienunternehmen im Bereich der betrieblichen Altersversorgung (bAV) stellen. Sicher keine nachhaltige Lösungsstrategie wäre es, das Thema bAV – mitsamt den befürchteten Risiken – zu ignorieren. Diese vermeintlich gründlichste aller Lösungsstrategien würde weder der Bedeutung der bAV noch der sozialen Verantwortung der Unternehmen für ihre Mitarbeiter gerecht. Ohne bAV geht es nicht! Dies gilt trotz – oder gerade wegen – der anhaltend problematischen Zinssituation. Diese könnte dazu verleiten, die Vorsorge angesichts niedriger Zinsen zurückzufahren oder ganz einzustellen. Doch das genaue Gegenteil ist notwendig, wenn der Lebensstandard der Mitarbeiter im Alter gesichert sein soll. Die bAV bietet hierfür viele Möglichkeiten und Chancen für die Mitarbeiter. Von diesen können auch die Unternehmen ganz wesentlich profitieren. Dieser Beitrag nähert sich daher dem Thema zunächst von seiner sozialpolitischen und (personal-)wirtschaftlichen Bedeutung, um anschließend die wichtigsten Begriffe und Weichenstellungen der bAV zu erläutern.

Was spricht für die bAV?

Betriebsrenten sind als eine tragende Säule der Versorgung im Alter unverzichtbar und daher von grundlegender sozialpolitischer Bedeutung. Die Erkenntnis ist beileibe nicht neu: Die staatlichen Sicherungssysteme (erste Säule) können eine vollständige Absicherung im Versorgungsfall (Alter, Erwerbsminderung, Tod) nicht mehr alleine leisten. Das Versorgungsniveau der gesetzlichen Rentenversicherung wird in Deutschland weiter deutlich sinken. Schätzungen zufolge wird es im Jahr 2030 durchschnittlich nur noch circa 43 Prozent des letzten Nettogehalts betragen. Grund hierfür sind die demographischen Entwicklungen und die dadurch notwendig gewordenen Einschnitte in die umlagefinanzierten staatlichen Sicherungssysteme. Nur zusätzlich getragen von der kapitalgedeckten bAV (zweite Säule) und der privaten Eigenvorsorge (dritte Säule) kann eine stabile und auskömmliche Versorgung entstehen.

Diese sozialpolitische Bedeutung wird durch eine personalpolitische Dimension ergänzt. Denn die demographischen Veränderungen werden den Fachkräftemangel weiter verstärken. Gerade im Wettbewerb um Fachkräfte und Talente werden zusätzliche Sozialleistungen des Arbeitgebers wie die bAV ein zunehmend wichtiges Argument bei der Mitarbeitergewinnung und -bindung. Der Arbeitgeber bietet dem Mitarbeiter mit der bAV eine sehr attraktive und effiziente Vorsorgeform. Die bAV bindet die Vorsorge der einzelnen Mitarbeiter in ein kollektives System ein. Durch die Bündelung ergeben sich insbesondere unter Kostengesichtspunkten Skaleneffekte, von denen jeder einzelne Mitarbeiter profitiert. Die bAV wird zudem weitgehend vom Arbeitgeber organisiert. Der Mitarbeiter kann diesen Rahmen ohne viel Aufwand nutzen, und er muss sich nicht auf eigene Faust um eine Vorsorgelösung bemühen.

Wettbewerb um Fach- und Führungskräfte

Die Bedeutung der bAV hat die Politik längst erkannt und sie auch heute unverändert auf ihrer Agenda. Durch die gesetzlichen Reformen der vergangenen Jahre wurden die schon lange vorhandenen Förderungsmaßnahmen zum Aufbau einer kapitalgedeckten bAV weiter ausgebaut. Dies hat bereits wesentlich zur Verbreitung der bAV beigetragen. Die letzten Erhebungen haben allerdings ergeben, dass die Verbreitung der bAV ganz wesentlich von der Größe der Unternehmen abhängt. Insbesondere bei kleineren und mittleren Unternehmen (KMUs) ist sie bislang nur unterdurchschnittlich verbreitet. Daher konzentrieren sich die aktuellen Reformbestrebungen speziell darauf, KMUs den Zugang zur und den Umgang mit der bAV zu erleichtern.

Was ist bAV?

Drei Kriterien für bAV

Nach der gesetzlichen Definition und deren Auslegung durch das Bundesarbeitsgericht liegt betriebliche Altersversorgung vor, wenn die nachfolgenden drei Kriterien erfüllt sind:

Zunächst ist also Voraussetzung, dass der Arbeitgeber die Zusage aus Anlass des Beschäftigungsverhältnisses erteilt.

Weiterhin erfordert das Vorliegen einer bAV, dass die Leistungen durch den Eintritt eines biologischen Ereignisses ausgelöst werden. Dabei können Versorgungsleistungen nicht nur im altersbedingten Ruhestand (Versorgungsfall Alter), sondern auch für die Versorgungsfälle der Erwerbsminderung oder des Todes vorgesehen sein. Für die Todesfallleistungen ist entscheidend, dass diese nicht an beliebige Erben, sondern nur an nahestehende Hinterbliebene des Mitarbeiters in Betracht kommen. Durch dieses zweite Merkmal wird die bAV von sonstigen (Sozial-)Leistungen wie etwa Altersteilzeit oder Jubiläumsleistungen abgegrenzt.

Drittes und damit letztes Wesensmerkmal der bAV ist, dass die zugesagte Leistung zum Zwecke der Versorgung gewährt wird. Sie muss also der Absicherung des Lebensstandards dienen. Ursprünglich wurden betriebliche Versorgungsleistungen ausschließlich als Fürsorgeleistungen des Arbeitgebers an seine (ehemaligen) Mitarbeiter angesehen. Über die Zeit wurde aber anerkannt, dass die bAV daneben auch in einem Gegenseitigkeitsverhältnis zu der Arbeitsleistung und Betriebstreue des Mitarbeiters steht – sie hat daher mittlerweile auch Entgeltcharakter.

Erfüllt das Versorgungsversprechen (Zusage) des Arbeitgebers diese drei Merkmale, handelt es sich um bAV in dem hier relevanten Sinne.

Was ist das Besondere an bAV?

Die Einordnung eines Leistungsversprechens des Arbeitgebers als bAV bringt bestimmte Rechtsfolgen in den unterschiedlichsten Rechtsbereichen mit sich. Als wesentliche Rechtsgebiete sind hierbei betroffen:

In arbeitsrechtlicher Hinsicht ist vor allem die Geltung des als Arbeitnehmerschutzgesetz ausgestalteten Betriebsrentengesetzes hervorzuheben. Dieses ist unter anderem darauf ausgerichtet, dass die zugesagten Leistungen bei Eintritt eines abgesicherten Versorgungsfalls auch tatsächlich zu Versorgungszwecken verwendet werden. Daher sind die Möglichkeiten zur Übertragung und Abfindung von bAV eingeschränkt, um insbesondere auch den vorzeitigen Konsum auszuschließen. Als Ausfluss des Entgeltcharakters der bAV bleiben die Versorgungsleistungen bei einem Ausscheiden des Mitarbeiters aus dem Unternehmen vor dem Versorgungsfall unter bestimmten Voraussetzungen ganz oder teilweise erhalten – die sogenannte Unverfallbarkeit – und können im späteren Versorgungsfall beansprucht werden. Zudem trägt das Gesetz dafür Sorge, dass die laufenden Leistungen in regelmäßigen Abständen erhöht werden, um einer Kaufkraftminderung entgegenzuwirken. Die für diese Rentenanpassung erforderlichen Mittel stellen bei sachgerechter Zusagegestaltung keine zusätzlichen Lasten für den Arbeitgeber dar. Die Gewährung der bAV wird zudem entweder über eine gesetzliche Insolvenzsicherung oder eine staatliche Aufsicht über das Versorgungsvermögen sichergestellt. Der Arbeitgeber hat bei der Gestaltung und Finanzierung der Zusage trotz dieser arbeitsrechtlichen Anforderungen viele Freiheiten und Wahlmöglichkeiten, einige davon unter Wahrung von Mitbestimmungsrechten durch Einbeziehung des Betriebsrats.

Betriebsrentengesetz

Die steuerliche Förderung sowohl des Unternehmens wie auch des Mitarbeiters ist an die Erfüllung der steuerrechtlichen Anforderungen bei der Ausgestaltung der Zusage geknüpft. Auch diese zielen darauf ab, dass die Versorgungsleistungen erst bei Eintritt des Versorgungsfalles geleistet werden. So darf beispielsweise eine neu erteilte Zusage eine Altersleistung erst nach dem 62. Lebensjahr vorsehen.

Weitere zu beachtende Vorschriften und Gesetze

Sofern der Arbeitgeber zur Durchführung der Versorgungszusage eine Direktversicherung oder eine Pensionskasse einschaltet, sind darüber hinaus auch die Vorschriften über das Zustandekommen und die Durchführung von Lebensversicherungsverträgen zu beachten. In diesen Fällen – zudem auch bei Nutzung eines Pensionsfonds – besteht zur Wahrung der Belange der Versicherten auch eine Beaufsichtigung der genannten Einrichtungen durch die Bundesanstalt für Finanzdienstleistungsaufsicht (BaFin) nach den Vorschriften des Versicherungsaufsichtsgesetzes mit dem Ziel, die dauerhafte Erfüllung der zugesagten Leistungen zu gewährleisten.

Neben den genannten Rechtsgebieten gibt es aber auch noch weitere Bereiche, die bei Vorliegen von bAV besondere Rechtsfolgen vorsehen. So wird beispielsweise der Versorgungsausgleich anlässlich einer Ehescheidung bei der Teilung von betrieblichen Versorgungsanrechten nach gesonderten Regelungen vollzogen.

Wer finanziert die bAV?

Ohne Frage, eine bAV kostet Geld. Daher drängt sich die primäre Frage auf, wer die bAV letztlich finanziert. Insoweit kommen folgende Möglichkeiten in Betracht:

Bei der klassischen bAV bringt der Arbeitgeber die notwendigen Mittel alleine und zusätzlich zum Gehalt auf. Die Finanzierungsmöglichkeiten durch den Arbeitgeber sind allerdings durch die jeweiligen wirtschaftlichen Gegebenheiten begrenzt. Die Unternehmen werden die zweite Säule nicht immer alleine finanzieren können.

Die Motivation zur Eigenverantwortung der Mitarbeiter für die eigene Versorgung ist daher ein entscheidender Faktor. Es ist ebenso eine ausschließliche oder zusätzliche Finanzierung durch den Mitarbeiter möglich. Diese kann einerseits im Wege der Entgeltumwandlung, andererseits aber auch durch Beiträge des Mitarbeiters aus seinem versteuerten Arbeitseinkommen erfolgen, wenn der Arbeitgeber erklärt, die hieraus finanzierten Leistungen als bAV anzuerkennen. In den vergangenen Jahren sind in der Praxis verstärkt sogenannnte Matching-Modelle auf dem Vormarsch, die beide Finanzierungswege vereinen. Bei diesen setzt der Finanzierungsbeitrag des Arbeitgebers voraus, dass der Mitarbeiter einen eigenen Beitrag im Wege der Entgeltumwandlung oder durch Teile seines versteuerten Einkommens leistet. Dies erhöht für den Mitarbeiter zum einen die für die Versorgung zur Verfügung stehenden Finanzierungsmittel und zum anderen sein Bewusstsein und seine Wertschätzung für die Leistungen des Arbeitgebers.

Motivation zur Eigenverantwortung der Mitarbeiter für die eigene Altersvorsorge

Welche Leistungsform wird gewährt?

In welcher Form im Versorgungsfall bAV-Leistungen erbracht werden, ergibt sich aus dem Inhalt der Versorgungszusage. Es kommen in Betracht:

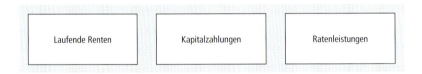

Was die Leistungsform angeht, werden natürlich nach wie vor häufig Rentenleistungen zugesagt, da diese den Versorgungscharakter der Leistungen besonders betonen. Diese werden entweder lebenslang, teilweise aber auch nur für einen gewissen Zeitraum gewährt, wie zum Beispiel Waisen- oder Zeitrenten. In neueren Systemen ist auch ein verstärkter Trend zu Kapitalleistungen festzustellen, die insbesondere das Langlebigkeitsrisiko nicht mehr beinhalten. Teilweise sehen neuere Versorgungszusagen als Option zu einer Einmalzahlung auch die Gewährung mehrerer Ratenzahlungen vor, um insbesondere die steuerliche Progressionswirkung abzumildern.

Viele Zusagen bieten für den Versorgungsberechtigten auch die Möglichkeit, die Leistungsform selbst zu wählen.

Wie ermittelt sich die Leistungshöhe?

Drei Wege zur Festlegung der Leistungshöhe

Ein ganz wesentlicher Inhalt der Zusage ist die Leistungshöhe, die auf drei verschiedenen Wegen festgelegt werden kann:

Bei einer sogenannten Leistungszusage werden allein die Leistungen definiert, die im Versorgungsfall zu erbringen sind. Dies kann beispielsweise ein fester Monatsrentenbetrag, ein festgelegter Euro-Betrag pro Dienstjahr oder ein Prozentsatz des letzten Gehalts vor Rentenbeginn sein.

Die sogenannte beitragsorientierte Leistungszusage stellt verstärkt den Versorgungsaufwand in den Vordergrund. Bei dieser Zusageform wird der Versorgungsaufwand (Beitrag) festgelegt, der monatlich oder jährlich zur Verfügung gestellt wird. Zusätzlich wird dann das Verfahren zur Umrechnung der hieraus resultierenden Leistungen im Leistungsplan gezeigt. Dies kann beispielsweise durch eine versicherungsmathematische Umrechnung eines Jahresbeitrags in einen Rentenbetrag erfolgen. Indem der konkrete Versorgungsaufwand gezeigt wird, wird der „Wert" der Versorgung für den Mitarbeiter transparenter. Das Abstellen auf den jährlichen Versorgungsaufwand ermöglicht zudem die Einbeziehung der bAV in eine Gesamtvergütungsbetrachtung.

Als dritte Möglichkeit ist die sogenannte Beitragszusage mit Mindestleistung zu nennen. Bei dieser wird ein Beitrag an eine externe Versorgungseinrichtung gezahlt, die diesen investiert. Die Leistungshöhe ergibt sich aus dem bis zum Eintritt des Versorgungsfalls erwirtschafteten Vermögen. Der Mitarbeiter partizipiert also an den Chancen und Risiken der Kapitalanlage. Er erhält aber mindestens eine Versorgungsleistung auf der Grundlage der zugesagten Beiträge.

Durch eine entsprechende Gestaltung einer der beiden letztgenannten Zusagetypen können Haftungsrisiken für den Arbeitgeber sehr stark reduziert und nahezu ausgeschlossen werden.

Wie organisiert man eine bAV?

Eine sehr wichtige Fragestellung ist auch, wie die bAV organisiert werden soll. Der Arbeitgeber kann die bAV vollständig selbst durchführen und sich dabei gegebenenfalls in vielen Bereichen durch externe Dienstleister unterstützen lassen. Er hat aber auch die Möglichkeit, einen externen Versorgungsträger einzubinden und diesem die Durchführung der Versorgung zu übertragen. Für die Durchführung der bAV stehen dem Arbeitgeber grundsätzlich fünf verschiedene sogenannte Durchführungswege offen. Auch Kombinationen der Durchführungswege können sinnvoll sein.

Direktzusage/unmittelbare Versorgungszusage	Pensionskasse Pensionsfonds Direktversicherung	Unterstützungskasse

Alle Durchführungswege haben Gemeinsamkeiten, weisen aber auch wesentliche Unterschiede auf. Unterschiedliche Anforderungen oder Rahmenbedingungen ergeben sich insbesondere aus dem Steuerrecht, dem Arbeitsrecht und dem Aufsichtsrecht. Je nachdem, welche Zielsetzungen und Prioritäten ein Unternehmen etwa im Hinblick auf bilanzielle Auswirkungen oder den Versorgungsbedarf der zu versorgenden Mitarbeiter hat, kann der eine oder andere Durchführungsweg geeigneter sein. Deshalb gibt es nicht den einen besten Durchführungsweg, sondern nur den für das jeweilige Unternehmen besten Durchführungsweg. Bei der Wahl des Durchführungswegs kann sich ein Unternehmen bei Bedarf durch Experten von Arbeitgeberverbänden oder unabhängige Berater unterstützen lassen.

Unterschiede der Durchführungswege

Direktzusage

Bei der Direktzusage erfolgt die Abwicklung der bAV allein zwischen Arbeitgeber und Versorgungsberechtigten, wobei sich das Unternehmen bei der Verwaltung der Versorgungsleistungen durch externe Dienstleister unterstützen lassen kann. Mit der Zusage auf bAV entstehen dem Arbeitgeber künftige Verbindlichkeiten gegenüber den Mitarbeitern. Für diese bildet er handelsbilanziell und auch mit steuerlicher Wirkung Rückstellungen.

Dem Unternehmen entstehen dadurch Steuerersparnisse. Diese können frei im Unternehmen investiert werden (Innenfinanzierung). Die späteren Versorgungsleistungen sind dann vom Unternehmen aus den laufenden Erträgen zu erbringen. Es steht ihm aber auch frei, ein zweckgebundenes Versorgungsvermögen (Planvermögen) aufzubauen, aus dem später die Versorgungsleistungen erbracht werden können. Hierfür sind in der Praxis frei dotierbare Treuhandlösungen mit völlig flexibler Kapitalanlage (sogenannte Contractual Trust Arrangements, CTA) oder Rückdeckungsversicherungen verbreitet. Die Rückstellungen können dann bei entsprechender Gestaltung in der Handelsbilanz mit dem Planvermögen saldiert werden.

Lohnsteuer- und Sozialabgabenfreiheit der Finanzierungsbeiträge

Die Finanzierungsbeiträge des Unternehmens sind für den Mitarbeiter in unbegrenzter Höhe lohnsteuer- und sozialabgabenfrei. Damit ist auch die Finanzierung höherer Versorgungsleistungen möglich, etwa für Führungskräfte und Organe des Unternehmens. Bei der Entgeltumwandlung bestehen jedoch Obergrenzen hinsichtlich der Sozialabgabenfreiheit. Die Versorgungsleistungen sind dann zu versteuern und zu verbeitragen. Die Direktzusage bietet zudem den Vorteil, dass der Leistungsplan frei nach den Vorstellungen des Unternehmens gestaltet werden kann.

Die Erbringung der Versorgungsleistungen wird im Insolvenzfall in bestimmten Grenzen durch den Pensions-Sicherungs-Verein Versicherungsverein auf Gegenseitigkeit (PSVaG) sichergestellt. Für diese Sicherung hat das Unternehmen einen jährlichen Beitrag an den PSVaG zu zahlen.

Pensionskasse/Pensionsfonds/Direktversicherung

Die Versorgung kann auch über einen der drei sogenannten versicherungsförmigen Durchführungswege Pensionskasse, Pensionsfonds oder Direktversicherung erfolgen. Diese übernehmen komplett die Durchführung und gewähren dem Versorgungsberechtigten einen Rechtsanspruch auf die Versorgungsleistungen. Sie unterliegen mit ihrer Geschäftätigkeit der Versicherungsaufsicht durch die BaFin. Diese wacht über die dauernde Erfüllbarkeit der versprochenen Versorgungsleistungen. Soweit eine versicherungsförmige Ausgestaltung vorgenommen wird, sind die Versorgungsrisiken fast vollständig ausgelagert. Nur soweit der externe Versorgungsträger die Versorgungsleistungen im Ausnahmefall doch einmal nicht erbringen kann, ist der Arbeitgeber noch für die bAV-Leistungen einstandspflichtig (Subsidiärhaftung).

Zur Finanzierung der Versorgung werden Beiträge an den externen Versorgungsträger gezahlt, die als Betriebsausgaben angesetzt werden können. Rückstellungen müssen vom Unternehmen nicht gebildet werden. Die abgabenrechtliche Behandlung beim Mitarbeiter ist grundlegend anders als bei der Direktzusage und Unterstützungskasse. Lohnsteuer- und sozialabgabenfrei kann aktuell pro Jahr nur ein Beitrag in Höhe von bis zu 4 Prozent der Beitragsbemessungsgrenze in der gesetzlichen Rentenversicherung (West) an die Pensionskasse geleistet werden.[1] Hierbei sind die vom Arbeitgeber und die vom Mitarbeiter (Entgeltumwandlung) finanzierten Beiträge zusammenzurechnen. Die steuerliche Förderung wird nur gewährt, solange die Versorgung in Form von Rentenleistungen oder eines Auszahlungsplans (anfänglich Ratenzahlungen und anschließend eine lebenslange Rente) zugesagt ist. Die späteren Versorgungsleistungen aus den lohnsteuer- und sozialabgabenfreien Beiträgen sind dann für den Versorgungsberechtigten lohnsteuer- und voll sozialabgabenpflichtig.

Mittelbare Durchführungswege über externe Versorgungsträger

Die Pensionskasse und die Direktversicherung müssen bei der Kapitalanlage die strengen gesetzlichen Vorgaben für Lebensversicherungsunternehmen beachten. Der Pensionsfonds unterliegt nicht diesen Beschränkungen und ist bei der Kapitalanlage wesentlich freier. Dadurch ergeben sich ebenso erhöhte Renditechancen wie verstärkte Verlustrisiken. Diesen Freiheiten stehen aber stets eine Nachdotierungspflicht bzw. die Subsidiärhaftung des Arbeitgebers gegenüber, soweit das Pensionsfondsvermögen die Erbringung der Versorgungsleistungen nicht (mehr) gewährleistet. Aufgrund der genannten Dotierungsmöglichkeiten kann auch nur ein beschränk-

---

[1] Im Jahr 2015 also 2.904 Euro; zusätzlich kann steuer-, jedoch nicht sozialabgabenfrei ein jährlicher Betrag von 1.800 Euro geleistet werden.

tes Versorgungsvermögen und ein entsprechendes Leistungsniveau dargestellt werden. Der Leistungsplan kann dabei meist nicht frei gestaltet werden, sondern ist vom Angebot des externen Versorgungsträgers abhängig.

Für Pensionskassen und Direktversicherungen ist die Erfüllung der Versorgungsleistungen durch die BaFin-Aufsicht ausreichend abgesichert, so dass regelmäßig keine Insolvenzsicherung über den PSVaG gegeben ist. Über einen Pensionsfonds gewährte Zusagen werden aufgrund der größeren Freiheiten bei der Kapitalanlage hingegen zusätzlich vom PSVaG gesichert. Die hierfür zu zahlenden Beiträge betragen jedoch nur 20 Prozent der Beiträge, die für eine vergleichbare Direktzusage zu leisten wären.

Portabilität Die versicherungsförmigen Durchführungswege ermöglichen eine einfache Übertragung des Versorgungsvermögens auf den Versorgungsträger eines Nachfolgearbeitgebers (Portabilität).

Unterstützungskasse

Auch die Unterstützungskasse ist ein mittelbarer Durchführungsweg, das heißt, ein externer Versorgungsträger übernimmt die Durchführung der Versorgungszusage. Der Versorgungsberechtigte hat zwar keinen formalen Rechtsanspruch gegenüber der Unterstützungskasse, wodurch diese betriebliche Sozialeinrichtung nicht der Versicherungsaufsicht durch die BaFin unterliegt. Gleichwohl hat der Versorgungsberechtigte eine vergleichbar geschützte Rechtsposition aus der Versorgungszusage. Falls die Unterstützungskasse die zugesagten Leistungen nicht erbringen kann, muss der Arbeitgeber für die Leistungen einstehen (Subsidiärhaftung).

Die Unterstützungskasse kann als firmeneigene Unterstützungskasse gegründet werden. Daneben besteht die Möglichkeit, sich einer Gruppenunterstützungskasse, also einer überbetrieblichen Einrichtung anzuschließen.

Die Versorgungsleistung wird über Beiträge an die Unterstützungskasse finanziert, die mit steuerlicher Wirkung als Betriebsausgabe angesetzt werden können. Was die Kapitalanlage angeht, existieren zwei Arten von Unterstützungskassen. Die sogenannte pauschaldotierte Unterstützungskasse kann das ihr flexibel übertragene Vermögen frei anlegen. So kann das Vermögen grundsätzlich auch als Kredit an das Unternehmen zurückfließen. Allerdings kann in der Anwartschaftsphase nur in beschränktem Umfang Vermögen steuerlich anerkannt zugewendet werden. In der Form der sogenannten rückgedeckten Unterstützungskasse werden von dieser zur Refinanzierung Rückdeckungsversicherungen abgeschlossen, die die künftige Verpflichtung ganz oder zum Teil abdecken. Zuwendungen sind in Höhe der Rückdeckungsversicherungsprämien steuerlich anerkannt, sofern diese im Zeitverlauf in gleichbleibender oder steigender Höhe geleistet werden. Rückstellungen sind von dem Unternehmen für die künftigen Versorgungsleistungen in beiden Ausgestaltungen nicht zu bilden, jedoch kann der Ausweis einer etwaigen Unterdeckung im Bilanzanhang erforderlich werden.

Für den Mitarbeiter ist die abgabenrechtliche Situation wie bei der Direktzusage. Auch die Insolvenzsicherung erfolgt wie bei der Direktzusage über den PSVaG, und zwar unabhängig davon, ob die Unterstützungskasse rückgedeckt operiert oder nicht.

Schlusswort

Angesichts des absehbaren Versorgungsbedarfs der Mitarbeiter ist es zwingend notwendig, die bestehenden Möglichkeiten der bAV zu nutzen. Dies erfordert eine entsprechende Auseinandersetzung mit dem Thema, um den Mitarbeitern zu einer werthaltigen Versorgung zu verhelfen, ohne die wirtschaftlichen Möglichkeiten des Unternehmens übermäßig zu belasten und unabsehbare Risiken einzugehen. •

Der Vorsorgebedarf ist hoch.

Betriebliche Altersversorgung im Mittelstand – eine Bestandsaufnahme

Die Marktdurchdringung wächst in einem schwierigen Marktumfeld

Von Guido Birkner und Michael Reinelt

Leichte Zunahme der Marktdurchdringung im Mittelstand

Die betriebliche Altersversorgung im Mittelstand lebt! So ist die Nachfrage nach bAV bei den Beschäftigten in mittelständischen Betrieben mit 50 bis 500 Mitarbeitern im Jahr 2014 gestiegen. Diese leichte Belebung der Nachfrage folgt offensichtlich auf das höhere finanzielle Engagement der Arbeitgeber. Zu diesen Ergebnissen kommt die Studie „Betriebliche Altersversorgung im Mittelstand 2015", die das F.A.Z.-Institut und die Generali Versicherungen herausgeben. Die Untersuchung ist Teil einer Studienreihe, die seit 2011 erscheint. Basis der Studie ist eine Erhebung unter 200 Personalverantwortlichen, die in ihren Unternehmen auch für die bAV zuständig sind.

Im Vergleich zum Vorjahr haben 2014 mehr Beschäftigte im Mittelstand unterhalb der Führungskräfteebenen eine betriebliche Altersversorgung neu abgeschlossen. Dieser Zuwachs um über 4 Prozentpunkte ist der stärkste seit dem Beginn der vorliegenden Studienreihe im Jahr 2011. Dadurch nähert sich die Durchdringungsquote in der Gruppe der Mitarbeiter unterhalb des Managements der 50-Prozent-Marke. Hingegen stagniert die Marktdurchdringung der bAV im Topmanagement und im mittleren Management, wobei die Anteile der bAV-Anwärter mit rund 60 Prozent (Topmanagement) bzw. rund 50 Prozent (mittleres Management), über die zurückliegenden fünf Jahre betrachtet, konstant hoch waren.

Der Mittelstand baut seine gemischt finanzierten Betriebsrentenmodelle aus

Gemischt finanzierte Betriebsrenten auf der Basis von Arbeitgeber- und Arbeitnehmerbeiträgen werden in mittelständischen Unter-

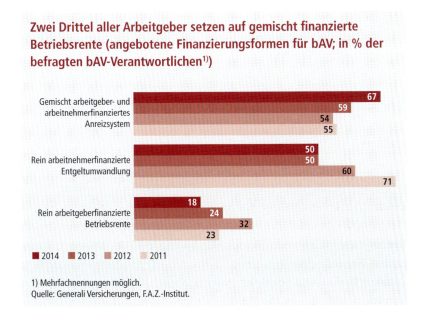

nehmen zunehmend zum Standardmodell. Bereits Ende 2013 haben wir bei der Entscheiderbefragung einen Zuwachs gemischt finanzierter Modelle registriert. Inzwischen hat sich diese Finanzierungsvariante als die am häufigsten angebotene Form fest im Mittelstand etabliert. 2014 konnte sich dieser Trend noch einmal verstärken. So boten zwei Drittel der befragten Mittelständler solche bAV-Modelle an.

Zugleich ist der Anteil der Unternehmen mit einer rein arbeitgeberfinanzierten Betriebsrente rückläufig – ein Trend, den wir seit Jahren beobachten und der eher an Fahrt gewinnt, als dass er sich abschwächt. Diese Entwicklung schlägt sich auch in den Ergebnissen der einzelnen Durchführungswege nieder. So stellten laut der Studie weniger Unternehmen als in den Vorjahren ihren Mitarbeitern die klassischen Durchführungswege Direktzusage und Unterstützungskasse bereit. Auch die Direktversicherung, der am häufigsten genutzte Durchführungsweg, ging 2014 zurück. Stattdessen setzt der Mittelstand verstärkt auf tarifvertragliche Versorgungsmodelle und Branchenlösungen.

Die reine Arbeitgeberrente ist weiter rückläufig.

Die Entgeltumwandlung hat sich in mittelständischen Unternehmen fest etabliert. Das zeigt sich dann, wenn alle Modelle für die Entgeltumwandlung sowohl mit als auch ohne Arbeitgeberbeiträge insgesamt betrachtet werden. So boten Ende 2014 in der Summe 99 Prozent der befragten Mittelständler mindestens ein Modell für die Entgeltumwandlung an. Ausnahmen finden sich hierbei selten. Selbst in den Betrieben, die eine rein arbeitgeberfinanzierte Betriebsrente für ihre Beschäftigten vorhalten, findet sich fast immer auch ein Modell für eine Entgeltumwandlung.

Hohe Frequenz der neuen Complianceanforderungen belastet die Unternehmen

Neue Regeln und Urteile zur bAV sind umzusetzen.

Neben dem langfristig niedrigen Zinsniveau ist die Umsetzung der hohen Anzahl neuer Regeln und Urteile zur betrieblichen Altersversorgung eine große Herausforderung für die Unternehmen und die Produktanbieter. Die Fachabteilungen, die die bAV in ihren verschiedenen Formen administrieren, haben ihre Mühe, mit der Umsetzung der fortlaufend neuen Regelungen, Urteile und Vorschriften nachzukommen. Der Druck, stets regelkonform zu handeln, spiegelt sich in den 81 Prozent der befragten bAV-Verantwortlichen wider, die in den zahlreichen Novellen zur bAV eine wachsende Herausforderung für das Compliancemanagement ihrer Unternehmen sehen.

Dabei ist es den mittelständischen Unternehmen besonders wichtig, zu jedem Zeitpunkt compliant zu handeln. Nur soweit sie eine eigene Fachabteilung oder Experten für die Betriebsrente intern beschäftigen, können sie selbst dem permanenten Aktualisierungsbedarf gerecht werden, auch wenn ihnen dadurch zusätzlicher Personalaufwand entsteht. Halten sie diese Ressourcen nicht selbst intern vor, erwarten die Betriebe vollständige administrative Entlastung durch ihre bAV-Dienstleister.

Das langfristige Niedrigzinsniveau und seine Auswirkungen auf die Profitabilität von Vorsorgeprodukten beschäftigen die Dienstleister ebenso wie die Arbeitgeber. Wie bereits in der Vorjahresstudie festgestellt, erwarten 79 Prozent der befragten bAV-Verantwortlichen, dass den Anbietern von bAV-Produkten und den Arbeitgebern daraus große Probleme im Zusammenhang mit der Gewähr garantierter Betriebsrenten erwachsen können.

Kapitel I: bAV im Mittelstand allgemein

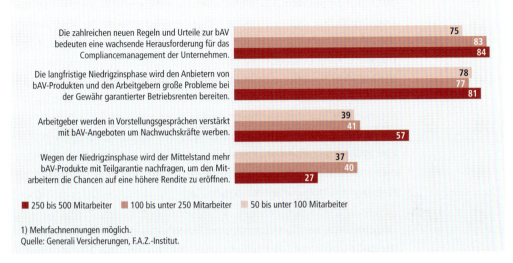

Große Betriebe bringen bAV in Vorstellungsgesprächen aktiver zur Sprache (Zustimmung zu Zukunftstrends; in % aller befragten bAV-Verantwortlichen, nach Mitarbeiteranzahl[1])

	250 bis 500 Mitarbeiter	100 bis unter 250 Mitarbeiter	50 bis unter 100 Mitarbeiter
Die zahlreichen neuen Regeln und Urteile zur bAV bedeuten eine wachsende Herausforderung für das Compliancemanagement der Unternehmen.	84	83	75
Die langfristige Niedrigzinsphase wird den Anbietern von bAV-Produkten und den Arbeitgebern große Probleme bei der Gewähr garantierter Betriebsrenten bereiten.	81	77	78
Arbeitgeber werden in Vorstellungsgesprächen verstärkt mit bAV-Angeboten um Nachwuchskräfte werben.	57	41	39
Wegen der Niedrigzinsphase wird der Mittelstand mehr bAV-Produkte mit Teilgarantie nachfragen, um den Mitarbeitern die Chancen auf eine höhere Rendite zu eröffnen.	27	40	37

1) Mehrfachnennungen möglich.
Quelle: Generali Versicherungen, F.A.Z.-Institut.

Die langfristige Niedrigzinsphase steigert nach Ansicht jedes dritten bAV-Entscheiders im Mittelstand die Nachfrage nach mehr betrieblichen Vorsorgeprodukten, für die Teilgarantien gewährt werden. Immerhin eröffnen solche Modelle den Mitarbeitern die Chance auf höhere Renditen jenseits der geringen Zinsen, die der Kapitalmarkt derzeit bietet. Überdurchschnittlich offen zeigen sich die bAV-Verantwortlichen aus Handelsgesellschaften für Betriebsrenten mit Teilgarantien. Fast jeder zweite Befragte aus dieser Branche sieht für solche Produkte das Potenzial, in Zukunft eine höhere Nachfrage zu erfahren.

Ein Teil des Mittelstands vernachlässigt die interne Kommunikation der bAV

Mit der bAV verhält es sich so wie mit allen Angeboten und Benefits des Arbeitgebers: Je mehr sich die Verantwortlichen im Betrieb für diese Dinge engagieren und mit den Mitarbeitern darüber kommunizieren, desto größer ist die Resonanz in der Belegschaft. Unsere Studienreihe belegt, dass die Beschäftigten einen großen Informations- und Kommunikationsbedarf im Zusammenhang mit der bAV haben und deshalb auf die Fachleute in ihren Betrieben zugehen.

Die Kommunikation entscheidet mit über die Akzeptanz des bAV-Angebots.

Die meisten mittelständischen Betriebe setzen in der Kommunikation rund um die bAV vor allem auf externe Dienstleister. So ist das individuelle Beratungsgespräch des Anbieters bzw. Dienstleisters der wichtigste Kommunikationskanal zu den Mitarbeitern. Zwar stehen die bAV-Fachabteilungen für Rückfragen zur Verfügung, doch offensichtlich hat sich im Mittelstand kein vorherrschender Kommunikationskanal etabliert. Ein kleiner Teil der befragten bAV-Verantwortlichen räumt sogar ein, gänzlich auf Kommunikation zu verzichten. Intern teilt die Unternehmensleitung Informationen zur Betriebsrente in fast jedem zweiten Betrieb am Schwarzen Brett mit. Immerhin sind Mitarbeiterversammlungen als Informationsforen in knapp der Hälfte der Betriebe etabliert. Mancher Betrieb fokussiert die Kommunikation auf einen Beratertag.

Das Intranet wird als Kommunikationsmedium für Fragen rund um die bAV im Mittelstand bislang in unterschiedlichem Maße genutzt. Immerhin jeder dritte Dienstleister setzt auf das Intranet, während es auf Seiten der Industrie jeder vierte Arbeitgeber ist. Diese Frage differenziert sich am stärksten nach der Größe der Betriebe. So kommuniziert jedes zweite Unternehmen mit 250 bis 500 Mitarbeitern Informationen zum eigenen bAV-Angebot via Intranet. Hingegen ist der Vergleichsanteil bei den kleineren Betrieben ab 50 Mitarbeiter deutlich geringer. Gerade der große Mittelstand nutzt im Durchschnitt vier Kommunikationskanäle und -instrumente, Betriebe mit weniger als 250 Beschäftigten knapp drei Kanäle.

Betriebsrenten etablieren sich als das wirksamste Instrument zur Mitarbeiterbindung nach Weiterbildungsangeboten

Der Mittelstand investiert stark in die Weiterbildung der Mitarbeiter.

Ein Kernmotiv für das größere Engagement der Arbeitgeber ist die sehr gute Wirkung der Betriebsrenten auf die Mitarbeiterbindung. Deshalb nutzen die befragten Betriebe im Durchschnitt fast sieben der abgefragten Instrumente, um ihre Belegschaft zu halten. Am häufigsten und am erfolgreichsten ist dabei wie in den vergangenen Jahren die Weiterbildung. Fast neun von zehn Betrieben investieren regelmäßig in die Qualifikation ihrer Beschäftigten. Die betriebliche Altersversorgung mit einem Finanzierungsanteil der Arbeitgeber zählt ebenfalls für die überwiegende Zahl der Unternehmen zu den

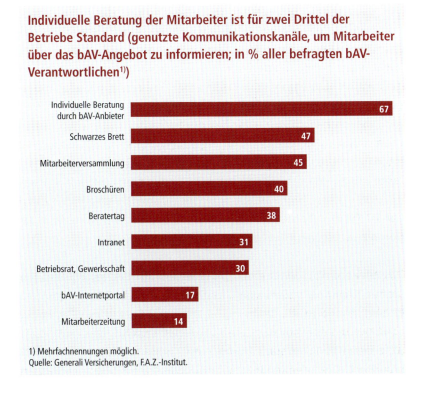

Standardinstrumenten und zeigt dabei gute Erfolge, denn mehr als acht von zehn befragten bAV-Verantwortlichen zeigen sich mit den Resultaten zufrieden. Die Ergebnisse ihrer Bindungsmaßnahmen messen die meisten Betriebe anhand von Jahresgesprächen. Diese Methode hat im abgelaufenen Jahr eine deutlich höhere Verbreitung gefunden. Auch die Fluktuationsrate ist für die Betriebe ein wichtiger Indikator. Immerhin jeder zweite Betrieb führt sogar Mitarbeiterbefragungen durch.

Auch in Zukunft steht die Weiterbildung als Bindungsinstrument im Mittelstand ganz oben auf der Liste. Zudem halten die meisten Betriebe Zusatzentgelte für ein wichtiges Mittel, um die benötigten Arbeitskräfte zu halten bzw. zu gewinnen. Hierzu zählt auch die arbeitgeberfinanzierte Betriebsrente. Während die Industrie einen Schwerpunkt bei der Weiterbildung setzt, legen die Dienstleistungsgesellschaften den Fokus auf mehrere Bindungsinstrumente. •

bAV als Vergütungskomponente soll die Mitarbeiterbindung fördern.

Ohne grundlegende Verbesserungen der bAV-Rahmenbedingungen kein verstärktes Engagement der Arbeitgeber

Das Sozialpartnermodell, die Tarifautonomie und das Bilanz- und Steuerrecht: eine kritische Beurteilung der gegenwärtigen Vorschläge zur Weiterentwicklung der bAV und Ergänzungen aus Arbeitgebersicht

Von Alexander Gunkel

Falsche politische Weichenstellungen

Es gibt viele Abschnitte des Koalitionsvertrags der gegenwärtigen großen Koalition, in denen sich falsche politische Weichenstellungen finden: abschlagsfreie Rente mit 63, gesetzlicher Mindestlohn, Regulierung von Zeitarbeit und Werkverträgen und anderes mehr. Was die betriebliche Altersversorgung (bAV) betrifft, sieht es zumindest besser aus. Denn für sie ist im Koalitionsvertrag für diese Legislaturperiode immerhin eine Stärkung versprochen. Diese Festlegung ist erfreulich, aber sie ist natürlich keine Garantie, dass es bis zur nächsten Bundestagswahl tatsächlich zu dieser dringend notwendigen Stärkung der bAV kommen wird. Für die Wirtschaft hat die bAV nach wie vor einen hohen Stellenwert. Mit einem Aufwand von fast 30 Milliarden Euro im Jahr ist sie die mit Abstand größte freiwillige Sozialleistung der Arbeitgeber. Durch gemeinsame Anstrengungen der Sozialpartner sowie von vielen Versorgungswerken ist es in den vergangenen anderthalb Jahrzehnten gelungen, die Verbreitung der bAV erheblich zu steigern. Heute verfügen 60 Prozent aller sozialversicherungspflichtig Beschäftigten über mindestens eine Betriebsrentenanwartschaft. Die Arbeitgeber und ihre Sozialpartner leisten damit einen großen Beitrag, die deutsche Alterssicherung durch zusätzliche kapitalgedeckte Altersvorsorge zukunftsfest zu machen.

Weitere Verbreitung der bAV nur auf freiwilliger Grundlage

Allerdings muss aber auch klar gesehen werden, dass bAV für Arbeitgeber kein Selbstzweck ist. Sie ist ein Instrument der Personalpolitik, das sich im Hinblick auf Nutzen, Kosten und Risiken immer wieder bewähren muss. Sie steht in Konkurrenz mit anderen personalpolitischen Instrumenten und deshalb auch stets im Vergleich – gerade im Hinblick auf die Kosten. Daher bleibt es für die deutschen Arbeitgeber unverzichtbar, dass eine weitere Verbreitung der bAV nur auf freiwilliger Grundlage erfolgen darf. Jegliche staatliche Zwangsmaßnahmen, sei es als Betriebsrentenobligatorium, als staatlich angeordnetes sogenanntes Opting-out-Modell oder über den Umweg einer Allgemeinverbindlicherklärung von Tarifverträgen, führen in die Irre. Die bAV wäre dann nämlich kein personalpolitisches Instrument der Arbeitgeber mehr, sondern nur noch ein Personalkostenfaktor – neben vielen anderen. Schlimmer noch: Die richtige Grundentscheidung der Alterssicherungsreformen vor rund 15 Jahren, den Arbeitskostenanstieg infolge der absehbaren demographiebedingten Zusatzlasten wenigstens zu begrenzen und diese Last gerecht zu verteilen, würde ins Gegenteil verkehrt, wenn trotz langfristig weiter steigender Beiträge zur gesetzlichen Rentenversicherung ein Zwang zur bAV eingeführt würde.

BMAS-Vorschlag „Sozialpartnermodell"

Ob die im Koalitionsvertrag versprochene Stärkung der bAV gelingt, ist weiter offen. Zum einen war dieses Versprechen schon im vorigen Koalitionsvertrag enthalten und blieb folgenlos. Zum anderen ist Skepsis angebracht, weil es in Sachen bAV von Seiten des zuständigen Bundesarbeitsministeriums bislang nur einen einzigen konkreten Vorschlag gibt, und der ist kaum geeignet, eine Weiterentwicklung einzuleiten. Beim Vorschlag des Bundesarbeitsministeriums vom Januar 2015, dem „Neuen Sozialpartnermodell Betriebsrente", geht es im Kern darum, dass die Tarifparteien in Tarifverträgen gemeinsame Einrichtungen der bAV schaffen sollen. Als Lockmittel, damit die Tarifparteien entsprechend handeln, soll bAV, die über solche gemeinsamen Einrichtungen erfolgt, ohne Haftung der Arbeitgeber möglich sein. Das heißt, dass die bislang bestehende Einstandspflicht der Arbeitgeber für die spätere Betriebsrente entfallen würde. Stattdessen würde später ggf. – wenn die gemeinsame Einrichtung nicht ausreichend finanziert ist – der Pensions-Sicherungs-Verein (PSV) eintreten, das heißt, dass die Haftung von den Arbeitgebern übernommen würde, die den PSV finanzieren.

> Skepsis gegenüber Versprechen im Koalitionsvertrag

Zwei Einrichtungen parallel?

Die Bundesvereinigung der Deutschen Arbeitgeberverbände (BDA) hat die Überlegungen des Bundesarbeitsministeriums im Wesentlichen aus folgenden Gründen abgelehnt: Die geplante einseitige Begünstigung tarifvertraglicher Altersvorsorge würde die bestehende bAV schwächen, nicht stärken. Denn wenn ein Arbeitgeber ohnehin in neu etablierte tarifliche Einrichtungen einzahlen muss, wird er sich fragen, wozu er noch eine eigene Einrichtung unterhalten soll. Für alle Beschäftigten künftig mehrere Betriebsrentenzusagen zu unterhalten kann kaum sinnvoll sein. Im Ergebnis wäre für die bAV nichts gewonnen, wenn die Arbeitgeber mit eigenen Betriebsrentensystemen diese zurückfahren oder sogar schließen. Hinzu kommt, dass das BMAS-Konzept nicht stimmig ist: Es gibt keine Rechtfertigung dafür, eine mögliche Enthaftung bei der bAV nur auf tarifvertraglich vereinbarte Lösungen zu beschränken. Soll die obligatorische Arbeitgeberhaftung beseitigt werden, muss das für alle Durchführungswege der bAV gelten, die genauso sicher sind.

Offene Fragen bei geplanter Haftungsübernahme

Zudem sind Fragen bei der geplanten Haftungsübernahme durch den PSV offen. Der PSV wird heute allein von den Arbeitgebern finanziert, die für ihre Betriebsrentenzusagen voll haften. Es darf nicht sein, dass sie im Ergebnis belastet werden durch Betriebsrentenzusagen von Arbeitgebern, die für ihre Betriebsrenten nicht haften wollen. Wie das gewährleistet werden soll, ist offen. Wenn der PSV künftig neue Risiken übernehmen soll, dann muss das mindestens sehr viel intensiver durchdacht werden, als das bislang geschehen ist.

Zunehmende Allgemeinverbindlicherklärungen gefährden Tarifautonomie

Der Vorschlag des Bundesarbeitsministeriums begünstigt ohnehin nur auf den ersten Blick die Tarifpartner. Denn schon auf den zweiten Blick wird klar, dass die Tarifpartner vor allem voll in die Pflicht genommen werden sollen. Die Überlegung, eine für die Arbeitgeber haftungsfreie bAV zu ermöglichen, ist natürlich diskutabel. Aber eine Regelung, die eine solche Begünstigung einseitig nur an Tarifverträge knüpft, wäre ein zu hoher Preis. Dann wäre nämlich absehbar, dass der Druck steigen würde, bAV viel stärker durch Tarifverträge mit Arbeitgeberbeiträgen zu organisieren. Sobald Arbeitgeber durch neue tarifvertragliche Pflichtbeiträge zusätzlich belastet werden, wird aber die Gefahr einer Tarifflucht wachsen.

Dieser Tarifflucht könnte am Ende nur noch durch Allgemeinverbindlicherklärungen dieser Tarifverträge begegnet werden. Das Bundesarbeitsministerium bestreitet auch gar nicht, dass es Allgemeinverbindlicherklärungen als ein mögliches Mittel zur weiteren Verbreitung der bAV sieht. Verstärkte Allgemeinverbindlicherklärungen von Tarifverträgen würden aber die Machtbalance zwischen den Tarifpartnern gefährden und damit die Tarifautonomie in ihrer Substanz schwächen. Gewerkschaften könnten überzogene Forderungen durchsetzen, ohne befürchten zu müssen, dass die ausgehandelten Ergebnisse ihrer Mitgliedschaft nicht dauerhaft zugutekommen, weil die Arbeitgeber ihre Tarifbindung beenden. Regelungen, die im Ergebnis allgemein verbindlich erklärte Tarifverträge zum Ziel haben, bleiben daher für Arbeitgeber eine rote Linie, die nicht überschritten werden darf. Die Tatsache, dass nicht nur die Arbeitgeber, sondern auch große Teile der Gewerkschaften den Vorschlag des BMAS vom Januar 2015 klar abgelehnt haben, ist nicht ohne Wirkung geblieben. So hat die Bundesarbeitsministerin inzwischen erklärt, zu Änderungen bereit zu sein. Aber solange tarifvertragliche Vereinbarungen wesentlicher Bestandteil der Überlegungen des Bundesarbeitsministeriums sind, bleibt der Vorschlag untragbar.

Drohende Allgemeinverbindlicherklärung von Tarifverträgen

Vorschläge der Arbeitgeber

Staatliche Zwangsmaßnahmen zur weiteren Verbreitung der bAV sind auch deshalb verfehlt, weil die politischen Mittel für eine weitere Stärkung der bAV auf freiwilliger Grundlage noch nicht ausgereizt sind. Das Werben für bessere Rahmenbedingungen der bAV gehört ja schon seit Jahrzehnten zur politischen Agenda der BDA. Sie hat dafür einen umfangreichen Katalog mit vielen konkreten und präzisen Vorschlägen in die politische Diskussion eingebracht. Dazu gehören auch Vorschläge zu dem aktuell drängendsten Problem, der anhaltenden Niedrigzinsphase. Arbeitgeber, die stark in der bAV engagiert sind, sind derzeit kräftig durch sie belastet. Die Folgen sind für die Arbeitgeber deutlich spürbar: Insbesondere Unternehmen mit unmittelbaren Versorgungszusagen werden in den nächsten Jahren erheblich stärker bilanziell belastet werden. Bereits heute ist absehbar, dass der siebenjährige HGB-Durchschnittszinssatz kräftig sinken wird. Sofern das aktuelle Zinsniveau so bleibt, wird er sich von zuletzt rund 4,5 Prozent auf rund 2,8 Prozent 2017 reduzieren. Nach Schätzungen der Arbeitsgemeinschaft für betriebliche Altersversorgung (aba) wird dies zu einem zusätzlichen Rückstellungsbedarf von jährlich rund 35 bis 45 Milliarden Euro führen, der die Unternehmen in ihrer Ergebnisrechnung massiv belasten wird. Gleichzeitig wird dieser handelsbilanziellen Mehrbelastung der Unternehmen mit Pensionsverpflichtungen im steuerlichen Bereich nur völlig unzureichend Rechnung getragen. Denn während die handelsbilanzielle Belastung aufgrund des marktgerechten Rechnungszinssatzes steigen wird, verbleibt der steuerliche Rechnungszinssatz unverändert bei 6 Prozent. Dies hat zur Folge, dass nach dem heutigen Steuerrecht teilweise kaum mehr als die Hälfte (!) der handelsrechtlich zu bilanzierenden Pensionsverpflichtungen steuerlich geltend gemacht werden kann.

Anpassung des Bilanz- und Steuerrechts an Zinsrealität nötig

Zügige Anpassungen im Steuer- und Handelsbilanzrecht sind notwendig.

Deshalb müssen Änderungen im Steuer- und Handelsbilanzrecht zügig angegangen werden, um Mehrbelastungen der Unternehmen mit bAV zu vermindern und damit Schaden für die Akzeptanz der bAV zu vermeiden. Die BDA hat daher am 14. Juli 2015 – gemeinsam mit der aba – dem Bundesjustizministerium konkrete Vorschläge zur Änderung des Handelsbilanzrechts übermittelt. Hierzu gehört eine Verlängerung des Zeitraums zur Berechnung des Durchschnittszinses von derzeit 7 auf 15 Jahre, um die Belastungen zumindest zeitlich zu strecken. Außerdem sollte ein Wahlrecht zur Verteilung des zusätzlichen Rückstellungsaufwands eingeführt werden.

Gleichzeitig muss der zusätzliche bilanzielle Aufwand durch die Niedrigzinsphase in vollem Umfang steuerlich geltend gemacht werden können. Schon seit der Handelsbilanzrechtsreform 2010 war bekannt, dass das Steuerrecht – zumindest schrittweise – wieder an die Zinsrealität angepasst werden muss. Zu begrüßen ist, dass der Handlungsbedarf der Politik deutlich geworden ist. So haben der Bundestag in seiner Entschließung vom 18. Juni 2015 und der Bundesrat in seiner Stellungnahme vom 25. September 2015 entsprechend gefordert, gesetzliche Änderungen zu prüfen.

Die Niedrigzinsphase hat aber auch erhebliche Auswirkungen auf bAV, die ohne Bilanzberührung durchgeführt wird, also über Versicherungen, Pensionskassen oder Pensionsfonds. Vereinfacht gesagt, müssen Arbeitgeber bei diesen Versorgungswerken für gleich hohe Betriebsrenten heute wegen der niedrigen Zinsen einen höheren Aufwand leisten als früher. Aus diesem Grund müssen hier die Obergrenzen für steuerfreie Einzahlungen in Einrichtungen der bAV spürbar erhöht werden. Bei beiden Vorschlägen geht es nicht um Steueroptimierung, sondern darum, dass der von den Betrieben geleistete Aufwand für eine wichtige und wichtiger werdende Sozialleistung auch steuerlich als solcher anerkannt wird. Das gilt ganz besonders, weil spätestens mit der Auszahlung der voll steuerpflichtigen Betriebsrente auch der Fiskus seinen Teil erhält.

Doppelbelastung abschaffen, Zulagensystem vereinfachen

Aber auch jenseits des Steuerrechts gibt es Handlungsbedarf. Sozialpolitisch wichtig wäre insbesondere, die Attraktivität der bAV für Geringverdiener zu erhöhen. Hierzu sollte in der bAV ein besseres Zulagensystem für Geringverdiener geschaffen werden. Es gibt zwar heute schon die Möglichkeit, die Riesterförderung mit der bAV zu verbinden. Sie wird aber nur selten genutzt, weil sowohl die Beiträge als auch die späteren Betriebsrenten mit Beiträgen zur Kranken- und Pflegeversicherung belastet werden. Mit der Abschaffung der Doppelbelastung durch Kranken- und Pflegeversicherungsbeiträge und einer erheblichen Vereinfachung des Zulagensystems könnte die Attraktivität der bAV gerade für Geringverdiener erheblich gesteigert werden. Zudem würde es ihre weitere Verbreitung gerade dort fördern, wo es besonders nötig ist.

Die BDA hat ein umfassendes, umsetzungsfähiges Konzept zur bAV auf den Tisch gelegt. Wenn die Politik die Rahmenbedingungen der bAV nicht grundlegend verbessert, kann sie auch nicht auf ein verstärktes Engagement der Arbeitgeber hoffen. Niemand sollte glauben, dass die bAV allein durch den Arbeits- und Fachkräftemangel mehr verbreitet wird. Es ist sehr zu hoffen, dass diese Erkenntnis den Fachpolitikern mehr und mehr bewusst wird und die Bereitschaft zu wirklich positiven Veränderungen im Bereich der bAV wächst. ●

bAV-Konzept der BDA

„Da kann viel falsch gemacht werden"

Um die Verbreitung der bAV zu fördern, sollten Hemmnisse für Arbeitgeber wie Arbeitnehmer abgebaut werden, anstatt die Unternehmen zu überlasten, meint Jana Schimke, CDU-Abgeordnete im Deutschen Bundestag und Mitglied im Ausschuss für Arbeit und Soziales. Der Vorschlag aus dem Arbeitsministerium für ein Sozialpartnermodell helfe dabei nicht weiter.

Interview mit Jana Schimke, MdB

Frau Schimke, wie ist der Status der betrieblichen Altersversorgung im deutschen Mittelstand und bei deutschen Familienunternehmen?

Differenzen zwischen großen und kleinen Unternehmen bei der bAV

Jana Schimke: Die Verbreitung der betrieblichen Altersversorgung ist je nach Unternehmensgröße und Branche unterschiedlich. Nach dem letzten Alterssicherungsbericht der Bundesregierung variiert der Anteil der Beschäftigten mit bAV-Anwartschaften zwischen 84 Prozent bei Betrieben mit mehr als 1.000 Beschäftigten und 30 Prozent in Unternehmen mit weniger als zehn Arbeitnehmern. Die Gründe dafür sind vielfältig. Große Unternehmen verfügen über professionelle Strukturen mit ganzen Abteilungen, die sich der Umsetzung der bAV widmen. Kleine Betriebe können den Verwaltungsaufwand und die Kosten oftmals nicht stemmen. Aber auch fehlendes Interesse wird insbesondere Beschäftigten bescheinigt. An diesen Punkten müssen wir ansetzen. Angesichts der Niedrigzinspolitik der Europäischen Zentralbank wird dies nicht einfach.

Die Bundesregierung denkt derzeit über eine gesetzgeberisch begleitete Stärkung einer von den Tarifparteien getragenen bAV nach – das sogenannte Sozialpartner- oder Tariffondsmodell. Zielrichtung sind hier kleine und mittlere Unternehmen, also KMUs. Was halten Sie davon?

Jana Schimke: Ich halte den Vorschlag für problematisch. Er zielt auf einen weiteren Durchführungsweg neben den bereits bestehenden fünf Durchführungswegen der bAV ab. Dies erhöht die Komplexität der betrieblichen Altersversorgung weiter und schwächt die bestehenden Durchführungswege. Das Ziel einer besseren Verbreitung der bAV, insbesondere in kleinen und mittleren Unternehmen, den KMUs, wird konterkariert. Ich sehe es auch grundsätzlich kritisch, wenn die Politik sich in die Ausgestaltung von Tarifverträgen einmischt. Der Vorschlag ist deshalb auch zu Recht von den Sozialpartnern abgelehnt worden.

Was schlagen Sie vor? Wie müsste eine bAV gestaltet sein, damit sie von Arbeitgebern und Arbeitnehmern im Mittelstand akzeptiert wird?

Jana Schimke: Ich glaube nicht, dass wir ein Akzeptanzproblem haben. Die bAV ist eine feste Säule unserer Alterssicherung. Es geht vielmehr um die Verbreitung. Dazu sollten mehrere Hemmnisse angegangen werden. Der aktuelle steuer- und beitragsrechtliche Zuwendungsrahmen nach Paragraph 3 Nummer 63 Einkommensteuergesetz sollte erhöht werden. Auch die 2004 eingeführte Belastung aller Betriebsrentner mit dem nachgelagerten, vollen Kranken- und Pflegeversicherungsbeitrag stellt nicht nur ein großes Hemmnis, sondern, wie ich finde, auch eine Ungerechtigkeit dar. Gleiches gilt für die Doppelbelastung in der Anspar- und Rentenbezugsphase durch Beiträge zur Kranken- und Pflegeversicherung bei der Riesterförderung. Wir müssen uns auch Gedanken machen über die Portabilität von Betriebsrenten. Ein Arbeitsleben ist heute von deutlich mehr Arbeitgeberwechseln geprägt als früher. Ein neuer Arbeitgeber ist aber nicht an die Übernahme alter Zusagen gebunden. Konsequenz ist oft eine Schmälerung der späteren Betriebsrente, insbesondere aufgrund eines geringeren Garantiezinses. Schließlich möchte ich auch die Anrechnung von Rentenanwartschaften auf die Grundsicherung im Alter nicht unerwähnt lassen. Dies stellt einen klaren Fehlanreiz dar, auf Eigenvorsorge zu verzichten, obwohl oftmals nicht einmal klar ist, ob überhaupt Grundsicherung bezogen würde.

> Das Problem der bAV ist die Verbreitung, nicht die Akzeptanz.

Was benötigen wir arbeitgeberseitig?

Jana Schimke: Hier sollten wir die bestehenden Haftungsrisiken angehen. Durch die anhaltende Niedrigzinspolitik der Europäischen Zentralbank sind diese nicht mehr nur ein theoretisches Problem. Auch würde eine mögliche Opting-out-Regelung die Risiken für die Betriebe weiter erhöhen. Auch über die Einführung der beitragsfreien Umwandlung von Wertguthaben für die bAV sollte nachgedacht werden.

Ist die bAV nicht mit derartig vielen Herausforderungen für den Arbeitgeber verbunden, dass die Parole der Mittelständler lauten könnte: je weniger bAV im Haus, desto besser?

Jana Schimke: Das darf nicht passieren. Durch unsere alternde Gesellschaft sind wir auf die zweite und dritte Säule unseres Altersvorsorgesystems stärker denn je angewiesen. Die organisatorischen und prozessualen Herausforderungen sind aber für kleine und mittelständische Unternehmen ein wesentlicher Grund für die unzureichende Verbreitung. Deshalb müssen wir für Entlastung bei Bürokratie und Risiken sorgen sowie gleichzeitig die Attraktivität für die Beschäftigten erhöhen. Nur über ein derartiges Zusammenspiel werden wir langfristig die Finanzierbarkeit unseres Alterssicherungssystems sichern.

> Auf die zweite und dritte Vorsorgesäule angewiesen

Wir haben angesichts des Niedrigzinses mit der Folge steigender Pensionslasten in den HGB-Bilanzen – denken wir nur an das Auseinanderfallen von Paragraph 253 HGB und Paragraph 6a EStG – bereits erste Pleiten im deutschen Mittelstand gesehen. Was ist heute – Stand Ende Oktober 2015 – die drängendste Maßnahme, die die Politik in der bAV umgehend anfassen sollte?

Jana Schimke: Der Ausschuss für Recht und Verbraucherschutz fordert in einer Beschlussempfehlung, gegebenenfalls für Altersversorgungsverpflichtungen eine angemessene Verlängerung des Bezugszeitraums für die Ermittlung des Durchschnittszinssatzes vorzusehen. Die mit dem weiteren Absinken des Durchschnittszinssatzes verbundenen, bilanziellen Belastungen von Unternehmen könnten hierdurch abgemildert werden. Auch Bundesfinanzminister Schäuble sprach sich dieser Tage für Entlastungen bei den Betriebsrentenrückstellungen aus. Die derzeitigen Gespräche mit den Ländern müssen jetzt abgewartet werden.

Die bAV gilt anderen Vorsorgeformen deshalb als überlegen, weil sie mit dem Arbeitgeber über einen dritten fördernden Akteur verfügt. Sehen wir derzeit nicht Tendenzen, dass die Arbeitgeber überlastet werden können?

Jana Schimke: Absolut! Und da spielen wieder arbeitsmarktpolitische Entscheidungen eine große Rolle, nicht nur angesichts einer sich eintrübenden Konjunktur. Die Bereitschaft der Betriebe, ihr Engagement in der bAV auszubauen, hängt sowohl von der allgemeinen wirtschaftlichen Entwicklung als auch von dem Grad politischer Regulierung ab. Da kann viel falsch gemacht werden. Mit der Einführung der abschlagsfreien Rente mit 63 müssen beispielsweise zahlreiche Unternehmen auf langjährige und erfahrene Mitarbeiter vorzeitig verzichten. Auch die Einführung des flächendeckenden Mindestlohns mit all seinen Bestimmungen zum 1. Januar 2015 ist eine Herausforderung für die Betriebe. Meine Auffassung ist, dass eine gute Wirtschaftspolitik immer auch eine gute Sozialpolitik ist. Zur Schaffung von Arbeitsplätzen und Beschäftigung sind wir auf die Wettbewerbsfähigkeit unserer Unternehmen angewiesen.

Viel ist in der bAV auch immer die Rede von europäischer Regulierung, bei der Deutschland und die Bundesregierung zumeist eine abwehrende, defensive Haltung einnehmen. Wie bewerten Sie die gegenwärtigen Regulierungsvorhaben – speziell und grundsätzlich?

Jana Schimke: Die Rentensysteme und die Vorstellungen zur Altersvorsorge unterscheiden sich stark in Europa. Nach einer europäischen Vergleichsstudie zur Altersvorsorge sorgen beispielsweise in Spanien und Italien nur 29 Prozent der Menschen neben der staatlichen Rente zusätzlich vor. Gleichwohl sind die Eigentumsquote und der Immobilienbesitz in diesen Ländern höher als in Deutschland. Im Gegensatz dazu besitzen in Deutschland fast 60 Prozent eine betriebliche oder private Altersvorsorge. Jeder sollte für sich prüfen, wo es Verbesserungsbedarf gibt, aber eine einheitliche betriebliche Altersversorgung in Europa würde zu weit gehen. Mit der EU-Mobilitätsrichtlinie gehen wir einen Mittelweg und erleichtern die Vorsorge bei grenzüberschreitender Beschäftigung. Ziel der Richtlinie ist es, Beschäftigten, die in verschiedenen Mitgliedsstaaten arbeiten, beim Arbeitgeberwechsel den Erwerb und Erhalt von Betriebsrentenansprüchen zu erleichtern.

> Eine einheitliche bAV in Europa ginge zu weit.

Das Interview führte Pascal Bazzazi.

Entgeltumwandlung, arbeitgeberfinanzierte bAV oder gemischte Finanzierung?

Finanzierungsmodelle, die bei Arbeitgebern und Arbeitnehmern ankommen

Von Carsten Cornelsen

Grundlegende Finanzierungsformen und deren Hintergründe

Ausbau der bAV als Kompensation der rückläufigen gesetzlichen Rente

Die Summe an Finanzmitteln, die der Deutschen Rentenversicherung Bund (DRV) zur Verfügung steht, wird sich stetig verringern, da das Erwerbspersonenpotenzial ohne äußere Einflüsse abnimmt. Zudem verschärft die Demographie die Rentenproblematik deutlich, so dass immer mehr Menschen immer länger Anspruch auf Rentenleistungen aus der DRV Bund haben. Sinkende Einnahmen und steigende Zahlungsverpflichtungen führen zwangsläufig zu Sparmaßnahmen bei den Rentenleistungen. Somit haben nahezu alle erwerbstätigen Personen Bedarf an einer zusätzlichen Rentenversorgung. Einer der wichtigsten Lösungsansätze ist die betriebliche Altersversorgung (bAV). Dies bekräftigt auch die Deutsche Rentenversicherung Bund in ihrer Informationsbroschüre zur betrieblichen Altersvorsorge (9. Auflage, Nr. 603, 05/2015). Derzeit macht die bAV einen Anteil von 8 Prozent des Bruttoeinkommens bei den 65-Jährigen aus (BMAS Alterssicherungsbericht 2012) und hat damit bei den heutigen Rentenempfängern einen geringen Anteil am Alterseinkommen. Aufgrund der sinkenden Rentenleistungen kann künftig von einem steigenden Anteil der bAV am Alterseinkommen ausgegangen werden. Unter diesen Voraussetzungen sind sowohl die Finanzierung als auch die Akzeptanz der bAV bei Arbeitgebern und Arbeitnehmern von großer Bedeutung. Die weiteren Ausführungen werden die wichtigsten Finanzierungs- und Gestaltungsformen sowie deren Vor- und Nachteile für Arbeitgeber und Arbeitnehmer beleuchten. Als Grundlage dieser Betrachtung dient die nachfolgende Grafik über die Zusammensetzung der Beitragszahlung zur bAV auf Basis der Daten des Forschungsberichts 429 des Bundesministeriums für Arbeit und Soziales. Die Gründe für diese Aufteilung und Indizien für die dargestellte Entwicklung der Finanzierungsarten sind vielschichtig.

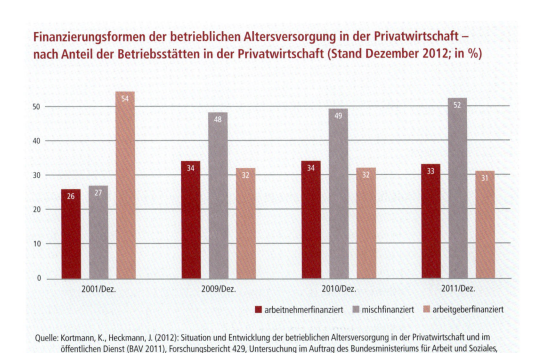

Quelle: Kortmann, K., Heckmann, J. (2012): Situation und Entwicklung der betrieblichen Altersversorgung in der Privatwirtschaft und im öffentlichen Dienst (BAV 2011), Forschungsbericht 429, Untersuchung im Auftrag des Bundesministeriums für Arbeit und Soziales, TNS Infratest, Sozialforschung, München, Dezember 2012, Tab.6-1.

Arbeitnehmerfinanzierte bAV

Bei der reinen Entgeltumwandlung beschränken sich die Beiträge zur bAV auf die aus dem Bruttogehalt des Mitarbeiters umgewandelten Finanzmittel. Diese Form der Finanzierung ist aus Arbeitgebersicht auf den ersten Blick die kostengünstigste, da mit ihr kein direkter finanzieller Aufwand entsteht. Es resultiert sogar eine Ersparnis der Sozialversicherungsbeiträge für das umgewandelte Bruttogehalt. Die Ersparnis entsteht dem Arbeitgeber aber nur, solange das Jahresbruttogehalt des Mitarbeiters inklusive aller Gehaltsleistungen unterhalb der jeweils gültigen Beitragsbemessungsgrenzen liegt. Der finanzielle Nettoaufwand des Mitarbeiters entspricht dem Bruttogehaltsverzicht, vermindert um die Steuerersparnis und die eingesparten Sozialversicherungsbeiträge. Diese Entgeltumwandlung erfolgt freiwillig durch den Mitarbeiter. Seit 2002 ist jeder Arbeitgeber verpflichtet, auf Wunsch des Mitarbeiters die Entgeltumwandlung gemäß Paragraph 3.63 EStG bis zur Höchstgrenze von 4 Prozent der jeweils gültigen Beitragsbemessungsgrenze der gesetzlichen Rentenversicherung vorzunehmen. Der Mitarbeiter kann verlangen, dass eine Direktversicherung abgeschlossen wird, sofern der Arbeitgeber keine

Reine Entgeltumwandlung

Pensionskasse oder keinen Pensionsfonds anbietet. Ausnahmeregelungen durch tarifvertragliche Regelungen sind möglich (vgl. § 17 (3) BetrAVG). Sofern der Arbeitgeber keinen Zuschuss zur Entgeltumwandlung bezahlt, behält er die Sozialversicherungsersparnis zu seinen Gunsten ein. Damit wird die bAV aus Sicht der Mitarbeiter häufig unattraktiver, da sich die Förderung nur auf die staatliche Steuer- und Sozialversicherungsfreiheit reduziert und der Mitarbeiter im Rentenalter bei Auszahlung der bAV den vollen Beitrag zur gesetzlichen Krankenversicherung tragen muss. Doch findet sich diese Art der Finanzierung noch in vielen Betrieben. 2010 und 2011 war die Finanzierung der bAV in 33,3 Prozent der Fälle reine Arbeitnehmersache (WSI Betriebsrätebefragung 2010, TNS Infratest Sozialforschung 2011).

Opting-out als spezielle Form der Arbeitnehmerfinanzierung

Studie: überwiegende Zustimmung zur Gehaltsumwandlung

Drei Viertel der Arbeitnehmer sind bereit, zugunsten der bAV auf einen Teil ihres Gehalts zu verzichten (vgl. Towers-Watson-Studie „Altersversorgung und bAV aus der Arbeitnehmerperspektive", 2012). Dieses Ergebnis bildet eine der Grundlagen für die Ausgestaltung von Opting-out-Modellen in der bAV. Der rechtliche Hintergrund ist die Möglichkeit von Arbeitgebern, in Arbeitsverträge die Entgeltumwandlung zugunsten der bAV zu integrieren. Sofern also der Mitarbeiter nicht binnen einer festgelegten Frist widerspricht (Opting-out), erfolgt automatisch eine Entgeltumwandlung aus dem Gehalt des Mitarbeiters. Die Teilnahmequoten sind bei diesem Vorgehen deutlich höher. Auch sind damit mehrere Vorteile verbunden: Unentschlossene oder uninteressierte Arbeitnehmer werden ebenfalls integriert, und gleichzeitig kommt der Arbeitgeber seiner Verpflichtung zur Ermöglichung der Entgeltumwandlung nach. So werden Mitarbeitern die dringend benötigten Zusatzrenten leichter ermöglicht. Auch hier entsteht für den Arbeitgeber eine Ersparnis aus den Lohnnebenkosten. Folglich wäre es ohne finanziellen Aufwand möglich, einen attraktiven Zuschuss in das Modell zu integrieren.

Mischfinanzierung

- Bei der Mischfinanzierung setzt sich der Beitrag zur bAV aus einer Entgeltumwandlung des Mitarbeiters und einem Zuschuss des

Arbeitgebers zusammen. Die Art und die Höhe des Zuschusses richten sich hierbei nach dem Gesamtkonzept zu Compensation & Benefits. Häufig findet ein prozentualer Zuschuss Anwendung, der sich an der Höhe der Sozialversicherungsersparnis des Arbeitgebers orientiert. Gängig sind zwischen 15 und 25 Prozent Zuschuss auf den Bruttoentgeltumwandlungsbetrag des Mitarbeiters. Diese Art der Gestaltung ist für den Arbeitgeber nahezu kostenneutral. Auch deshalb implementieren Unternehmen zunehmend Zuschussmodelle unterschiedlicher Art.

- Eine weitere Möglichkeit ist die Verwendung von Zuschussmodellen, die direkt an die Höhe der Entgeltumwandlung des Mitarbeiters gekoppelt sind. Diese Konzepte finden sich in Unternehmen, deren Fokus auf der Positionierung als attraktiver Arbeitgeber und der Mitarbeiterbindung liegt. Bei dieser Ausgestaltung zahlt das Unternehmen die gleiche Höhe der Entgeltumwandlung des Mitarbeiters nochmals als Zuschuss zur bAV hinzu. Bei diesem Umfang an Zuschüssen wird die Grenze der Entgeltumwandlung im Rahmen der 4-Prozent-BBG-Rente schnell erreicht. Deshalb bietet sich eine Splittung der Arbeitgeber- und Arbeitnehmerbeiträge auf unterschiedliche Durchführungswege an.

Eine bAV ohne Zuschuss anzubieten bedeutet im Umkehrschluss also, zusätzliche Liquidität für das Unternehmen auf Kosten der Rentenversorgung der eigenen Mitarbeiter zu generieren. Auch deshalb kann die Durchführung ohne Zuschuss als nicht mehr zeitgemäß bezeichnet werden und wird in Zukunft vermutlich einen zunehmend geringeren Anteil an der Finanzierung der bAV haben. Darauf deutet auch der dargestellte, seit 2009 stagnierende Anteil der rein arbeitnehmerfinanzierten Entgeltumwandlungen hin. Die DRV Bund sieht die Beteiligung des Arbeitgebers ebenfalls als großen Vorteil der bAV an und weist auf die steigende Bedeutung hin (Betriebliche Altersversorgung, 9. Auflage, Nr. 603, 05/2015).

Arbeitgeberfinanzierung der bAV

Über den Zuschuss zur Entgeltumwandlung hinaus zahlen manche Arbeitgeber für bestimmte Mitarbeitergruppen oder die gesamte Belegschaft eine rein arbeitgeberfinanzierte bAV. Häufig sind Mitarbeiter selbst finanziell nicht in der Lage, die klaffende Rentenlücke

Soziale Verantwortung motiviert Arbeitgeber.

vollumfänglich aus Eigenmitteln zu schließen. Für Arbeitgeber, die ihrer sozialen Verantwortung gegenüber der Belegschaft nachkommen wollen, bietet sich die arbeitgeberfinanzierte bAV an, um Mitarbeitern eine bessere Rentenversorgung zu ermöglichen. Weitere wichtige Beweggründe für Arbeitgeber sind die Belohnung langjähriger Betriebstreue von Mitarbeitern sowie die verbesserten Chancen, durch derartige Benefits dringend benötigte Fachkräfte leichter für das Unternehmen zu gewinnen. Laut einer aktuellen Studie machen zusätzliche Sozialleistungen wie betriebliche Altersversorgung mittelständische Unternehmen für fast die Hälfte der Arbeitnehmer und Young Professionals attraktiver (Masterthesis von Carsten Cornelsen im Rahmen des MBA IX an der Friedrich-Alexander-Universität Erlangen Nürnberg, 2014). Damit ist auch der wirtschaftliche Anreiz für Unternehmen gegeben, sich intensiv mit Zusatzleistungen zu beschäftigen und deren Finanzierung in die Gesamtkosten einer Stelle zu integrieren. Die Beiträge zur bAV sind dabei als Betriebsausgaben zu werten und können demzufolge steuerlich erfasst werden.

Kopplung an gesetzliche Unverfallbarkeitsfrist

Hierbei investiert das Unternehmen nicht nur einen Zuschuss in die Zukunft der Mitarbeiter, sondern bildet über einen arbeitgeberfinanzierten Beitrag eine Zusatzversorgung für die Mitarbeiter. Häufig werden diese Konzepte aus dem Gedanken der Mitarbeiterbindung an die gesetzliche Unverfallbarkeitsfrist von derzeit noch fünf Jahren gekoppelt. Scheidet der Mitarbeiter vor dem Ablauf der fünf Jahre nach der Zusage aus dem Arbeitsverhältnis aus, verbleibt der arbeitgeberfinanzierte Teil der Versorgung weiterhin im Unternehmen. Ein aktueller Gesetzentwurf zur Umsetzung der EU-Mobilitätsrichtlinie sieht die Verkürzung der Unverfallbarkeitsfrist ab 2018 auf drei Jahre vor. Da ein Mitarbeiter in der Regel nicht nur aufgrund der betrieblichen Altersversorgung die Fünfjahresfrist abwarten wird, um die Ansprüche portieren zu können, ist diese Frist aus Sicht der Mitarbeiterbindung eher unwirksam. In der heutigen Zeit verringert sich zudem zunehmend die durchschnittliche Verweildauer bei einem Arbeitgeber, was zu einem verstärkten Wechsel der Mitarbeiter führt und Anpassungen der Unverfallbarkeitsfristen notwendig macht.

Aus dem bereits erläuterten Ziel der Gewinnung und Motivation von qualifizierten Mitarbeitern ist es folglich durchaus sinnvoll, bAV-Konzepte so zu gestalten, dass die Arbeitnehmer den Anspruch auf den arbeitgeberfinanzierten Teil der bAV auch bei Ausscheiden vor Ablauf der gesetzlichen Unverfallbarkeitsfrist nicht verlieren.

Zielgerichtete Auswahl der Zuschussmodelle in der betrieblichen Altersversorgung

Mögliche Ziele für Unternehmen: Die Ziele, die Unternehmen mit dem Einsatz der bAV verfolgen, variieren stark. Einige Unternehmen, die den Stellenwert der Zusatzversorgung und die Veränderung des Arbeitsmarktes noch nicht erfasst haben, tendieren häufig zur Minimalpolitik. Diese umfasst eine kurze Information der Belegschaft und gegebenenfalls die Dokumentation der Mitarbeiterentscheidung. In der Praxis sind vielfach Unternehmen anzutreffen, deren Vorgehensweise zur Umsetzung der bAV weder die Information der Mitarbeiter noch die Dokumentation deren Entscheidung beinhaltet. Unternehmen mit dieser Vorgehensweise haben häufig die Auswirkung der bAV auf die Mitarbeiterbindung und somit auch auf die Fluktuationsquote noch nicht genauer beleuchtet. Die Recruitingkosten je Mitarbeiter sind von dieser Vorgehensweise ebenfalls betroffen, da mit einer höheren Fluktuation auch in Summe höhere Personalbeschaffungskosten verbunden sind. Diese Firmen folgen in Bezug auf die bAV häufig einem Minimalkostenprinzip, das sich lediglich auf die direkten Kosten der bAV fokussiert. Bei einer solchen Ausrichtung gilt das primäre Ziel der Erfüllung der gesetzlichen Mindestanforderungen in Verbindung mit möglichst geringen Kosten.

Erfüllung der gesetzlichen Mindestanforderungen

Häufig wird in diesem Zusammenhang die vorteilhafte und langfristige Wirkung eines sinnvollen und konzeptionellen Einsatzes der bAV außer Acht gelassen. Vor allem im Recruiting besteht die Kernaufgabe darin, den potenziellen Bewerbern und Mitarbeitern die Zusatzleistungen des Unternehmens transparent und verständlich zu vermitteln. So soll Aufmerksamkeit auf den immer stärker umworbenen Personalmärkten erzielt werden.

bAV aus Sicht der Mitarbeiter: Zentraler Aspekt aus der Sicht eines Mitarbeiters sind in der Regel die finanziellen Aufwendungen für die betriebliche Altersversorgung. In der Regel sind die Mitarbeiter bestrebt, einen möglichst kleinen Teil selbst finanzieren zu müssen. Es kann allerdings vermutet werden, dass der finanzielle Eigenaufwand die wahrgenommene Wertigkeit sowie die Ernsthaftigkeit und somit auch die Bedeutung der bAV für den Einzelnen erhöht.

Häufig stehen Mitarbeiter Neuerungen im betrieblichen Kontext skeptisch gegenüber. Die Praxis zeigt, dass gerade junge Menschen, deren gesetzliche Altersversorgung über die DRV Bund eher niedrig ausfallen wird, die betriebliche Altersversorgung häufig noch nicht in ausreichendem Umfang als sinnvolle Ergänzung sehen. Dies mag an der generellen Zukunftsskepsis vieler junger Menschen liegen, kann aber auch mit der zu geringen Kommunikation durch Unternehmen begründet werden. Folglich gilt es, gerade diese Gruppe von Mitarbeitern mit der erforderlichen Sorgfalt über die Möglichkeiten zum Aufbau von zusätzlichen Rentenleistungen zu informieren.

Finanzierungsmöglichkeiten der Arbeitgeberbeteiligung

Weitergabe der Lohnnebenkostenersparnis aus der Entgeltumwandlung

Zuschuss zur bAV ohne Mehrkosten für den Arbeitgeber: Eine gängige Finanzierungsform ist die Weitergabe der Lohnnebenkostenersparnis aus der Entgeltumwandlung. In manchen Unternehmen wird dies nicht prozentual, sondern absolut gemacht. Diese Vorgehensweise hat mehrere Nachteile gegenüber einer prozentualen Bezuschussung. Zunächst ist die Ermittlung der exakten Nebenkostenersparnis komplex. Zudem bezieht sich diese Ermittlung auf die monatlichen Lohnnebenkosten, so dass sich bei späteren Änderungen des Gehalts aufgrund von Bonuszahlungen oder anderen Leistungen die Zuschüsse rückwirkend ändern müssten. Dies erhöht unnötig den Verwaltungsaufwand für die Unternehmen.

Eine einfachere Herangehensweise ist die Gestaltung prozentualer Zuschüsse. Dabei bekommt der Mitarbeiter einen Zuschuss auf den Entgeltumwandlungsbetrag in Abhängigkeit vom Eigenanteil. Generell bieten sich hier 20 Prozent als Zuschuss an. Damit steigert das Unternehmen seine Arbeitgeberattraktivität und kann beim Recruiting neuer Mitarbeiter mit Zusatzleistungen punkten. Aus Mitarbeitersicht wird die mischfinanzierte bAV mit einem solchen Zuschuss gegenüber der reinen Arbeitnehmerfinanzierung um ein Vielfaches interessanter und lukrativer, so dass auch die Teilnahmequoten deutlich ansteigen. Folglich haben sowohl Arbeitgeber als auch Arbeitnehmer Vorteile bei dieser Art der Gestaltung.

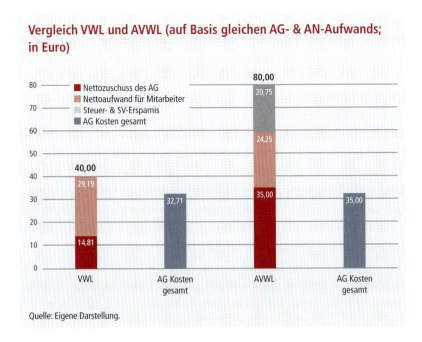

Quelle: Eigene Darstellung.

Erhöhung der Arbeitgeberbeteiligung durch Einsatz von AVWL:
Eine Mischform zwischen Bezuschussung der bAV und einer arbeitgeberfinanzierten Grundversorgung sind die Altersvorsorgewirksamen Leistungen (AVWL). Diese treten immer häufiger an die Stelle der bisher gängigen vermögenswirksamen Leistungen (VWL). Deren Wirkungsgrad ist aufgrund der vollen Versteuerung und der Sozialversicherungspflicht sowohl für Mitarbeiter als auch für Unternehmen deutlich geringer. Deshalb lohnt sich für Unternehmen die Umstellung der VWL auf AVWL, da diese bei einem deutlich höheren Zuschuss nur geringe Mehrkosten verursachen.

Die Grafik zeigt, dass bei den AVWL mit der richtigen Gestaltung und einem kaum spürbaren Mehraufwand für den Arbeitgeber der doppelte Beitrag investiert werden kann. Die Steuerpflicht der bAV im Rentenalter sowie die Beitragspflicht zur gesetzlichen Krankenversicherung schmälern den Vorteil nur geringfügig, da der Rentensteuersatz für den überwiegenden Teil der Bevölkerung geringer sein wird als jener während des Arbeitslebens. Zudem wirkt sich der Zinseszinseffekt bei den AVWL aufgrund der nachgelagerten Besteuerung auf den gesamten Kapitalwert der Versorgung aus und nicht nur auf die Nettobeiträge, wie bei den VWL. Somit ist nach Steuerabzug mit einem deutlichen Kapitalvorteil bei der bAV zu rechnen.

Höhere Investitionen sind bei AVWL möglich.

Liquiditätsvorteile für den Arbeitgeber

Sind Zusatzbudgets für arbeitgeberfinanzierte Modelle notwendig?
Sofern Unternehmen über die Zahlung von AVWL hinaus echte arbeitgeberfinanzierte Modelle implementieren wollen, geht dies in der Regel nicht ohne Zusatzbudgets. Der Umfang dieser Budgets kann deutlich variieren, so dass auch die Möglichkeiten einer arbeitgeberfinanzierten bAV stark variieren. Häufig bieten sich Konzepte an, bei welchen die arbeitgeberfinanzierte bAV im Rahmen von Gehaltserhöhungen einbezogen wird, so dass eine Gehaltserhöhung geringer ausfällt und der Arbeitgeber dies zur Refinanzierung der bAV nutzt. So wird dem bereits erwähnten Umstand Rechnung getragen, dass der Großteil der Mitarbeiter zugunsten einer bAV auf Bruttolohn verzichten würde. Wie bereits beschrieben, sind die Beiträge zur bAV zudem als Betriebsausgaben zu qualifizieren. Alternativ können Unternehmen die arbeitgeberfinanzierte bAV direkt in die Gehaltsstruktur integrieren und so zwischen 2 und 5 Prozent der Personalkosten automatisch als arbeitgeberfinanzierte bAV in das Stellenbudget integrieren. Die Gesamtkosten bleiben nahezu gleich, aber das Unternehmen kann die arbeitgeberfinanzierte bAV als Zusatzleistung bieten. Ein weiterer Ansatzpunkt ist die Verknüpfung innovativer Vergütungsmodelle mit der bAV. Dabei werden die Arbeitgeberkosten einer Gehaltserhöhung oder Bonuszahlung durch die Nutzung von Steuerpauschalen bei gleicher Nettoleistung für den Mitarbeiter deutlich gesenkt. So entsteht für das Unternehmen ein Liquiditätsvorteil, der in eine arbeitgeberfinanzierte bAV reinvestiert werden sollte. Zusatzbudgets sind also nicht notwendig, aber sinnvoll.

Sofern Unternehmen mit ihren Mitarbeitern zusammen eine Zusatzversorgung aufbauen wollen, empfiehlt sich die Kombination aus einem arbeitgeberfinanzierten Grundbaustein und dem Einsatz von AVWL sowie einem Zuschuss zur Entgeltumwandlung. Zudem muss die (gesetzliche) Unverfallbarkeitsfrist beachtet werden. Um diesen Umfang der bAV zu finanzieren, bietet es sich an, diese Kosten in das Gesamtbudget für eine Stelle zu integrieren und dem Mitarbeiter das minimal niedrigere Bruttogehalt mit so umfassenden Zusatzleistungen anzubieten, dass der Unterschied im Bruttogehalt irrelevant wird. Ein Beispiel für die Zusammensetzung einer betrieblichen Altersversorgung, die dem Mitarbeiter einen echten Mehrwert liefert, zeigt die nachfolgende Darstellung. Der Gesamtzuschuss des Arbeitgebers beläuft sich auf 60 Euro. Die 10 Euro Zuschuss zur Entgeltumwandlung sind durch die Sozialversicherungsersparnis für den

Quelle: Eigene Darstellung.

Arbeitgeber kostenneutral. Die verbleibenden 50 Euro entsprechen bei einem Bruttogehalt von 2.000 Euro 2,5 Prozent Nebenkosten auf das Gehalt. Dieser Zuschuss ist voll als Betriebsausgabe anrechenbar, so dass nach Steuer noch etwa 1,8 Prozent als echte Kosten verbleiben, die im Vergleich zu den sonstigen Lohnnebenkosten minimal sind. Zusammen mit der Entgeltumwandlung des Mitarbeiters in Höhe von 50 Euro wird ein monatlicher Sparbeitrag von 110 Euro erreicht. Der Nettoaufwand für den Mitarbeiter beläuft sich dabei nur auf rund 25 Euro. Mit diesem geringen Aufwand können Unternehmen den Mitarbeitern eine Zusatzabsicherung ermöglichen.

Der Arbeitgeber sollte bei der bAV eine aktive Rolle übernehmen und eigene Haftungsrisiken minimieren. Da die Unternehmen in einer Versorgungsordnung die Rahmenbedingungen für die bAV festlegen dürfen, können sie so – unabhängig von eventuellen Zuschussmodellen – die eigenen Haftungsrisiken mit der Auswahl geeigneter Produkte und Dienstleistungspartner auf ein Minimum reduzieren. Unternehmen sollten sich zudem entscheiden, inwieweit sie die Verwaltung und Abwicklung eines solchen Konzeptes selbst übernehmen wollen. Sofern eine Auslagerung an einen externen Dienstleister gewünscht ist, sind hier bei guten Dienstleistern Verwaltungshonorare einzukalkulieren. Eine umfassende Betreuung der bAV hat jedoch auch den Vorteil, dass für das Unternehmen mit der Inanspruchnahme externer Dienstleister zusätzlich eine erhebliche Reduzierung des internen Personalaufwands erreicht wird.

Aktive Rolle des Arbeitgebers

Was haben sie?

Trends im niederländischen Pensionswesen als Impuls für den deutschen Mittelstand

Von Frank Vogel

„Was haben sie, was wir nicht haben?" fragen sich nicht wenige Experten für betriebliche Altersversorgung (bAV), wenn sie zu unseren Nachbarn in die Niederlande schauen. Denn dort herrschen in mancherlei Hinsicht bAV-Zustände, von denen Deutschland nur träumen kann. Während die bAV im deutschen Mittelstand merklich unterrepräsentiert ist, prosperiert sie in den Niederlanden auch dort.

Der europäische Staat mit der größten Relevanz der bAV

Die Niederlande sind unbestritten der Staat in Europa, in dem die bAV die größte Bedeutung hat. Während dort 91 Prozent aller Erwerbstätigen eine bAV haben, liegt dieser Wert in Deutschland deutlich niedriger. Nach einer aktuellen Studie der Zurich Versicherung aus dem Jahr 2015 verfügen lediglich 54 Prozent der Erwerbstätigen in deutschen Unternehmen, die eine bAV anbieten, über eine entsprechende Anwartschaft. Und längst noch nicht in allen Unternehmen hierzulande ist die bAV Standard. Vielmehr gibt es in jedem siebten Unternehmen hierzulande gar keine bAV, was den vorgenannten Verbreitungswert zusätzlich relativiert. In den Niederlanden müssen Unternehmen, die keine bAV anbieten, hingegen mit der Lupe gesucht werden.

Dass die Verbreitung der bAV und die Größenklasse von Unternehmen in Deutschland negativ miteinander korreliert sind, belegen zahlreiche Erhebungen. Im deutschen Mittelstand ist die bAV unterdurchschnittlich vertreten. Bei etwa einem Drittel aller deutschen Kleinunternehmen gibt es überhaupt kein bAV-Angebot. Nach einer Studie des Bundesministeriums für Arbeit und Soziales aus dem Jahr 2012 hatten bei Kleinstunternehmen, also solchen mit weniger als zehn Mitarbeitern, nur 26 Prozent der Beschäftigten eine bAV.

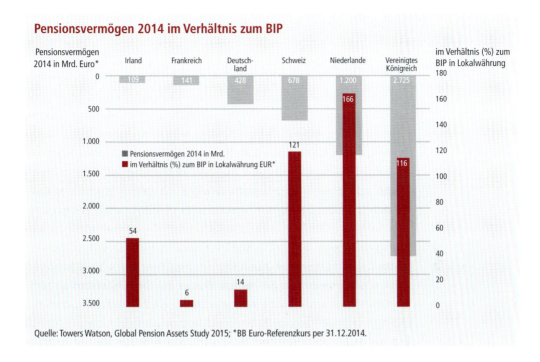

Quelle: Towers Watson, Global Pension Assets Study 2015; *BB Euro-Referenzkurs per 31.12.2014.

Auch beim Marktvolumen der bAV insgesamt spielen die Niederlande in einer anderen Liga als Deutschland. Das Pensionsvermögen der Niederländer belief sich 2014 laut der „Global Pension Asset Study" von Towers Watson auf 1.200 Milliarden Euro und war damit fast dreimal so groß wie das der Deutschen (428 Milliarden Euro). Auf jeden Einwohner der Niederlande entfallen mithin rund 71.000 Euro Pensionsvermögen, auf jeden Deutschen lediglich knapp 5.300 Euro. In Relation zum Bruttoinlandsprodukt (BIP) ist der Abstand ebenfalls frappierend. In den Niederlanden machte das Pensionsvermögen 2014 rund 166 Prozent des BIP aus, während es in Deutschland gerade mal 14 Prozent waren.

Quantitative Unterschiede zwischen den Niederlanden und Deutschland bei der bAV

Vor dem Hintergrund dieser Datenlage lohnt ein Blick auf das niederländische Modell, verbunden mit der Frage, ob daraus Anregungen zu gewinnen sind, die für eine größere Verbreitung der bAV in Deutschland und hier besonders im unterversorgten Mittelstand führen können. Vor allem dürfte die unterschiedliche Verbreitung der bAV in den systemisch-strukturellen und auch mentalitätsmäßigen Unterschieden zwischen beiden Staaten zu suchen sein.

bAV als wichtiger Faktor beim Wettbewerb um Arbeitsplätze

Wenn deutsche Arbeitgeber nach den Gründen gefragt werden, warum in ihren Betrieben keine bAV-Lösungen vorhanden sind, dann klingen die Begründungen meistens ähnlich. An erster Stelle wird geringes Interesse der Arbeitnehmer genannt, an zweiter Stelle werden hohe Kosten ins Feld geführt, gefolgt von insgesamt zu hohem Aufwand, der mit der bAV verbunden ist. Exemplarisch findet sich dieses Argumentationstrio auch in der Studie des Bundesministeriums für Arbeit und Soziales von 2012 zum Thema wieder.

In den nun folgenden Ausführungen sollen die grundlegenden Unterschiede zwischen Deutschland und den Niederlanden auf dieser Grundlage untersucht werden. Dabei wird unterstellt, dass die obengenannten Gründe zutreffend sind. Gleichwohl mag natürlich kritisch hinterfragt werden, ob sich einige Aspekte derzeit nicht in einem erheblichen Wandlungsprozess befinden. So ist mangelndes Interesse deutscher Arbeitnehmer an einer bAV kaum mit den Ergebnissen einer repräsentativen Umfrage des Meinungsforschungsinstituts forsa im Auftrag der KAS BANK in Einklang zu bringen. Dabei ergab sich, dass eine betriebliche Altersvorsorge für 72 Prozent der deutschen Arbeitnehmer wichtig oder gar sehr wichtig für die Wahl des Arbeitgebers ist. Damit lag die bAV auf Rang zwei hinter dem Arbeitsentgelt und ganz deutlich vor anderen ökonomischen Komponenten wie vermögenswirksamen Leistungen oder einem Dienstwagen. Gerade für Mittelständler dürfte diese Aussage im Wettbewerb mit Großunternehmen um qualifizierte Arbeitskräfte von nicht geringem Interesse sein.

Unterschiedliche gesetzliche Rentensysteme in den Niederlanden und in Deutschland

Zurückkommend auf den Vergleich mit den Niederlanden, ist die systemimmanente Notwendigkeit für eine bAV aus Sicht des Arbeitnehmers dort jedoch höher. Zwar ist die Altersvorsorge in den Niederlanden grundsätzlich wie in Deutschland auf drei Säulen aufgebaut, der gesetzlichen Rentenversicherung (in den Niederlanden: AOW), der betrieblichen Altersversorgung und der privaten Rentenversicherung und Individualvorsorge.

Die Gewichtungen der einzelnen Säulen für die Absicherung im Alter insgesamt sind jedoch deutlich verschieden zu Deutschland. Der umlagefinanzierten gesetzlichen Rente kommt ein weitaus geringerer Stellenwert zu, liefert sie in den Niederlanden doch nur eine einheitliche Basisabsicherung auf Höhe des Existenzminimums. Folgerichtig sind weitere Vorsorgemaßnahmen für die spätere Absicherung notwendig. Der bAV kommt hierbei die größte Bedeutung zu. Zwar ist sie generell in den Niederlanden noch nicht einmal gesetzlich vorgeschrieben, aber wenn die Sozialpartner übereinkommen, Regelungen zur bAV anzubieten, dann kann von staatlicher Seite eine branchenweite Verpflichtung zur Implementierung der bAV verfügt werden. Vor diesem Hintergrund verwundert die hohe bAV-Quote der Niederlande nicht. In den Niederlanden entfällt rund ein Drittel der gesamten Rentenzahlungen auf betriebliche Rentenzahlungen, der Anteil der bAV am gesamten Rentenaufkommen in Deutschland hingegen liegt nur bei etwa 4 Prozent.

Die niederländische Quasipflicht zur bAV mag nicht 1:1 auf Deutschland übertragbar sein, das über eine tragfähigere gesetzliche Rentensäule verfügt. In Anbetracht der Notwendigkeit einer zusätzlichen Altersabsicherung wäre eine Opting-out-Regelung jedoch ein Weg, eine stärkere Verbreitung der bAV zu fördern. Die bereits zitierte forsa-Umfrage der KAS BANK lässt erwarten, dass die aktive Entscheidung von Mitarbeitern gegen eine bAV womöglich geringer ausfallen würde als erwartet.

Opting-out

Die Ausgestaltung des niederländischen Rentensystems führt dazu, dass die Verbreitung der bAV weit höher als in Deutschland ist. Das drastisch höhere Pensionsvermögen wird dadurch ebenfalls getrieben, mehr jedoch noch durch den Umstand, dass die niederländische bAV ein kapitalgedecktes Modell ist. Gesetzlich ist ein Deckungsgrad von 105 Prozent der Pensionsverpflichtungen eines Pensionsfonds vorgeschrieben – in der Praxis liegt die Quote derzeit zwischen 125 und 130 Prozent, nachdem sie während der Hochphase der Finanzkrise deutlich darunter gerutscht war. Sowohl die Pensionsverpflichtungen als auch das vorhandene Vermögen werden dabei zu Marktpreisen bewertet. Auch hier wird ein erheblicher Unterschied zur Situation in Deutschland offenbar. Die Pensionsverpflichtungen der Großkonzerne im Deutschen Aktienindex (DAX) sind derzeit nur zu gut 60 Prozent durch dafür gebildetes Vermögen abgedeckt – in

Richtung Mittelstand wird die Quote noch deutlich schlechter und liegt unterhalb der 50-Prozent-Marke.

Konsolidierungswelle bei kleinen und mittleren Pensionsfonds in den Niederlanden

Konsolidierung unter niederländischen Pensionsfonds

Für Unternehmen in den Niederlanden stellt sich die Situation also folgendermaßen dar: Sie sind quasi verpflichtet, eine bAV anzubieten, die zudem auch noch eine Kapitaldeckung jenseits der 100 Prozent aufweisen muss. Den niederländischen Mittelständler stellt dies vor nicht geringere Herausforderungen als den deutschen. Kosten, Aufwand und die Kombination aus steigender Lebenserwartung, niedrigen Zinsen und einem fortwährenden Mangel an renditestarken Anlagemöglichkeiten mit vertretbarem Risikoprofil sind die bestimmenden Themen. Entsprechend hat bei kleinen und mittleren Pensionsfonds in den Niederlanden, die in der Regel von ebensolchen Unternehmen initiiert worden sind, eine deutliche Konsolidierungswelle stattgefunden. Ihre Zahl ist in den vergangenen Jahren drastisch zurückgegangen.

Gab es 2005 in den Niederlanden noch rund 800 Pensionsfonds, so ist ihre Zahl bis 2015 auf weniger als 350 gefallen. Den größten Rückgang mussten Unternehmenspensionsfonds hinnehmen, deren Anzahl in diesem Zeitraum um 60 Prozent fiel. Ein prominentes Bei-

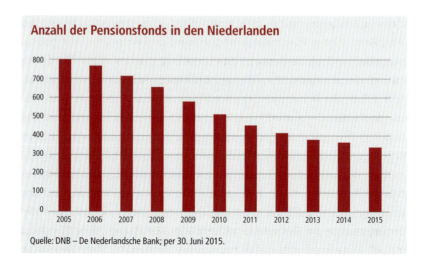

Quelle: DNB – De Nederlandsche Bank; per 30. Juni 2015.

spiel aus der jüngsten Vergangenheit bildet der Pensionsfonds von Peek & Cloppenburg. Das 125 Millionen Euro schwere Vehikel begab sich unter das Dach des Branchenpensionsfonds für den niederländischen Einzelhandel (Detailhandel), der mit 12 Milliarden Euro Vermögen in einer anderen Größenklasse angesiedelt ist. Auch der Pensionsfonds des niederländischen Großhandels für Pflanzen und Blumen verabschiedete sich aus dem Markt, eine Entwicklung mit Symbolkraft. Und der Trend dürfte sich fortsetzen, ermutigt doch die niederländische Zentralbank (DNB) aktiv kleinere Fonds, sich größeren Einheiten anzuschließen oder darin aufzugehen. Experten halten langfristig Pensionsfonds mit weniger als 10 Milliarden Euro Vermögen und weniger als 100.000 Versicherten für nicht allein überlebensfähig.

Niederlande machen es vor: niedrige bAV-Kostenquote und Paradigmenwechsel

Die Marktkonsolidierung der bAV, die besonders den niederländischen Mittelstand erfasst hat, bildet womöglich jedoch eine Blaupause für deutsche Mittelständler, um sich in der bAV zukunftsfähig zu machen. Die zunehmende Konzentration bei niederländischen Pensionsfonds geht einher mit einer Kostenquote, die deutlich niedriger ist als in Deutschland. Hierzulande liegt die durchschnittliche Kostenbelastung von Altersvorsorgevermögen um mehr als 20 Prozent über jener in den Niederlanden. Neue Vehikel wie die vor der Einführung befindlichen APFs (Algemeen Pensioenfonds) ermöglichen es kleinen Unternehmenspensionsfonds, ihre Vermögen und Verpflichtungen in größeren und kosteneffizienteren Einheiten zu bündeln, ohne dabei ihre Identität und Tradition aufzugeben. Unterschiedliche Anlagestrategien und Risikoprofile sind innerhalb eines APF möglich. Die Ersparnis bei den Verwaltungsaufwendungen durch den Wechsel in APFs veranschlagen Experten für kleinere und mittlere Pensionsfonds auf 30 bis 40 Prozent. Bereits zum Start haben mehrere Dutzend vor allem kleinerer niederländischer Pensionsfonds angekündigt, sich einem APF anschließen zu wollen. Für deutsche Mittelständler sind solche Konstrukte regulatorisch bislang nicht vorgesehen. Die damit einhergehende Kosten- und Aufwandsentlastung in der bAV könnte deren Ausbreitung im Mittelstand jedoch merklich fördern.

Neues Vehikel Algemeen Pensioenfonds

Noch entscheidender als das Thema Kostenentlastung ist jedoch der Paradigmenwandel, der mit APFs oder den seit 2011 am Markt befindlichen PPIs (Premium Pension Institutions) einhergeht. Während in Deutschland die bAV immer noch hauptsächlich auf einem Defined-Benefit-(DB-)Modell oder einer sogenannten beitragsorientierten Leistungszusage aufgebaut ist, haben die Niederlande mit PPIs und APFs ihr Umsetzungsspektrum um reine Defined-Contribution-(DC-)Modelle erweitert und folgen damit einem Trend vor allem im angelsächsischen Raum. Der stürmische Zulauf, den DC-basierte bAV-Lösungen in den Niederlanden finden, zeigt, dass sie den Nerv der Unternehmen treffen und Lösungen bezüglich der demographischen Entwicklung und des Zins- und Renditeumfelds vorhalten. Bilanzielle Belastungen durch die Altersvorsorge, die nicht zuletzt viele Mittelständler fürchten, werden somit minimiert und immer unrealistischere Anforderungen an künftige Auszahlungen vermieden. Beides sind in Deutschland gravierende Stolpersteine der bAV.

Der Mittelstand braucht Entlastung bei der bAV

DB-Modell Im DB-Modell der bAV sind der Arbeitgeber und mithin die Pensionskasse in der Pflicht, eine Mindestrendite und, davon abgeleitet, eine spätere Mindestrente zu garantieren. Diese Determinanten stellen zudem einen entscheidenden Faktor bei der Berechnung der Pensionsverpflichtungen dar, die sich im Grundsatz – auf den Barwert abgezinst – durch die garantierte Zahlungshöhe und die Auszahlungszeit (Lebenserwartung) definieren. Ein wichtiger Einflussfaktor für die Berechnung der Pensionsrückstellungen ist mithin der Bilanzrechnungszins (siehe auch Bilanzrechtsmodernisierungsgesetz, BilMoG). Und der sinkt stetig. Lag der Diskontierungszinssatz 2012 noch bei 5,04 Prozent, so soll er nach Schätzungen der Deutschen Bundesbank 2015 rund 3,8 Prozent betragen und im Jahre 2024 auf 1,23 Prozent fallen, was für viele Unternehmen mehr als eine Verdopplung der Pensionsrückstellungen bedeutet, da nunmehr auch die Rententrends der Versorgungsempfänger und die Gehaltstrends der Anwärter mit in den Erfüllungsbetrag einfließen müssen. Daraus resultiert ein problematischer Schereneffekt. Bei tendenziell sinkendem Planvermögen und gleichzeitig steigendem Barwert der Pensionsrückstellungen vermindert sich ebenfalls der daraus definierte

Deckungsgrad. Dies bildet im Niedrigzinsumfeld ebenso ein Problem wie die Pflicht, eine definierte Rendite auf die eingezahlten Beiträge zu erzielen, die merklich oberhalb der fristen- und risikokongruenten Kapitalmarktrendite liegt. In Deutschland zulässige Produktlösungen der bAV, die auf dem DB-Modell aufsetzen, aber auf eine komplette Garantie verzichten und lediglich den Kapitalerhalt der Einzahlungen sichern, sorgen nur für eine leichte Entlastung, lösen das Grundproblem aber nicht.

Das DC-Modell, das in niederländischen PPIs und APFs Anwendung findet, verzichtet auf jedwede Garantie. Die Basis des Modells bilden lediglich die festgelegten und eingezahlten Beiträge, die dann von einem Asset-Manager bestmöglich verwaltet und angelegt werden. Erst zum Beginn der Rentenphase des bAV-Mitglieds wird das bis dahin angesammelte Kapital unter Einbeziehung eines Versicherers in eine regelmäßige Rentenzahlung überführt. Skeptiker wenden ein, dass mit DC-Modellen zwar eine Entlastung der bAV-Einrichtung erreicht würde, die Risiken des Investments dabei jedoch einseitig auf den Beitragszahler abgewälzt werden. Dem lässt sich entgegenhalten, dass ein Paradigmenwechsel in der deutschen bAV notwendig ist, wenn diese vor allem im Mittelstand eine größere Verbreitung erfahren soll. Denn kleine und mittlere Unternehmen werden sich schwertun, ein System forciert und aktiv umzusetzen, das für sie mit hohen Kosten, Aufwand und möglichen Belastungen verbunden ist. Die verantwortlichen Institutionen bis hin zum Gesetzgeber sind deshalb gefordert, das deutsche bAV-System für DC-Modelle zu öffnen. Die Niederlande zeigen den Weg dorthin.

Garantieverzicht beim DC-Modell

Transparenz sowie Kosten- und Prozesskontrolle als Schutz der Beitragszahler

Natürlich erfordern DC-Modelle in der bAV einen besonderen Schutz der Beitragszahler, um diese nicht untragbaren Risiken und Fehlentwicklungen auszusetzen. Dieser bezieht sich unter anderem auf die Kontrolle und Transparenz bei Prozessen und Kosten. In den Staaten, in denen DC-Modelle steigende Verbreitung finden, sind deshalb überdurchschnittliche regulatorische Anforderungen in diesen Bereichen zu finden. Dies gilt auch und besonders für die Niederlande. Der dortige bAV-Markt gilt als der mit am stärksten regulierte in Europa. Bei einer Öffnung des deutschen bAV-Systems für lupenreine DC-Modelle wird damit eine steigende regulatorische Dichte verbunden sein, und diese ist zum Schutz der Beitragszahler auch wünschenswert. Die bereits genannte forsa-Umfrage im Auftrag der KAS BANK von 2015 zeigt, dass dies ohnehin dem Wunsch der Beitragszahler entspricht. Für die Deutschen sind demnach bei der bAV die Transparenz der Kosten (sehr wichtig/wichtig: 86 Prozent) und Informationen über Risiken und Wertentwicklung (sehr wichtig/wichtig: 82 Prozent) noch bedeutsamer als die Wertsteigerung der investierten Beiträge (sehr wichtig/wichtig: 70 Prozent). Die Niederlande machen dabei vor, dass eine erhöhte Regulierung und Transparenz nicht mit steigenden Kosten verbunden sein müssen – eine Botschaft, die viele Mittelständler das Thema bAV positiver als bisher sehen lassen dürfte.

Nicht verschwiegen werden soll jedoch auch, dass der Praxistest noch beweisen müsste, ob die deutschen Arbeitnehmer in der bAV tatsächlich bereit sind, sich von Lösungen zu verabschieden, die vollständig auf Garantien verzichten. Bislang sind Garantieprodukte schließlich ein nachgefragter Dauerbrenner in der deutschen Altersvorsorge. Ein Umdenken kann also notwendig werden.

Das müssten wir haben

Fünf Voraussetzungen für die deutsche bAV

Aus der Analyse des niederländischen Marktes lassen sich folgende fünf Voraussetzungen für die deutsche bAV ableiten, damit das Nachholpotenzial gehoben wird, das noch vor allem im Mittelstand besteht:

1. Eine Quasi-Verpflichtung zur bAV wie in den Niederlanden scheint in Deutschland auf Sicht nicht realistisch. Eine Opting-out-Regelung würde aber positive Impulse für die deutsche bAV liefern.

2. Pensionsvehikel, die zu einer Kostenentlastung führen, auch indem Skaleneffekte genutzt werden, sind vor allem für kleine und mittlere Unternehmen wichtig. Lösungen wie in den Niederlanden sollten auch in Deutschland gefördert werden.

3. Lupenreine Defined-Contribution-Modelle stellen eine wirkungsvolle Antwort auf demographische Änderungen und das Niedrigzinsumfeld dar. Ihr Erfolg in den Niederlanden belegt dies und ist ein starkes Argument für entsprechende Konstruktionen auch in Deutschland.

4. Defined-Contribution-Modelle in Reinform gehen einher mit steigender Regulierung der bAV, um durch Kontrolle und Transparenz bei Prozessen und Kosten der bAV einen wirksamen Schutz der Arbeitnehmer sicherzustellen.

5. Eine höhere Regulierung der bAV stellt Ansprüche an die Effizienz der Einrichtungen der bAV, muss aber nicht mit steigenden Kosten verbunden sein – im Gegenteil, denn das zeigen die Niederlande als führender bAV-Markt mit weit höherer Regulierung als in Deutschland.

Die Herausforderungen bei der bAV, besonders für den Mittelstand, sind in den Niederlanden und Deutschland ähnlich: zunehmender Kostendruck, einhergehend mit einem Kapitalmarktumfeld sowie demographischen Entwicklungen, die stetig steigende Belastungen für die Unternehmen nach sich ziehen. Allerdings haben die Niederländer, als am weitesten entwickelter bAV-Markt in Europa, hierauf bereits mit neuen Modellen reagiert. Gesetzgeber, Verbände, aber auch Arbeitgeber und Arbeitnehmer in Deutschland können sich von unseren Nachbarn hierbei einiges abschauen; damit es bei der bAV künftig nicht länger heißt: „Was haben sie, was wir nicht haben?" ●

Ähnliche Herausforderungen für die bAV in beiden Staaten

Kapitel II:
bAV in der Praxis

Implementierung und Administration von betrieblichen Versorgungssystemen

Wo trifft es den Arbeitgeber am meisten?

Von Swen Silke Al und Alexander Siegmund

Fragen und Bedenken der Arbeitgeber

Viele Unternehmen schrecken immer wieder vor der betrieblichen Altersversorgung (bAV) zurück. Seit der Einführung von Paragraph 1a BetrAVG (Betriebsrentengesetz) im Jahr 2002 ist die bAV keine freiwillige Entscheidung des Arbeitgebers mehr. Ein lästiges Muss sei sie, beschweren sich Personalverantwortliche, der Aufwand sei mittlerweile zu groß, um sich nebenbei darum zu kümmern. Die Verwaltung der bestehenden Verträge kostet Zeit und braucht Know-how, und nicht selten bringen neue Mitarbeiter eine betriebliche Vorsorge bereits mit. Diese muss übernommen oder übertragen werden, man muss sich mit ihr beschäftigen, sie arbeitsrechtlich einschätzen und sich viel zu oft mit Versicherern und Vermittlern auseinandersetzen. Regelmäßig erfolgen Urteile, gibt es rechtliche Änderungen und neue Handlungsempfehlungen, die den Arbeitgeber verunsichern. Sicher fragt er sich häufig: Wie hoch ist mein Haftungspotenzial? Wie kann ich es einschränken?

Dabei gewinnt die bAV auch im Mittelstand an Relevanz und Akzeptanz. Personalpolitische Effekte auf die Gewinnung von Fachkräften zeichnen Unternehmen mit einem gut durchdachten, fairen und transparenten bAV-System aus. Auswirkungen auf die wirtschaftlichen Kennzahlen eines Unternehmens lassen die bAV zu einem wichtigen Geschäftsbereich des Unternehmens werden, den der Unternehmer forcieren und für das Unternehmen nutzen sollte.

Abgrenzung und Risikominimierung durch eine betriebsinterne Versorgungsregelung und individuelle Formularien

Die bAV bietet viele Gestaltungsmöglichkeiten. Ob das Unternehmen nur dem Recht auf Entgeltumwandlung in eine Direktversicherung folgt oder durch ein gut durchdachtes Versorgungssystem allen Beschäftigungsgruppen in der individuellen Ruhestandsplanung Rechnung getragen wird, entscheidet der Arbeitgeber. Seine personalpolitischen und wirtschaftlichen Ziele bestimmen die Art und den Umfang des Versorgungswerks.

Das Recht eines Arbeitnehmers auf eine Direktversicherung fordert den Arbeitgeber genauso wie die Versorgung der Führungskräfte und leitenden Angestellten. Denn für Führungskräfte reichen die abzugsfähigen Dotierungsrahmen der Direktversicherungen und Pensionskassen in der Regel nicht aus. Attraktive Versorgungen über Bausteinsysteme können die versicherungsförmigen Wege der bAV ergänzen.

Jedem Arbeitgeber sollte bekannt sein, dass er sich, wenn er einem Arbeitnehmer Leistungen für den Ruhestand (Altersversorgung), für den Fall einer Invalidität (Berufs- oder Erwerbsunfähigkeit) oder im Todesfall an dessen Hinterbliebene verspricht, automatisch den Regeln der bAV unterwirft und dass das Betriebsrentengesetz – als Arbeitnehmerschutzgesetz – auf das Versorgungsversprechen Anwendung findet. Dabei ist es unerheblich, ob der Arbeitgeber das Versorgungsversprechen selbst übernimmt oder über einen externen Versorgungsträger als Direktversicherung, Pensionsfonds bzw. Pensions- oder Unterstützungskasse durchführen lässt.

> Der Arbeitgeber steht in der Pflicht.

Nach Paragraph 1 Absatz 1 Satz 3 BetrAVG ist der Arbeitgeber auch, wie jüngst erneut arbeitsrechtlich höchstrichterlich bestätigt, in der sogenannten Einstandspflicht und zur Ausfallhaftung verpflichtet, wenn der externe Versorgungsträger dem versorgten Arbeitnehmer gegenüber die versprochenen Leistungen nicht oder nur teilweise erfüllt. Der Weg der bAV verschafft dem Arbeitnehmer im Vergleich zur privaten Vorsorge somit einen weiteren Schuldner, den Arbeitgeber. Diese Schuldnerposition wird ein Arbeitgeber so schnell auch nicht wieder los, denn das Betriebsrentengesetz kennt ausdrücklich nur einen sehr engen Korridor, über welchen der Arbeitgeber sich seiner Versorgungszusage entledigen kann.

Aus diesem Grund muss der Begründung und Entwicklung einer Versorgungszusage eine entscheidende Bedeutung beigemessen werden. Dies sollte nachdrücklich durch beratende Rechtsdienstleiter und nicht durch vermittelnde Produktberater von Anfang an begleitet werden. Fehler in der Begründung und Entwicklung werden immer zulasten des Arbeitgebers und zugunsten des versorgungsberechtigten Arbeitnehmers ausgelegt. Bereits das Betriebsrentengesetz und viele Tarifverträge regeln allgemeine Rahmenbedingungen zur bAV. Kommen unternehmenseigene Zusageversprechen hinzu, die nicht korrekt in die Rahmenbedingungen eingebettet werden, kann es zu unkalkulierbaren wirtschaftlichen Risiken für die Arbeitgeber kommen.

Fünf Durchführungswege, drei Zusagearten, zwei Finanzierungswege und 89 Lebensversicherungsunternehmen mit mindestens drei Tarifen lassen den bAV-Markt für Arbeitgeber unübersichtlich und möglicherweise riskant werden.

Betriebliche Versorgungsregelung

Abhilfe schafft eine allgemeingültige betriebliche Versorgungsregelung, entweder in Form einer Versorgungsordnung oder mittels einer mit dem Betriebsrat entwickelten Betriebsvereinbarung, in der man sich auf die gewünschten Rahmenbedingungen festlegt. In dieser sollte eingangs der Geltungs- und Anwendungsbereich eindeutig definiert sein. Zu regeln ist, welche Beschäftigten bzw. welche Beschäftigtengruppen des Unternehmens über welche Art der Zusage und über welchen Durchführungsweg versorgt werden sollen. Deutlich beschrieben und abgegrenzt werden müssen Regelungen zur Finanzierungsart. Gerade bei einer Finanzierung aus Entgeltumwandlung dürfen die Definition und die Festlegung der Begrifflichkeiten, wie das umwandlungsfähige Bruttoentgelt oder die Frage nach der Beitragszahlung in entgeltlosen Zeiten, nicht fehlen.

Darüber hinaus sind folgende Punkte in der Versorgungsordnung oder -richtlinie festzulegen:

- Ab wann hat der Mitarbeiter einen Leistungsanspruch?
- Wie sehen die Versorgungsleistungen konkret aus?
- Wer sind die Hinterbliebenen?
- Wie ist der Umgang mit dem Versorgungsversprechen, wenn der Mitarbeiter vorzeitig das Unternehmen verlässt?

In diesen Punkten zeigen sich die meisten Schwächen im Umgang mit der betrieblichen Altersversorgung.

Die zehn wichtigsten Punkte des BetrAVGs

- § 1 Abs. 1 S. 3 BetrAVG: Einstandspflicht des Arbeitgebers
- § 1a Abs. 1 BetrAVG: Recht auf Entgeltumwandlung
- § 1b BetrAVG:
  Abs. 1 und Abs. 5: Unverfallbarkeit der betrieblichen Altersvorsorge
  Abs. 2 bis 4: Definition der externen Durchführungswege
- § 2 BetrAVG: Definition der unverfallbaren Versorgungsanwartschaft/versicherungsvertragliche Lösung/Verfügungsverbot
- § 3 BetrAVG: Abfindungsverbot und Ausnahmen
- § 4 BetrAVG: Übernahme/Übertragung einer Anwartschaft, bzw. wie und wann die Zusage des ehemaligen Arbeitgebers rechtlich erlischt
- § 4a BetrAVG: Auskunftsanspruch des Arbeitnehmers gegenüber seinem ehemaligen Arbeitgeber oder externen Versorgungsträger. Durch die EU-Mobilitätsrichtlinie wird dieser Auskunftsanspruch erheblich verschärft
- § 6 BetrAVG: Vorzeitige Inanspruchnahme
- § 16 BetrAVG: Anpassungspflicht laufender Rentenzahlungen und wann kann darauf verzichtet werden

Es empfiehlt sich, eine eindeutige Vereinbarung zur Umwandlung von Bruttolohn zu entwickeln. Bei der Entgeltumwandlungsvereinbarung handelt es sich um eine Ergänzung zum Arbeitsvertrag. Sie muss wesentliche Regelungen, wie beispielsweise eine zukünftige Kündbarkeit der Vereinbarung, beinhalten, denn das Betriebsrentengesetz sieht für eine einmal vereinbarte Entgeltumwandlung grundsätzlich keine Möglichkeit einer Beendigung vor. Ist eine zukünftige Beendigung der Vereinbarung nicht geregelt, ist diese nur durch eine Änderungskündigung des Arbeitsvertrags möglich.

Option Entgeltumwandlungsvereinbarung

Eine Versorgungsrichtlinie und individuelle Formulierungen, die auf die Richtlinie zugeschnitten sind, dienen der Rechtssicherheit und lassen die bAV zu einer festen Institution werden, auf die sich Mitarbeiter und Arbeitgeber berufen und verlassen können – transparent, sicher und einheitlich.

Auswahl der geeigneten Versorgungsträger und Tarife

Rolle der Versicherungsgesellschaft

Wie vorangestellt beschrieben, ist die bAV in erster Linie ein arbeitsrechtlicher Vorgang. Der Versicherer, sofern er Teil des bAV-Systems des Arbeitgebers ist, ist nur Mittel zum Zweck. Es muss den Beteiligten klar sein, dass der Versicherer lediglich ein Finanzierungsinstrument bereitstellt. In der Konsequenz muss der Versicherer mit seinen Tarifen zu den Versorgungsrichtlinien des Unternehmens passen und nicht umgekehrt. Gruppenverträge und Kollektivverträge der Versicherer beinhalten regelmäßig Passagen, die den Anforderungen des Betriebsrentengesetzes im Speziellen und des Arbeitsrechts im Allgemeinen nicht genügen. Hier wird in erster Linie der interne Arbeitsprozess des Versicherers sichergestellt, um damit aus seiner Sicht prozessoptimiert handeln zu können. Folgend drei Beispiele:

Automatisierte Abgabe der Versicherungsnehmereigenschaft bei Ausscheiden des Mitarbeiters: Es ist für den Versicherer natürlich viel einfacher, wenn beim Ausscheiden eines Mitarbeiters die Versicherungsnehmerstellung vom Arbeitgeber auf diesen übergeht. Der Versicherer hat somit die Möglichkeit, sich direkt an den Mitarbeiter wenden zu können, um die Fortführung des Vertrags und die Beitragszahlung zu klären. Dem Arbeitgeber gehen damit aber seine Rechte an dem Finanzierungsmittel verloren, obwohl er die arbeitsrechtliche Verpflichtung noch im Hause hat. Auf alles, was nun mit dem Vertrag geschieht, hat er keinen Einfluss mehr. Bei der Argumentation der Versicherer, der Versicherungsnehmerwechsel auf den ausscheidenden Mitarbeiter sei im Zuge der versicherungsvertraglichen Lösung nach Paragraph 2 Absatz 2 Nummer 3 BetrAVG unumgänglich, handelt es sich um eine schwerwiegende Fehlinterpretation.

Abfindung von Kleinstanwartschaften nach Austritt des Arbeitnehmers: In Gruppen- und Kollektivverträgen wird regelmäßig auch das Recht auf Abfindung von Kleinanwartschaften des Arbeitgebers im Rahmen von Paragraph 3 BetrAVG auf den Versicherer übertragen, wenn ein Arbeitnehmer ausgeschieden ist. Ein Versicherer übernimmt eine arbeitsrechtliche Handlung im Namen des Arbeitgebers. Das Recht des Mitarbeiters, innerhalb eines Jahres die Übertragung des Kapitals auf einen neuen Arbeitgeber zu verlangen, bleibt hierbei vollkommen unberücksichtigt. Das Risiko der doppelten Inanspruchnahme trägt der Altarbeitgeber, nicht der Versicherer.

Fehlende Garantien: Versicherungstarife, in denen die Garantien über Fondsgesellschaften dargestellt werden sollen, bieten dem Arbeitgeber in seiner Zusage keinen ausreichenden Halt. Wälzt ein Versicherungsunternehmen die Garantie des Versicherungstarifs an eine Fondsgesellschaft ab, fehlt dem Arbeitgeber der Sicherungsfaktor über den Sicherungsfonds Protektor AG. Im Gegensatz zu den Versicherungsunternehmen kann eine Fondsgesellschaft in Deutschland nicht Mitglied bei der Protektor AG sein.

Information, Beratung und Umsetzung

Eine Informationspflicht des Arbeitgebers über das Recht des Arbeitnehmers auf Entgeltumwandlung gibt es nicht. Wenn auch oft von vertrieblicher Seite genutzt, ist doch eine Klage wegen fehlender Information vom Bundesarbeitsgericht am 21. Januar 2014 (3 AZR 807/11) abgewiesen worden. Die Information der Belegschaft zu betriebsinternen Versorgungsrichtlinien ist allerdings ein Muss, insbesondere, wenn eine Arbeitgeberleistung besteht. Dies geschieht in der Regel durch die Aushändigung einer Versorgungsordnung oder durch Information im Rahmen von Betriebsversammlungen. Idealerweise gibt es eine dynamische Verweisung auf die Versorgungsrichtlinien des Unternehmens in den Arbeitsverträgen.

Frage der Informationspflicht

Im Zuge einer Neueinrichtung ist die Erstinformation zur bAV nach Einbindung unterschiedlicher Gremien, wie des Betriebsrats, an diverse Schlüsselpersonen im Unternehmen weiterzugeben. Es folgen Informationen in definierten Mitarbeitergruppen und Einzelgespräche. Dem Unternehmen muss bewusst sein, dass der Berater oder Makler in diesem Zusammenhang lediglich ein Erfüllungsgehilfe des Arbeitgebers ist und bei Beratungsfehlern Letzteren die Verantwortung trifft. Es muss gewährleistet werden, dass die Beratungen fair und transparent erfolgen. Beratungsprotokolle tragen dazu bei. Der einzelne Mitarbeiter muss in der Lage sein, seine Entscheidung für eine bAV auf Basis aller relevanten Grundlagen zu treffen. Informationen über die nachgelagerte Versteuerung und die Versicherungspflicht der Leistung in der KVdR (Krankenversicherung der Rentner) gehören ebenso wie die Einschnitte in den Sozialleistungen (Krankengeld und Arbeitslosengeld) und die durch Entgeltumwandlung sinkenden Ansprüche aus der gesetzlichen Rente dazu.

Ein erster Rollout erfordert einen erhöhten Aufwand und eine strukturierte Planung der Vorgänge und Beratungen. Eine kontinuierliche Beratung der neu hinzukommenden Mitarbeiter lässt die bAV dann aber bei geringem Aufwand zu einer festen Institution werden.

Fortlaufende Betreuung und Dienstleistung

Einheitliche und systematische Vorgänge gestalten

Es gilt, die vielfältigen Prozesse im Bereich der Versorgungssysteme so zu verwalten, dass einheitliche und systematische Vorgänge entstehen, die den festgesetzten arbeitsrechtlichen Anforderungen entsprechen.

Fehlerquoten bei der Policierung: Versicherungspolicen werden anhand von Anträgen und Anmeldelisten erstellt. Im Idealfall ist die Police die Abbildung der arbeitsrechtlichen Zusage. So ist zum Beispiel dem Versorgungsberechtigten bei einer Versorgungszusage aus einer Entgeltumwandlung über eine Direktversicherung nach Paragraph 1b Absatz 5 Satz 2 BetrAVG ein unwiderrufliches Bezugsrecht einzuräumen. Ein Kreuz an der falschen Stelle im Antrag oder ein unkonzentrierter Mitarbeiter des Versicherers führt zu Fehlern bei der Policierung und macht das Finanzierungsprodukt widerrufbar. Für Insolvenzverwalter ist das ein gefundenes Fressen. Werden innerhalb der Versicherer Vertragsverwaltungssysteme geändert, zusammengelegt oder neu erstellt, dann lässt sich nicht ausschließen, dass durch rein technische Fehler Vertragsinhalte verloren gehen oder unbeabsichtigt hinzugefügt werden können. Die Kontrolle der Versicherungsscheine und Nachträge auf Inhalte und auf arbeitsrechtliche Anforderungen gehören essenziell zu einer adäquaten Dienstleistung und Betreuung.

Wahrung und Umsetzung der Fristen- und Formkontrolle als Mittelpunkt der Verwaltung: Das Betriebsrentengesetz gibt regelmäßig Fristen vor. So ist auch bei einer einfachen Direktversicherung die Wahl des Arbeitgebers zur Anwendung der versicherungsvertraglichen Lösung bei Ausscheiden eines Mitarbeiters nur innerhalb von drei Monaten nach Austritt möglich. Außerdem muss der Arbeitgeber sein Verlangen nach diesem Ersatzverfahren dem Mitarbeiter und dem Versicherer mitteilen. Verstreicht die Frist unbeachtet, hat der Mitarbeiter ein Recht auf Quotierung seiner erreichten Anwartschaften aus dem Verhältnis seiner tatsächlichen Betriebszugehörigkeit zur möglichen Betriebszugehörigkeit bis zur Regelaltersgrenze. Fast immer sind die quotierten Anwartschaften höher als die Anwartschaften nach Anwendung der versicherungsförmigen Lösung. Die Nichteinhaltung der Frist geht zulasten des Arbeitgebers und führt zur Bilanzierung der Versorgungsverpflichtung.

Prüfung von Übernahme und/oder Übertragung bestehender Versorgungsanwartschaften neuer Mitarbeiter: Immer häufiger bringen neue Mitarbeiter Versorgungszusagen und deren Versicherungsprodukte ins Arbeitsverhältnis mit. Der Arbeitgeber hat die Gewissensfrage zu beantworten: Lehnt er die Übernahme und Weiterführung der mitgebrachten Versicherungspolicen ab, verliert der Mitarbeiter wohlmöglich einen höheren Garantiezins; übernimmt der Arbeitgeber die Zusage, haftet er auch für sie, und zwar vollumfänglich.

Gewissensentscheidung des Arbeitgebers

Risiken, die mit der Übernahme der Zusage behaftet sind, sind vielfältig:

Gefahr Überschussverwendung: Versicherungstarife, bei denen Überschüsse und Gewinne mit den Versicherungsbeiträgen verrechnet werden, haben Folgen für den Arbeitgeber. Eine Begrenzung der Verpflichtung bei Ausscheiden des Mitarbeiters auf die versicherungsvertragliche Lösung ist in diesem Fall nicht möglich. Quotierte Ansprüche des ausscheidenden Mitarbeiters treffen den Arbeitgeber hart. Bei Direktversicherungen und Pensionskassen kann auf die Anpassungsprüfungspflicht der Leistung aus Paragraph 16 BetrAVG verzichtet werden, wenn ausnahmslos alle Überschüsse ab dem Rentenbeginn zur Leistungserhöhung verwendet werden. Geschieht dies nicht, trifft den Arbeitgeber im Rentenbezug die Anpassung der Leistung.

Gefahr Beitragszusage: Bringt der Mitarbeiter eine Beitragszusage mit Mindestleistung mit, haftet der Arbeitgeber für alle eingezahlten Beiträge, abzüglich der Beiträge für biometrische Risiken. Diese

Haftung trifft ihn zum planmäßigen bzw. zum vorgezogenen Rentenbeginn des Mitarbeiters. Zu beachten ist, dass bei der Beitragszusage mit Mindestleistung eine versicherungsvertragliche Lösung bei Ausscheiden des Versorgungsberechtigten nicht möglich ist. Wird die Zusage nicht durch einen neuen Arbeitgeber übernommen, ist zu prüfen, ob Kosten des Versicherers beitragsfreie Policen langsam aushöhlen.

Verlust der steuerlichen Förderung droht bei selbständiger BU-Versicherung.

Gefahr BU-Versicherung: Spätestens seit dem Beschluss des Bundesgerichtshofs (BGH) vom 13. Mai 2015 ist es amtlich: Die Förderung der Beiträge nach Paragraph 3 Nummer 63 EStG besteht bei einer Direktversicherung, die als selbständige Berufsunfähigkeitsversicherung zugesagt wurde, nur dann, wenn die Berufsunfähigkeitsleistung nahtlos in die gesetzliche Rente übergeht. Versicherte Berufsunfähigkeitsrenten bis 60, 63 oder 65 Jahre sind zwar preiswerter und werden deshalb von den Vermittlern häufiger angeboten, erfüllen aber diesen Anspruch nicht. Der Beitrag zur Direktversicherung verliert seine Förderung und ist nicht mehr steuer- und sozialabgabenfrei. Es trifft auch hier in erster Linie den Arbeitgeber, denn er haftet für die korrekte Abführung von Lohnsteuer und Sozialversicherungsbeiträgen.

Gefahr Ausscheiden des Mitarbeiters: Scheidet ein Mitarbeiter aus, ist es das Ziel des Arbeitgebers sich auch der Versorgungszusage zu entledigen, indem er die Zusage entweder von einem neuen Arbeitgeber übernehmen oder das Kapital auf das Versorgungssystem des neuen Arbeitgebers übertragen lässt. Ein einfacher Versicherungsnehmerwechsel reicht für eine Übernahme der Zusage durch den neuen Arbeitgeber nicht aus. Die Zusage verlässt nur dann das Unternehmen, wenn dies einvernehmlich zwischen allen Beteiligten geregelt wird.

Verwaltung: Ist die Personalabteilung den Anforderungen nicht gewachsen, ist über ein Outsourcing der Verwaltung Platz und Luft zu schaffen. Dabei übernimmt ein externer Dienstleister bis zu 100 Prozent aller Verwaltungstätigkeiten. Die Personalabteilung kann sich so wieder auf ihre Kernkompetenzen konzentrieren. Der Dienstleister übernimmt alle Vorgänge vom Versand der Policen, der Versorgungspläne sowie der Jahresinformationen über das An- und Abmelden von Mitarbeitern im Falle eines Austritts, wegen entgelt-

bAV-Dienstleistungsumfang im Überblick

- sämtliche Korrespondenzen mit den Versicherern
- Unterstützung der Personalabteilung in der Einrichtung und Umsetzung der bAV
- An- und Abmelden von Mitarbeitern zum/vom Versorgungswerk
- Prüfung von Portabilitätsansprüchen neuer Mitarbeiter
- Umsetzung der Übertragung von Anwartschaften auf das hausinterne Versorgungssystem
- Bearbeitung von Störfällen, wie Elternzeit, Krankheit, unbezahlter Urlaub, Tod u.v.m.
- Korrespondenz mit Hinterbliebenen
- Änderungsmitteilungen
- Bearbeitung von Abfindungen
- Bearbeitung von Versorgungsausgleichen
- Meldung und Kontrolle der steuerlichen Verwendung der Beiträge nach LStDV
- Leistungs- und Beitragskontenklärung mit den Versorgungsträgern
- PSVaG-Meldungen, Prüfung und Bearbeitung
- Kontrolle und Versand der jährlichen Wertemitteilungen oder Versorgungskontoauszüge an die Versorgungsberechtigten
- Erfüllung der Auskunfts- und Informationspflichten gegenüber den Versorgungsberechtigten
- Rentenbezugsmitteilungen und Zusammenstellung aller erforderlichen Unterlagen zum Rentenabruf
- Korrespondenzen mit Rentnern und Versorgungsträgern, Prüfung und Begleitung der Prozesse

freier Zeiten oder Krankheit beim Versorgungsträger bis hin zur Prüfung und Umsetzung von Übertragungen von ins Arbeitsverhältnis mitgebrachten Anwartschaften auf das hausinterne Versorgungssystem. Sämtliche Korrespondenz mit allen Beteiligten läuft über den externen Dienstleister. Er ist Ansprechpartner für die Personalabteilung und die Belegschaft bei Fragen und Änderungswünschen auch über das Ausscheiden aus dem Unternehmen hinaus. •

Option eines Outsourcings der bAV-Administration

bAV harmonisieren und stärken

Das zweite Standbein der Altersvorsorge ist für Beschäftigte notwendig

Von Matthias Edelmann und Carsten Schmidt

Der betrieblichen Altersversorgung (bAV) kommt gesamtgesellschaftlich eine immer größere Bedeutung zu. Angesichts des Absinkens der gesetzlichen Rente auf ein Nettoniveau vor Steuern von 43 Prozent bis zum Jahr 2030 ist es für die Arbeitnehmer essenziell, sich über die bAV ein zweites Vorsorgestandbein aufzubauen. Dabei geht es nicht allein um einkommensschwache Arbeitnehmer, denen Altersarmut droht. Auch Fach- und Führungskräfte benötigen eine starke zusätzliche Absicherung, um ihren bisherigen Lebensstandard im Rentenalter zu halten.

Angesichts des steigenden Vorsorgebedarfs einerseits und des spürbaren Fachkräftemangels andererseits werden Unternehmen – gerade der Mittelstand – stärker motiviert, im Wettbewerb um gute Mitarbeiter die bAV als Differenzierungsmerkmal einzusetzen. Das Ziel ist, die bAV optimal am Bedarf der Mitarbeiter und an der wirtschaftlichen Planung und Strategie des Unternehmens auszurichten.

Status quo im Mittelstand

Großer Nachhol- und Reformbedarf im Mittelstand

Bei mittelständischen Unternehmen besteht regelmäßig großer Nachhol- und Reformbedarf. Oft gibt es kein oder ein nicht marktgerechtes Versorgungssystem, das einem Benchmarkvergleich in der jeweiligen Branche nicht standhält. In der aktuellen Unternehmensrealität zeigen sich zudem häufig Hindernisse, wie zum Beispiel

- unterschiedliche Versorgungsordnungen für unterschiedliche Personengruppen, die die nötige Transparenz verhindern,
- komplexe Regelungen und Strukturen, oft historisch durch Unternehmenstransaktionen und Besitzstandsvereinbarungen entstanden, die den Mitarbeitern schwer verständlich sind und eine äußerst aufwendige Administration bedeuten,

- veraltete Finanzierungssysteme, die vor Jahren gewählt wurden und heute unter anderem aufgrund der durchschnittlich längeren Lebens- und Rentenzahlungsdauer sowie aufgrund des Marktumfeldes mit rekordtiefen Zinsen nicht mehr opportun sind.

So trägt das Unternehmen bei intern finanzierten bAV-Systemen (Direktzusagen) das volle Finanzierungsrisiko. Die Kostenkontrolle ist dabei signifikant eingeschränkt. Niedrige Marktzinsen senken den Rechnungszins, eine der Größen, mit denen Unternehmen ermitteln, wie viel Geld sie heute für ihre künftigen Verpflichtungen vorhalten müssen. Sinkt der Rechnungszins, steigt die Pensionslast: Es wird immer schwerer, zugesagte Betriebsrenten tatsächlich zu finanzieren und auszuzahlen. So wachsen die Deckungslücken bei Pensionsrückstellungen häufig auf die Höhe der Unternehmensgewinne an, und die Spielräume für Investitionen schrumpfen.

Absehbare massive Belastungen für KMUs

Kleinen und mittleren Unternehmen, die regelmäßig nach Handelsgesetzbuch bilanzieren, steht diese Finanzbelastung selbst bei einer sich entspannenden Zinssituation noch bevor, da der Rechnungszins generell über einen 7-Jahres-Durchschnitt ermittelt wird und sich somit das niedrige Zinsniveau erst in den nächsten Jahren verzögert auswirkt. Unterstellt man ein konstantes Marktzinsniveau, so wird sich der handelsbilanzielle Rechnungszins bis 2019 auf unter 2 Prozent reduzieren. Im Durchschnitt ist in den kommenden Jahren allein aufgrund der voraussichtlichen Zinsentwicklung mit Zuführungen von insgesamt über 40 Prozent des Rückstellungsbetrags zu rechnen. Der genaue Zuführungsbedarf hängt stark von der Art der Pensionszusage sowie der Altersstruktur der Pensionsberechtigten ab und kann im Einzelfall sogar bei rund 60 Prozent liegen.

Zuführungen von über 40 Prozent des Rückstellungsbetrags erwartet

Moderne Komponenten einer bAV

Angesichts der Komplexität und der finanzwirtschaftlichen Entwicklungen sinkt mit dem Rechnungszins auch das Interesse der Unternehmen an Zusagen, die ein solch hohes Finanzierungsrisiko bergen. Sinkt damit auch das Interesse an bAV allgemein? Nein! Die bAV ist aus der Benefitslandschaft nicht mehr wegzudenken. Die steuer- und sozialversicherungsfreie Finanzierung entspricht in idealer Weise dem Fürsorgebedürfnis des Unternehmens wie auch dem Vorsorgebedürfnis des Mitarbeiters. Doch wie ist dies mit dem Wunsch nach langfristiger Kalkulierbarkeit und minimalem Risiko zu verbinden?

1. Risikominimierung durch kalkulierbare Finanzierung

Bei modernen bAV-Systemen werden die Pensionsansprüche über einen externen Versorgungsträger – in der Regel über Versicherungsgesellschaften – als Defined-Contribution-Plan finanziert. Hierbei steht die Zusage eines Beitrags (Defined Contribution) anstelle einer konkreten Rentenhöhe (Defined Benefit) im Fokus. Das macht die Finanzierung nachhaltig kalkulierbar. Zinsrisiken sowie biometrische Risiken, wie Berufsunfähigkeit oder Langlebigkeit, sind gleichsam ausgelagert. Die Höhe des Arbeitgeberbeitrags lässt sich nach sachlichen Kriterien unterschiedlich ausgestalten.

2. Die Mitarbeiter mit ins Boot holen: Anreiz durch Matching

Moderne bAV-Systeme binden den Mitarbeiter ein.

In der Vergangenheit waren bAV-Pläne eher statisch, der Arbeitgeber war der wesentliche Träger der bAV, während moderne Systeme die Mitarbeiter einbinden. Es gibt nicht mehr einen Beitrag für alle. Vielmehr erhalten die Mitarbeiter, die sich selbst an der bAV beteiligen, einen höheren Beitrag. Mitarbeiter beteiligen sich dabei im Rahmen der Entgeltumwandlung und verzichten auf einen Teil ihrer Bruttobezüge, wie Grundbezüge und Sonderzahlungen, zugunsten der bAV. Bei einem mischfinanzierten (Matching-)System fußt die bAV somit auf Arbeitgeber- wie auch auf Arbeitnehmerbeiträgen. Für den Arbeitgeber weisen Matchingsysteme zwei Vorteile auf: Sie sind günstiger als die One-fits-all-Lösung, da nur die Mitarbeiter einen (höheren) Arbeitgeberbeitrag erhalten, die sich selbst an der bAV beteiligen. Zudem erhält der Arbeitgeber ein Bild von der Wertschätzung der bAV und incentiviert dann speziell die, denen die bAV besonders wichtig ist.

Für den Mitarbeiter hängt die subjektiv empfundene Attraktivität einer bAV häufig nicht direkt mit der Höhe des Arbeitgeberbeitrags zusammen. Vielmehr sind es der Leistungskatalog und die Nähe zur Lebenswirklichkeit der Mitarbeiter, die einen Pensionsplan für die Mitarbeiter attraktiv machen. Eine zusätzliche Verbundenheit mit dem neuen System erreicht das Unternehmen, indem es die Mitarbeiter über ein Berechnungsprogramm die gewünschte Leistung und die dafür benötigten Beiträge selbst ermitteln und den finanziellen Vorteil aus der Einrechnung des Matchings sowie der Steuer- und Sozialversicherungsersparnis herausstellen lässt. In der Regel liegt die Performance weit über dem Niveau, das der Mitarbeiter privat erreichen könnte.

Harmonisierung auf ein modernes System

Durch das Einfrieren der bestehenden bAV und die Harmonisierung auf eine moderne bAV kann das Unternehmen ein Markenzeichen in der Branche setzen und bestehende Hindernisse sowie absehbare Belastungen minimieren.

Markenzeichen setzen

1. Harmonisierung: Gewinn auf vielen Ebenen

Die Attraktivität und das Branding des Unternehmens steigen durch ein modernes bAV-System mit flexibler und transparenter Gestaltung.

- Die Mitarbeiterkommunikation vereinfacht sich, denn es gilt ein einheitliches System für alle (ggf. verschiedene Beitragssätze).
- Beides steigert die Wertschätzung durch die Mitarbeiter.
- Risiken aus Zinsschwankungen und Biometrie sowie Haftungsrisiken werden kontrolliert und vermindert.
- Die Bilanzposition der bAV wird reduziert oder ganz beseitigt.
- Die Administration kann auf einen externen Versorgungsträger bei Kostensenkung für das Unternehmen übertragen werden.

Eine Harmonisierung ist möglich, denn kein kollektives bAV-System ist in Stein gemeißelt. Erreichte Anwartschaften (Besitzstände) aus bestehenden Versorgungszusagen sind hierbei besonders geschützt.

2. Phasen einer Harmonisierung

Eine Harmonisierung erfolgt in der Regel in fünf Phasen:

Die Ausgangs- und Dokumentenlage ist in Unternehmen oft unklar.

1. Arbeitsrechtliche Bestandsaufnahme: In Unternehmen besteht häufig eine unklare Ausgangs- und Dokumentenlage im Hinblick darauf, welche Versorgungsordnungen im Einzelnen bestehen und wie diese rechtlich verankert sind (Zusagen in Arbeitsverträgen, unterschiedliche Verweisklauseln in Arbeitsverträgen, praktizierte betriebliche Übung, Gesamtzusagen, Zusagen im Rahmen eines Erwerbsprozesses oder eines Betriebsübergangs). Um einen optimalen Harmonisierungsprozess in Gang zu setzen, ist es in der Praxis unerlässlich, vorab die genauen rechtlichen Rahmenbedingungen zu prüfen und zu klären.

2. Risiko- und Benchmarkanalyse: Anhand der Unternehmensunterlagen und -daten werden bestehende Risiken analysiert, zum Beispiel durch Prognose der zu erwartenden Rückstellungsentwicklung unter verschiedenen Zinsszenarien sowie des künftig erwarteten Liquiditätsbedarfs zur Finanzierung der Versorgungsverpflichtungen. Ferner lässt sich über einen Benchmarkvergleich die Marktposition des Unternehmens in der jeweiligen Branche ermitteln. Dabei sollten nicht nur die bAV, sondern die Gesamtvergütung einschließlich weiterer Benefits und möglicherweise zusätzliche HR-Aspekte betrachtet werden, die Arbeitnehmer beim Unternehmensvergleich in die Waagschale werfen.

3. Grobes Harmonisierungskonzept: Im nächsten Schritt wird ein grobes Harmonisierungskonzept entwickelt, in dem Handlungsfelder bzw. -alternativen aus der Analyse priorisiert sowie die wirtschaftliche Planung und Strategie des Unternehmens berücksichtigt werden. Dabei werden mehrere Eckpfeiler des neuen einheitlichen Versorgungssystems eingeschlagen: Welcher Durchführungsweg? Welche Finanzierungsbausteine? Welches Leistungsspektrum? Inwieweit lassen sich Besitzstände in das neue System integrieren? Welche Anbieter werden in eine Ausschreibung einbezogen, welche Auswahlkriterien stehen im Vordergrund? Welche bilanziellen Aspekte sind mit dem Wirtschaftsprüfer abzustimmen? Das Konzept wird anschließend durch Prognoseberechnungen unter Zugrundelegung des neuen Systems untermauert.

4. Feinkonzeption: In der Praxis hilft es, über einen ersten Entwurf einer Versorgungsordnung das Grobkonzept zu fixieren und weiterzuentwickeln, indem Detailregelungen ausformuliert und Alternativformulierungen zur weiteren Diskussion des Feinkonzeptes aufgezeigt werden. Es ist sinnvoll, jetzt die Arbeitnehmervertretung einzubeziehen, um nicht später die gesamte Konzeption wegen strittiger Punkte neu aufrollen zu müssen. Oft lassen sich andere HR-Themen mit den Arbeitnehmervertretern als Kompensation in das Gesamtkonzept einbeziehen. Auch gehört die Mitarbeiterinformation einschließlich der Entwicklung einer Kommunikationsschiene in das Feinkonzept.

5. Implementierung: In der Implementierungsphase erfolgen die Umsetzung der administrativen Prozesse sowie die Mitarbeiterkommunikation entsprechend der Feinkonzeption.

Praxisbeispiel 1

Ein Mittelständler in der Metall- und Elektroindustrie steht in hartem Wettbewerb mit großen Unternehmen aus der weiteren Umgebung der Niederlassungen. Der Betrieb hat sich daher das strategische Ziel gesetzt, über eine leistungsstarke bAV die Attraktivität für Fachkräfte zu steigern und Risiken zu reduzieren.

Case eines Mittelständlers in der Metall- und Elektroindustrie

1. Arbeitsrechtliche Bestandsaufnahme: Es bestehen zwei Defined-Benefit-Pläne als Direktzusagen für Eintritte bis 1986 bzw. zwischen 1987 und 2001 sowie ein Defined-Contribution-Plan über eine Unterstützungskasse für Eintritte seit 2002. Die beiden Direktzusagen sind bei der Umstellung 2002 nicht eingefroren worden und laufen als endgehaltsabhängige Pläne weiter.

2. Risikoanalyse: Das Unternehmen trägt die finanziellen und biometrischen Risiken unmittelbar. Die Höhe der Altersrente hängt von der Einkommensdynamik ab, der Liquiditätsbedarf im Leistungsfall steigt entsprechend. Da sich künftige Einkommenserhöhungen unmittelbar anwartschaftssteigernd auswirken, schlagen sie voll auf die Bilanz durch. Aber auch der vermeintlich risikolose Defined-Contribution-Plan birgt ein – eher verstecktes – Risiko in sich. Für Mitarbeiter unter 27 Jahren werden Beiträge in die Unterstützungskasse aus steuerlichen Gründen nicht gewährt, eine Kompensation hierfür gibt es nicht. Arbeitsrechtlich ist dies aus Gründen der Gleichbehandlung problematisch, es droht eine Leistungspflicht des Unternehmens ohne bestehende Rückdeckung für den betreffenden Personenkreis, verbunden mit einer möglichen Einstufung als Defined-Benefit-Plan mit entsprechender Bilanzierungspflicht.

Grobes Harmonisierungskonzept

3. Grobes Harmonisierungskonzept: zeitgemäße Weiterentwicklung der bAV: Die Harmonisierung beschränkt sich auf den Aktivenbestand des Unternehmens. Möglichkeiten für Ausgeschiedene und Rentner (zum Beispiel externe Auslagerungen oder Abfindungen) sind in der Regel wirtschaftlich nicht sinnvoll.

Durchführungswege: Das Konzept sieht eine Umstellung des Systems auf folgende zwei Durchführungswege vor:

- eine arbeitgeberfinanzierte Unterstützungskasse in Form des nachfolgend beschriebenen Life-Cycle-Modells und Gestaltung als voll kongruent rückgedeckte beitragsorientierte Leistungszusage (Defined-Contribution-Plan),
- für zusätzliche Entgeltumwandlung eine Direktversicherung – ebenfalls in Form des Life-Cycle-Modells –, in die auch Kompensationszahlungen für unter 27-Jährige erfolgen können.

Life-Cycle-Modell: Das Life-Cycle-Modell ist ein flexibles Versorgungssystem, bei dem Mitarbeiter ihre Versorgung nach ihren persönlichen Bedürfnissen auswählen (vgl. Abbildung 1). Je nach Lebenssituation kann für einen Mitarbeiter die reine Altersrente wichtig sein, für einen anderen Mitarbeiter die Absicherung bei Berufsunfähigkeit mehr im Fokus stehen. Je nach Familienstand und Elternschaft kann eine Hinterbliebenenversorgung im Vordergrund stehen. Die Leistungspakete sind sowohl für den Arbeitgeberbeitrag als auch für den Eigenbeitrag aus Entgeltumwandlung frei wählbar. Ändern sich die Lebenssituation und damit das Absicherungsbedürfnis der Mitarbeiter, lassen sich die Leistungspakete wechseln.

Nachhaltiger Bilanzeffekt: Die Harmonisierung führt zu einem deutlichen und nachhaltigen Bilanzeffekt, abhängig von der Eingriffstiefe in die Besitzstände (siehe Abbildung 2). In den nächsten zehn

Abbildung 1: Das Life-Cycle-Modell moderner bAV

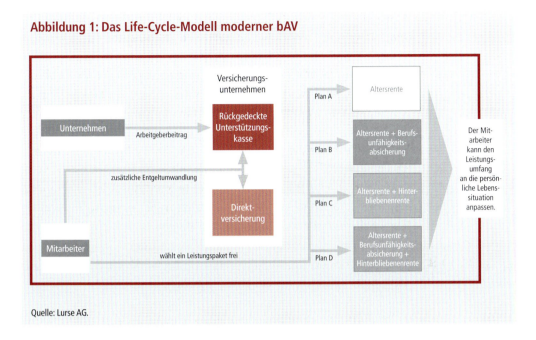

Quelle: Lurse AG.

Jahren ist bei unveränderter Fortführung der bestehenden Zusagen eine deutliche Erhöhung der Rückstellung für aktive Mitarbeiter zu erwarten (Status quo). Je nach – rechtlich zu prüfender – Eingriffstiefe in die Besitzstände (alternative Szenarien 1 und 2) reduziert sich die Rückstellungsentwicklung erheblich.

4. Feinkonzeption: Die Auswahl des geeignetsten Versicherers für das neue System erfolgt über einen Vergleich unter den Anbietern. Anschließend wird gemeinsam mit dem Gesamtbetriebsrat das neue Altersversorgungssystem über den Text der Versorgungsordnung und des Gruppenvertrags mit dem Rückdeckungsversicherer präzisiert. Es folgt die Aufstellung eines Service-Level-Agreements, in dem die wesentlichen Administrationsprozesse zwischen dem Unternehmen und dem Versicherer vereinbart und dokumentiert sind. Parallel wird das Kommunikationskonzept entwickelt. Das Unternehmen hat sich dazu entschlossen, die Mitarbeiter umfassend und zielgerichtet über die Harmonisierung und das neue Altersversorgungssystem zu informieren. Mit den vielfältigen Informationsmöglichkeiten möchte das Unternehmen sicherstellen, dass jeder Beschäftigte die für ihn individuell beste Ausgestaltung der neuen Altersversorgung wählen kann.

Feinkonzept

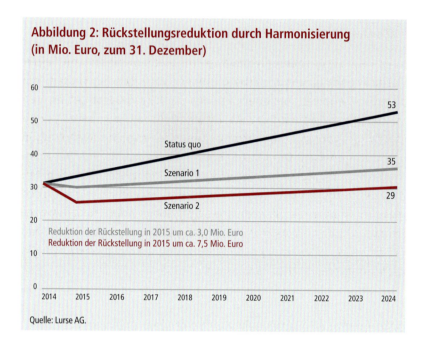

Abbildung 2: Rückstellungsreduktion durch Harmonisierung (in Mio. Euro, zum 31. Dezember)

Quelle: Lurse AG.

5. Implementierung

Informationen über mehrere Kanäle

Zielgerichtete Kommunikation: In Informationsveranstaltungen wird den Beschäftigten das neue Altersversorgungssystem einschließlich seiner Optionen erklärt und werden Fragen beantwortet. Anschließend erhalten die Teilnehmer eine Informationsbroschüre zur neuen Versorgung. Für individuelle Fragen steht den Beschäftigten nach dem Besuch der Informationsveranstaltung eine eigene Beratungshotline zur Verfügung. Die Fachberater beantworten individuelle Fragen zum neuen Altersversorgungssystem telefonisch und via E-Mail.

Moderne Mitarbeiter administrieren sich selbst: Das Unternehmen führt ein Onlineportal ein, über das die Beschäftigten individuelle Berechnungen erstellen und Teilnahmeunterlagen herunterladen können. Auch hier sind die Informationen über das neue Altersversorgungssystem sowie die erreichten Besitzstände verfügbar.

Praxisbeispiel 2

Ein Chemieunternehmen möchte im Zusammenhang mit einer Harmonisierung seinen Arbeitnehmern eine Lösung bieten, die negative Renditen, bezogen auf den niedrigen Garantiezins, vermeidet. Finanziert wird das System durch Arbeitgeberbeiträge und Matching. Während die korrespondierende Entgeltumwandlung in eine rückgedeckte Direktzusage über einen klassischen Versicherungstarif erfolgt, sieht das arbeitgeberfinanzierte System einen Rückdeckungsversicherungstarif vor, der jeweils hälftig klassisch gestaltet ist bzw. die Chancen aus einem Spezialfonds nutzt. Arbeitnehmer können so stärker als bei rein klassischen Tarifen an den Renditemöglichkeiten des Kapitalmarktes partizipieren und die Deckungslücke im Alter reduzieren.

Case eines Chemieunternehmens

bAV-Harmonisierung: Kein Buch mit sieben Siegeln

Die Harmonisierung der bAV ist aufgrund der Verzahnung verschiedener Rechtsgebiete mit finanzmathematischen und personalpolitischen Aspekten komplex. Doch es lohnt sich, das bAV-System auf seine nachhaltige Finanzierbarkeit zu überprüfen. Es zeigen sich oft langanhaltende Entlastungseffekte, die nicht zulasten der Mitarbeiter gehen müssen. Wichtig ist, bereits bei der Grobkonzeption die Verwaltbarkeit des Plans im Auge zu behalten, um Aufwand und Kosten für die bAV-Administration zu minimieren, und die Arbeitnehmervertretung so früh wie möglich einzubinden. Zeitgemäße Systeme reduzieren die Risiken für das Unternehmen und zeigen Mitarbeiternähe durch die Möglichkeit zur Eigenbeteiligung sowie durch die Wahl von Leistungspaketen. Die Mitarbeiter können die Versorgung ihrer Lebenssituation und ihrem Bedarf anpassen. Transparenz und Kontinuität in der Mitarbeiterkommunikation sorgen dafür, dass Mitarbeiter neue bAV-Systeme wertschätzen und Unternehmen sich nachhaltig als attraktive Arbeitgeber positionieren. ●

Arbeitnehmer in kleinen und mittleren Unternehmen ausreichend versorgen

Ein erster Schritt: Wie sich die Komplexität der bAV zugunsten eines höheren Durchdringungs- und Versorgungsgrads reduzieren lässt

Von Klaus Friedrich und Helmut Hofmeier

Einleitung

Das regelmäßige Aufbauen von als sicher empfundener privater wie auch betrieblicher Vorsorge wird in Zeiten langanhaltender Niedrigzinsen immer schwieriger. Die Motivation des Einzelnen sowie die finanziellen Fähigkeiten sind unterschiedlich ausgeprägt. Eine jeweils niedrige Ausprägung zur Finanzierung privater wie auch durch Entgeltumwandlung finanzierter betrieblicher Altersversorgung wird allgemein bei Mitarbeitern von kleinen und mittleren Unternehmen (KMUs) angenommen.

Ergebnisse der Machbarkeitsstudie

In einer vom Bundesministerium für Arbeit und Soziales (BMAS) beauftragten Machbarkeitsstudie für eine empirische Analyse von Hemmnissen für die Verbreitung der betrieblichen Altersversorgung in kleinen und mittleren Unternehmen aus dem Jahr 2014 wurde festgestellt: „Unter dem übergeordneten Ziel, den bAV-Verbreitungsgrad in KMUs und unter deren Arbeitnehmern zu erhöhen, stellt sich die Frage, wo genau (sozialpolitische) Maßnahmen ansetzen und Hemmnisse beseitigt bzw. abgemildert werden könnten? Hierzu muss mit Blick auf den Forschungsstand zunächst mehr Information über die (Haupt-)Hemmnisse erarbeitet werden."[1] Gleichzeitig ist festzuhalten, dass bei Nutzung der Direktversicherung der steuerliche Freibetrag des § 3 Nr. 63 EStG im Allgemeinen nicht ausgenutzt wird, sondern im Durchschnitt bei gut 1.000 Euro p. a. liegt,

---

[1] BMAS-Forschungsbericht Sozialforschung 444: Machbarkeitsstudie für eine empirische Analyse von Hemmnissen für die Verbreitung der betrieblichen Altersversorgung in kleinen und mittleren Unternehmen (Machbarkeitsstudie bAV in KMUs) – Endbericht. Durchgeführt von der Fachhochschule für Wirtschaft Paderborn, Kienbaum Management Consultants GmbH, Stand Juni 2014, Seite 138.

bei Entgeltumwandlung knapp 100 Euro p. a. höher[2]. In diesem Zusammenhang sei darauf hingewiesen, dass gerade für den Geringverdiener die derzeitige steuerliche Förderung kaum zur Entgeltumwandlung motivieren vermag.

Die langandauernde Niedrigzinsphase erschwert nicht nur den versicherungsförmigen Versorgungsträgern, sondern auch den Arbeitgebern den Aufbau von speziellem Versorgungsvermögen im Durchführungsweg unmittelbare Versorgungszusage. Für derartige, von den Arbeitgebern erteilten unmittelbaren Zusagen werden derzeit bilanzielle Erleichterungen – sowohl handelsbilanzielle wie auch steuerbilanzielle – erörtert[3]. Des Weiteren befindet sich das vom BMAS vorgeschlagene Sozialpartnermodell[4] in der öffentlichen Diskussion.

Aufbau von speziellem Versorgungsvermögen wird durch Niedrigzins erschwert.

Dies war Anlass für uns, Deloitte und V.E.R.S. Leipzig, eine Studie zu Möglichkeiten der Stärkung der betrieblichen Altersversorgung, insbesondere unter dem Blickwinkel von KMUs, zu starten.

Dabei sind Interviewpartner Entscheidungsträger mit unterschiedlichen Interessenlagen aus der Versicherungswirtschaft, von Pensionskassen, von Versorgungswerken, von Beratungsunternehmen zur bAV, aus Verbänden, Gewerkschaften und Politik. Damit soll ein umfassendes, die unterschiedlichen Perspektiven berücksichtigendes Bild gezeichnet werden. Bei der Erstellung dieses Artikels war die Befragung noch nicht abgeschlossen[5]. Wir geben hier einen kompakten Zwischenbericht zu aktuell erkennbaren Trends ausgewählter Aspekte.

---

2 BMAS-Forschungsbericht 429/1: Trägerbefragung zur betrieblichen Altersversorgung 2013 (BAV 2013) – Endbericht. Durchgeführt von TNS Infratest Sozialforschung, Seite 74.
3 Siehe stellvertretend Bundesratsdrucksache 346/2/15 vom 23.09.2015, Antrag des Landes Nordrhein-Westfalen, Entwurf eines Gesetzes zur Umsetzung der EU-Mobilitäts-Richtlinie; sowie Bundestagsdrucksache 18/5623, 22.07.2015, Antwort der Bundesregierung auf die Kleine Anfrage der Abgeordneten Dr. Gerhard Schick, Markus Kurth, Kerstin Andreae, weiterer Abgeordneter und der Fraktion BÜNDNIS 90/DIE GRÜNEN – Drucksache 18/5454.
4 Siehe stellvertretend www.lbav.de/17b-zum-zweiten/ und www.lbav.de/ganz-schoen-kess/.
5 Die Fertigstellung der Studie ist für den Jahreswechsel 2015/2016 geplant.

Ausgewählte allgemeine Rahmenbedingungen

Bislang gehen weite Teile der Befragten – unabhängig von der Zuordnung zu einer der obengenannten Gruppen – davon aus, dass Deutschland sich in Zukunft mit dem Problem der Altersarmut konfrontiert sehen wird. Dabei wird unterschiedlich beurteilt, ob dieses Problem in den nächsten zwei Jahrzehnten oder erst später virulent wird. Jedoch ist es fast einhellige Meinung, dass dieses Problem sich realisieren wird.

Bewusstsein der Bürger für das Langlebigkeitsrisiko ist kaum vorhanden.

In diesem Zusammenhang ist für die überwiegende Mehrheit der Interviewpartner ein Bewusstsein in der Bevölkerung bezüglich des Langlebigkeitsrisikos und des damit verbundenen Altersarmutsrisikos kaum vorhanden.

Bei der finanziellen Fähigkeit zum Aufbau eigener Vorsorge wird jenseits der Geringverdiener in einigen Fällen zwischen der tatsächlichen und der selbst empfundenen unterschieden. Sie wird gleichwohl als grundsätzlich höchstens durchschnittlich identifiziert. Konsumvorrang wird für den Aufbau einer ausreichenden Vorsorge regelmäßig als Hinderungsgrund identifiziert.

Allgemein wird die Rentenzahlung als die für die Altersversorgung geeignete, sozial sinnvolle Leistungsform angesehen. Gleichwohl wird von einigen die Kapitalleistung als von Arbeitgebern favorisiert gekennzeichnet. Bei einer Kapitalleistung gibt es naturgemäß keine den Arbeitgeber treffende Anpassungsprüfungspflicht von Rentenzahlungen mit dem Ziel, den Kaufkraftverlust in der Rentenbezugsphase auszugleichen.

Wertschätzung der bAV

Eine Wertschätzung der zugesagten Leistungen der bAV wird eher bei den Arbeitnehmern größerer Unternehmen gesehen. Dies wird damit begründet, dass bei größeren Unternehmen, anders als bei KMUs, typischerweise eine Personalabteilung vermutet wird, die professionell mit der bAV und der Kommunikation derselben in die Mitarbeiterschaft umgehen kann. Personalmarketingmaßnahmen werden bei KMUs regelmäßig nicht erwartet. Bei Letzteren wird die

Frage nach dem Wettbewerb um Fachkräfte im Allgemeinen nicht so stark wie in größeren Unternehmen eingeschätzt.

Komplexität

Die Komplexität der bAV erschwert die Verständlichkeit insbesondere für den Arbeitnehmer. Hier kann sicherlich ein Zusammenhang mit der Wertschätzung der bAV durch die Arbeitnehmer vermutet werden. Eine entsprechende Aufklärung zu den im eigenen Unternehmen angebotenen Maßnahmen der betrieblichen Altersversorgung durch – sofern vorhanden – eine Personalabteilung und/oder einen Betriebsrat wird als hilfreich erachtet.

Die Nützlichkeit von Onlineplattformen als Mittel zur Verringerung der Komplexität und damit auch als Förderer von Durchdringungs- und Versorgungsgrad wird uneinheitlich eingeschätzt. Diese Einschätzungen differieren bislang kaum zwischen Plattformen, die nur die bAV des aktuellen Arbeitgebers reflektieren, und solchen, die eine gesamthafte Darstellung über die kumulierte bAV des Arbeitnehmers, die er bei sämtlichen seiner Arbeitgeber erworben hat, beinhalten. Nicht Gegenstand der Studie sind die mit derartigen Plattformen verbundenen IT- und Verwaltungserfordernisse.

Nutzen von Onlineplattformen

Aber auch für die Arbeitgeber ist die bAV komplex. Je kleiner das Unternehmen, desto größer wird die empfundene Komplexität vermutet. Eine Unterstützung der Arbeitgeber durch Arbeitgeberverbände wird für Arbeitgeber als hilfreich erachtet. Dabei ist zu beachten, dass größere Unternehmen im Regelfall die Expertise von Beratern nutzen.

Allgemein wird ein mit der bAV verbundener hoher Verwaltungsaufwand für den Arbeitgeber festgestellt. Dieser liegt unter anderem auch an dem Erfordernis, Neuerungen – auch aus der Rechtsprechung – zügig in der Administration umsetzen zu müssen. Erleichterungen in der Verwaltung für den Arbeitgeber, groß wie klein, werden als wünschenswert gekennzeichnet.

Ein Teil der Komplexität für insbesondere größere Arbeitgeber wird von einigen der Teilnehmer an der Studie auf folgendes Erfordernis zurückgeführt: Der steuerbegünstigte Aufbau eines angemessenen Versorgungsniveaus gerade für Besserverdienende bedarf regelmäßig eines zweiten Durchführungsweges der bAV. Auf steuerliche Aspekte wird im Abschnitt „Steuerliches und sozialversicherungsrechtliches Umfeld" eingegangen.

(Zins-)Garantien

Die aktuellen Schwierigkeiten bei der Finanzierung langandauernder Garantien sind, so die bisherige mehrheitliche Einschätzung, dem typischen Arbeitnehmer nicht gegenwärtig. Einige der Befragten sind skeptisch, ob dem durchschnittlichen Arbeitnehmer überhaupt bekannt ist, dass Garantien nicht zum Nulltarif zu haben sind.

Bilanzielle Behandlung unmittelbarer Versorgungszusagen

Die bilanzielle Behandlung unmittelbarer Versorgungszusagen wird ebenfalls thematisiert. Die Anpassung des aktuellen Zinssatzes zur Diskontierung der Pensionsverpflichtungen in der Steuerbilanz des Arbeitgebers an das aktuelle Zinsumfeld wird als hilfreich für die bAV angesehen. Diese Einschätzung erfolgt, obgleich aktuell die Einführung unmittelbarer Versorgungszusagen für weite Teile der Belegschaft die Ausnahme darstellt. Viele unmittelbare Versorgungswerke sind darüber hinaus für Neuzugänge geschlossen oder werden höchstens auf einem stark abgesenkten Niveau weitergeführt.

Die Idee einer reinen Beitragszusage, die im Zusammenhang mit dem vom BMAS vorgeschlagenen Sozialpartnermodell diskutiert wird, und ihre Übertragung auch auf die unmittelbare Versorgungszusage – also keine Garantie des Arbeitgebers, sondern ein Pay-and-Forget-System[6] – werden weitgehend als positiv für die Durchdringung und schlussendlich auch für den Versorgungsgrad in der bAV betrachtet. Es gibt gleichwohl Stimmen, die einem Pay and Forget mit Blick auf die bAV als Sozialleistung skeptisch gegenüberstehen. Nicht Gegenstand der Studie sind die mit der Konstruktion eines Pay

---

[6] Der Arbeitgeber zahlt den Beitrag (Pay), ist nur zur Beitragszahlung, aber nicht zur Leistung in einer bestimmten Höhe verpflichtet. Die Entwicklung des aus den Beiträgen resultierenden Versorgungsvermögens braucht den Arbeitgeber also nicht zu interessieren (Forget).

and Forget einhergehenden Änderungserfordernisse an der Insolvenzsicherung der bAV.

Ein mit dem ursprünglich vorgestellten Sozialpartnermodell verbundenes Einführen bzw. Neugründen von (neuartigen) Versorgungsträgern wird regelmäßig nicht favorisiert. Es wird in diesem Zusammenhang auf die bestehenden Möglichkeiten und den schon bestehenden, von vielen als relativ hoch empfundenen (oben skizzierten) Grad an Komplexität verwiesen. Für KMUs, insbesondere für kleinere Unternehmen, wird die Direktversicherung von einigen der Interviewpartner als etablierte und erprobte Versorgungsmaßnahme erachtet.

Ergänzend sei an dieser Stelle jenseits der Studie angemerkt, dass das Etablieren eines versicherungsähnlichen Versorgungsträgers, der lebenslange Garantien aussprechen soll, vor dem Hintergrund der aktuellen langandauernden Niedrigzinsphase besondere Herausforderungen mit sich bringt.

Steuerliches und sozialversicherungsrechtliches Umfeld

Wesentliche Möglichkeiten zur Erhöhung von Durchdringungsgrad und Versorgungsgrad in der bAV werden unter anderem in der Modifikation bestehender steuerlicher und sozialversicherungsrechtlicher Regelungen gesehen.

Steuerliche und sozialversicherungsrechtliche Regelungen modifizieren

Gerade für die in KMUs mehr als in größeren Unternehmen vermuteten Geringverdiener werden die aktuellen steuerlichen Regelungen von vielen der Gesprächsteilnehmer als Hemmnis begriffen. Ein spürbarer Entlastungseffekt sei für Geringverdiener durch den Paragraph 3 Nummer 63 EStG nicht gegeben. Hier seien geeignete Fördermaßnahmen speziell für Geringverdiener hilfreicher für eine Erhöhung von Durchdringungs- und Versorgungsgrad der bAV in dieser Einkommensgruppe. Als geeignet hat die Politik seinerzeit die Zulagenförderung, auch Riesterförderung genannt, erachtet. Auch hier ist, nicht zuletzt auch wegen der steuerlichen Günstigerprüfung, ein hohes Maß an für den typischen Arbeitnehmer kaum zu durchdringender Komplexität zu verzeichnen.

Mehrfach wurde die Ansicht geäußert, dass eine Verdoppelung der Fördergrenzen des Paragraphen 3 Nummer 63 EStG insofern Komplexität zu reduzieren helfe, als dass die (größeren und wohl auch einige der mittleren) Arbeitgeber dann für höhere Einkommensgruppen vielfach die gesamte bAV in einem Durchführungsweg erbringen könnten.

Im Bereich der Regelungen zur Sozialversicherung werden mehrheitlich die Doppelverbeitragung und die Anrechnung der Betriebsrente auf die Grundsicherung kritisch gesehen. Eine Abschaffung von Doppelverbeitragung und Anrechnung wird von vielen der Befragten als besonders hilfreich für die Stärkung der bAV eingeordnet.

Gesetzgeberische Maßnahmen

Neben den oben schon skizzierten Maßnahmen werden in der Studie die Ansichten zu weiteren möglichen gesetzgeberischen Aktivitäten wie der Einführung eines Obligatoriums, eines Auto-Enrolments bzw. Opting-outs, eines Active-Choice-Modells[7] oder der Stärkung der Rechte der Tarifvertragsparteien erfragt.

Bei der Erstellung dieses Artikels ist bezüglich der zuletzt aufgeführten Maßnahme insbesondere bei den Repräsentanten der Versorgungsindustrie eine weitverbreitete Skepsis zu verzeichnen. Bezüglich der anderen vorstehenden Möglichkeiten zeichnet sich noch kein klares Bild ab.

Zwischenfazit

Komplexität der bAV als Hemmnis

Im aktuellen Stand der Studie wird unter anderem die Komplexität der betrieblichen Altersversorgung sowohl für die Arbeitgeber- als auch die Arbeitnehmerseite als Hemmnis für die Durchdringung der bAV und einen angemessenen Versorgungsgrad gesehen. Die Korrektur sozialversicherungsrechtlicher Regelungen zur Verbeitragung

---

[7] Bei einem Active-Choice-Modell ist – anders als bei einem Auto-Enrolment bzw. Opting-out – nicht nur eine aktive Abwahl, sondern auch ein aktives Zustimmen zu der Maßnahme der bAV durch den Arbeitnehmer erforderlich.

und zur Anrechnung der bAV auf die Grundsicherung wird als förderlich für die bAV erachtet. Auf steuerlicher Seite wird die Verdoppelung des Fördervolumens im Interesse einer Durchführung der bAV in möglichst einem Durchführungsweg als sachdienlich, da die Komplexität reduzierend, betrachtet. Schließlich wird für die gerade in den KMUs angenommenen Geringverdiener eine geänderte staatliche Förderung als hilfreich zur Erhöhung des Versorgungsniveaus erachtet. Ein Pay and Forget wird von vielen begrüßt, ebenso wie die Anpassung bilanzieller Regelungen an die langanhaltende Niedrigzinsphase. Das Erfordernis eines neuen Versorgungsträgers wird von den meisten nicht gesehen. •

Betriebliche Altersversorgung als Teil der Nachhaltigkeitsstrategie im Mittelstand

Das betriebliche Pensionswesen kann einer Nachhaltigkeitsstrategie dienen und gleichzeitig schlank und einfach gestaltet werden

Von Henriette Meissner

Unter dem Begriff Corporate Social Responsibility (CSR) wird im Allgemeinen ein auf Nachhaltigkeit ausgerichtetes Managementkonzept verstanden. Unternehmen, die auf Nachhaltigkeit setzen, können dabei ganz unterschiedliche Schwerpunkte in ihrer Nachhaltigkeitsstrategie bilden. Häufig anzutreffende Beispiele sind der schonende Umgang mit Ressourcen, der verantwortungsvolle Umgang mit den Mitarbeitern, die Vereinbarkeit von Familie und Beruf oder das Engagement in der Region, etwa bei Sport, Kultur oder Ähnlichem.

Mehr tun, als gesetzlich vorgeschrieben ist.

Corporate Social Responsibility praktizieren heißt für Unternehmen, mehr zu tun, als gesetzlich vorgeschrieben ist, ohne dabei das Ziel aus den Augen zu verlieren, nämlich gewinnorientiert zu wirtschaften. Viele Unternehmen haben dabei schnell erkannt, dass Nachhaltigkeit ganz und gar nicht im Widerspruch zum Gewinnstreben steht.

Unternehmen mit einer entsprechenden CSR-Strategie nutzen zu Recht die vielen positiven Begleiterscheinungen ihres Engagements. Diese sind beispielsweise die Imageeffekte, die sich bei konsequenter Umsetzung ergeben. Unternehmen werden als sympathisch wahrgenommen und bekommen Vorbildfunktion, was zum Beispiel beim Kampf um die besten Köpfe den entscheidenden Vorteil bringen kann oder einfach dazu führt, dass Mitarbeiter mit Stolz und gerne für das Unternehmen arbeiten. Dass dies vor dem Hintergrund des demographischen Wandels ein echter Mehrwert für Unternehmen wird und teilweise auch schon ist, wird in Studien immer wieder belegt.

So weit die Theorie. Doch geht das auch im Mittelstand? Eigentlich ist schon die Frage falsch gestellt. Denn sehr häufig praktiziert der Mittelstand CSR, ohne dass es großartiger Konzepte bedürfte. Mittelstand ist oft per se nachhaltig, weil man schon immer mit den Mitarbeitern oder auch der Region, in der man angesiedelt ist, eng verwoben war und weil man weniger Ressourcen effektiv nutzen musste. Die in guten mittelständischen Unternehmen über Generationen geübten Tugenden müssen oft lediglich zusammengetragen und sichtbar gemacht werden.

Betriebliche Altersversorgung und Nachhaltigkeit

Betriebliche Altersversorgung ist dabei erstaunlicherweise bisher weniger als Teil einer Nachhaltigkeitsstrategie im Personalbereich beachtet worden. Dabei ist gerade eine Betriebsrente aufgrund ihrer Langfristigkeit und ihrer Werthaltigkeit besonders nachhaltig und kann als Teil des Vergütungspakets sehr einfach die soziale Kompetenz des Unternehmens unterstreichen. Denn hier unterstützt das Unternehmen ganz massiv die soziale Absicherung der Mitarbeiter im Alter. Die Notwendigkeit dazu liegt auf der Hand, denn die Leistungen der gesetzliche Rentenversicherung allein werden nicht ausreichen, um den Lebensstandard im Alter zu erhalten. Ab Rentenbeginn 2030 heißt die bittere Wahrheit: 43 Prozent des Nettoverdienstes müssen für das Alter genügen, wenn man in der glücklichen Lage ist, mindestens Eckrentner zu sein. Für viele wird die Altersrente noch deutlich dürftiger ausfallen.

Nachhaltige Personalpolitik

Der Ernst der Lage ist mittlerweile auch bei den Arbeitnehmern angekommen. So glauben zu Recht mehr als zwei Drittel der Arbeitnehmer nach einer Studie des Meinungsforschungsinstituts Emnid, dass ihre Rente nicht zum Leben reichen wird. In dieser Gemengelage ist die soziale Verantwortung des Unternehmers seinen Mitarbeitern gegenüber gefragt. Und genau hier gibt es noch Handlungsbedarf bei vielen mittelständischen Unternehmen. Es gilt leider immer noch die Gleichung: Je kleiner das Unternehmen, desto weniger bAV-Anwartschaften haben die Mitarbeiter. Hier heißt es für die Unternehmen, mehr bAV zu wagen, und die Betriebsrente sollte sichtbarer Bestandteil der Nachhaltigkeits- und der Personalstrategie werden.

Siebenmal Komplexität abbauen

Oftmals wird im Mittelstand die Komplexität der bAV gefürchtet. Doch diese lässt sich leicht reduzieren. Hier sieben Gedanken für die Umsetzung im Mittelstand:

1. **Auswahl eines verwaltungsarmen Durchführungswegs:** Für Arbeitgeber, denen es auf ein einfaches Handling ankommt, ist die Direktversicherung mit möglichst klassischer oder „einfacher" Kapitalanlage die erste Wahl. Die Beschränkung auf nur einen Anbieter bedeutet eine weitere Minimierung des Verwaltungsaufwands.

Sozialversicherungsersparnis weitergeben

2. **Weitergabe der Sozialversicherungsersparnis und Umwidmung vermögenswirksamer Leistungen:** Um für die Arbeitnehmer den Wirkungsgrad der bAV zu steigern, gibt der Arbeitgeber idealerweise die Sozialversicherungsersparnis an den Arbeitnehmer weiter. Um auch hier ein ausgewogenes Verhältnis zwischen Verwaltungsaufwand und beabsichtigter Optimierung des Wirkungsgrades der bAV zu erhalten, erfolgt die Weitergabe pauschal in Form eines festen Euro-Beitrags. Beispielhaft erhält jeder Arbeitnehmer einen Zuschuss von 20 Euro, wenn er selbst 100 Euro umwandelt. Das incentiviert die Arbeitnehmer, „selbst" etwas für ihre Altersversorgung zu machen, und stärkt die Nachhaltigkeit durch das Zusammenspiel von arbeitgeber- und arbeitnehmerfinanzierter Betriebsrente.

Haben Arbeitnehmer Anspruch auf vermögenswirksame Leistungen, sollte der Arbeitgeber analog zu vielen Tarifverträgen die Möglichkeit eröffnen, dass diese zukünftig als Beiträge steuer- und sozialversicherungsfrei in die betriebliche Altersversorgung eingebracht werden können. Auch dies erhöht den Wirkungsgrad der bAV.

3. **Frühzeitige und richtige Information der Arbeitnehmer:** Damit ein Arbeitnehmer eine informierte Entscheidung für oder gegen eine Teilnahme an der betrieblichen Altersversorgung treffen kann, ist in jedem Fall eine fundierte und verständliche Information notwendig. Der Arbeitnehmer muss wissen, was er tut, und muss abschätzen können, ob und wie sich seine Gehaltsabrechnung

nach einer Entgeltumwandlung verändert und welchen Mehrwert er dafür erhält.

Die arbeitsrechtlichen Vorgaben sind einfach zu erfüllen, wenn der Arbeitnehmer ein Angebot, das die Anforderungen des Versicherungsvertragsgesetzes (VVG) erfüllt, erhält. Ein solches Angebot enthält alle Vertragsunterlagen des konkreten Versicherers und nennt zusätzlich den Durchführungsweg und die Zusageart. Nicht zu vergessen sind die Hinweise zu den allgemeinen Rahmenbedingungen der bAV, wie zum Beispiel der Steuer- und Sozialversicherung, der Portabilität oder der Hinterbliebenenregelung.

Anforderungen des Arbeitsrechts erfüllen

Damit der Arbeitnehmer seine Entscheidung auch gleich umsetzen kann, runden eine unterschriftsreife Entgeltumwandlungsvereinbarung und der Versicherungsantrag die übergebenen Unterlagen ab. Und damit es hinterher keine Diskussionen gibt, ob der Arbeitgeber alle Unterlagen tatsächlich weitergegeben hat, kommt noch eine entsprechende Bestätigung des Arbeitnehmers dazu, dass er all die zuvor genannten Dokumente auch tatsächlich bekommen hat.

4. **Abstimmung mit der Lohnabrechnung:** Damit eine Entgeltumwandlung nicht zu Fehlern in der Lohnabrechnung führt, was nicht nur ärgerlich ist, sondern eventuell auch zu Nacherhebungen von Sozialversicherungsbeiträgen führt, bindet der Arbeitgeber die Lohnabrechnung frühzeitig ein. Frühzeitig bedeutet hier, dass genügend Zeit zwischen der Information der Arbeitnehmer und dem Lohnlauf ist. Und zuletzt: Die Entgeltumwandlungsvereinbarung ändert den Arbeitsvertrag ab und ist zu den Unterlagen im Lohnkonto zu nehmen.

5. **Größtmögliche Transparenz:** Die Versicherungspolice und alle jährlichen oder sonstigen Nachträge werden dem Arbeitnehmer ausgehändigt. Somit kann dieser jederzeit sehen, wie es um seine Anwartschaft bestellt ist. Abänderungen, wie zum Beispiel Beitragsabsenkungen oder Beitragsfreistellungen aufgrund Elternzeit oder der Umstellung von Voll- auf Teilzeit werden immer auch schriftlich vom Arbeitnehmer gegengezeichnet.

Ausscheiden eines Mitarbeiters aus dem Unternehmen

6. Scheidet ein Mitarbeiter aus dem Arbeitsverhältnis aus, ist der Faktor Zeit wichtig: Die Meldung über das Ausscheiden sollte sofort an den Versicherungsvermittler und den Versicherer gehen. Für den Fall, dass der Mitarbeiter das Unternehmen verlässt, muss jetzt gegebenenfalls die versicherungsvertragliche Lösung angewendet werden, die nur innerhalb einer Dreimonatsfrist nach dem Ausscheiden möglich ist. Im besten Fall war das schon in der Entgeltumwandlungsvereinbarung oder im Versicherungsantrag so vereinbart. Ansonsten sollten die nötigen Erklärungen und Unterschriften abgegeben bzw. eingeholt werden, solange der Arbeitnehmer noch im Unternehmen ist.

7. Welcome on board – was bei Neueintritten zu tun ist: Bringt der neue Mitarbeiter eine betriebliche Altersversorgung von seinem Vorarbeitgeber mit, so sollte die mögliche Übernahme schon im Vorfeld geklärt werden. Für den neuen Arbeitgeber bietet sich bei einer Direktversicherung bzw. einer Pensionskasse die Übernahme des Übertragungswertes und die Erteilung einer neuen Zusage an.

Das Optimum an Nachhaltigkeit – Investition der Beiträge in nachhaltige Produkte

Durch Einrichtung einer bAV ist schon ein großer Schritt in Richtung Nachhaltigkeit getan. Aber es geht noch besser. Nämlich dann, wenn für die Altersversorgung ein Produkt gewählt wird, das in die Zukunft von Umwelt und Gesellschaft investiert, ohne dabei Abstriche bei den garantierten Leistungen oder Überschüssen zu machen. Dass hier kein Widerspruch zwischen Sicherheit und Rentabilität der Geldanlage und sozialer Verantwortung bestehen muss, zeigen die Produktportfolien vieler namhafter Anbieter. „Grüne Produkte" werden dabei regelmäßig von unabhängigen Instituten untersucht und zertifiziert.

Fazit

Mittelstand heißt Nachhaltigkeit, und das zum Teil schon über Generationen hinweg. Betriebsrente ist gelebte Nachhaltigkeit und kann durch arbeitgeberfinanzierte Elemente noch nachhaltiger gemacht werden. Wer im Mittelstand seine soziale Verantwortung gegenüber Mitarbeitern leben möchte, bindet die Betriebsrente in sein Nachhaltigkeitskonzept ein. Das i-Tüpfelchen kann dann noch ein nachhaltiges, quasi grünes Produkt sein. ●

Aktueller Bedarf im Mittelstand: De-Risking von Direktzusagen mit Pensionsrückstellung

Übertragung auf pauschaldotierte Unterstützungskassen oder kapitalmarktförmige Pensionsfonds

Von Michael Hoppstädter und Mark Walddörfer

Für das De-Risking von Direktzusagen, also die Reduzierung der mit Direktzusagen verbundenen Bilanzrisiken, gibt es mehrere Herangehensweisen. Zum einen kann man sich über nicht eindeutige Formulierungen bei der Versorgungszusage Gedanken machen. Eine weitere Möglichkeit besteht darin, die Risiken bestimmter zugesagter Versorgungsleistungen, wie zum Beispiel Invaliditätsleistungen, endgehaltsabhängige Versorgungszusagen, Rentenanpassungen oder Ähnliches, zu untersuchen. Der Fokus des nachfolgenden Beitrags liegt jedoch auf einem anderen Risikoaspekt der Direktzusage, nämlich den Auswirkungen des sinkenden Rechnungszinses auf die Bewertung von Pensionsverpflichtungen und insbesondere auf die Bilanz beziehungsweise Gewinn-und-Verlust-Rechnung (GuV-Rechnung). Hierzu stellen wir Ansätze und Möglichkeiten zum De-Risking vor.

A. Das Niedrigzinsumfeld erreicht die Unternehmensbilanzen

Renditen am Kapitalmarkt unter Druck

Seit vielen Jahren sehen wir uns einer Phase fallender bzw. konstant niedriger Zinsen am Kapitalmarkt ausgesetzt. Hiervon sind sämtliche Modelle der in der Anwartschaft finanzierten Altersversorgung betroffen. Vordergründig standen zunächst die erzielbaren Renditen am Kapitalmarkt unter Druck, die teils sogar unterhalb der bei Abschluss übernommenen Garantieverzinsungen blieben. Dies hatte massive Auswirkungen auf kapitalgedeckte betriebliche Altersversorgungssysteme wie beispielsweise Pensionskassen oder Direktversicherungen und wird es auch weiterhin haben.

Unternehmen, die ihre betriebliche Altersversorgung (bAV) im Wege der Direktzusage unmittelbar erbringen und nur nach nationalen Rechnungslegungsvorschriften bilanzieren, waren hiervon zunächst nicht tangiert. Dazu zählen vor allem kleine und mittlere Unternehmen (KMUs), aber auch große familiengeführte Unternehmen oder Unternehmen des sogenannten industriellen Mittelstands. Bis zur Einführung des Bilanzrechtsmodernisierungsgesetzes (BilMoG) im Jahr 2009 waren diese Gesellschaften oftmals überhaupt keinem Zinsrisiko ausgesetzt, da auch die Pensionsrückstellung in der Handelsbilanz mit dem ertragsteuerlichen Teilwert nach Paragraph 6a EStG (Einkommensteuergesetz) angesetzt wurde. Und dort findet sich seit Jahrzehnten unverändert ein gesetzlich vorgeschriebener und mithin vom Kapitalmarkt völlig abgekoppelter Rechnungszins von 6 Prozent.

Mit dem BilMoG erfuhr die handelsrechtliche Bewertung der Pensionsverpflichtungen eine massive und grundlegende Änderung. Einen entscheidenden Effekt erzeugt dabei der Übergang auf einen marktnahen Rechnungszins, der sich durch Modifikation sogenannter Null-Kupon-Euro-Zinsswapsätze ergibt, die über einen Zeitraum von sieben Jahren gemittelt werden. Zum ersten verpflichtenden Anwendungsstichtag betrug dieser Abzinsungssatz 5,25 Prozent, lag also 75 Basispunkte unter dem bisher verwendeten steuerlichen Rechnungszins. Weitere Änderungen, wie beispielsweise die verpflichtende Einführung von Trendannahmen für die Bemessungsgrößen, taten ein Übriges. Insgesamt kam es zu einer unmittelbaren, massiven Erhöhung der handelsrechtlichen Pensionsrückstellungen. Der Gesetzgeber milderte diesen Effekt dadurch ab, dass er es den bilanzierenden Unternehmen gestattete, den Umstellungseffekt über einen Zeitraum von längstens 15 Jahren zu verteilen. Dadurch konnten massive Belastungen für die Finanz- und Ertragssituation der betroffenen Unternehmen weitgehend vermieden werden.

Übergang auf einen marktnahen Rechnungszins

Auch ein weiterer nachteiliger Effekt hielt sich unter diesen Rahmenbedingungen noch in erträglichen Grenzen: Bei der Ermittlung des zu versteuernden Unternehmensgewinns kann nämlich im Hinblick auf die Pensionsrückstellungen nur die steuerlich zulässige Zuführung gewinnmindernd angesetzt werden. Eine darüber hinausgehende handelsrechtliche Aufwandsposition wird dem steuerlichen Gewinn wieder zugeschlagen und muss daher versteuert wer-

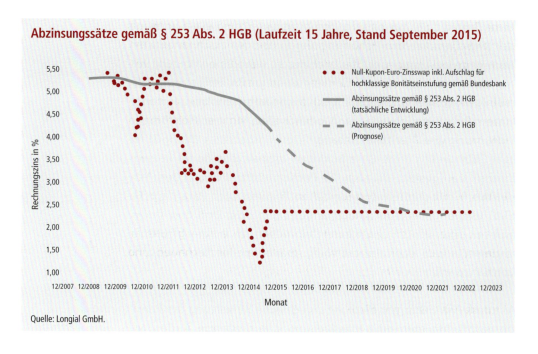

Quelle: Longial GmbH.

den (soweit überhaupt eine Gewinnsituation vorliegt). Es kommt somit häufig zu der paradoxen Lage, dass sich der handelsrechtliche Aufwand wie ein steuerlicher Gewinn auswirkt.

Entwicklung des neuen HGB-Rechnungszinses

Wie das Schaubild oben zeigt, entwickelte sich der neue HGB-Rechnungszins zwar stetig abwärts, jedoch bis etwa ins Jahr 2013 mit vergleichsweise moderater Geschwindigkeit.

Dies ist der Durchschnittsbildung über sieben Jahre geschuldet. Spätestens ab dem Jahr 2014 fielen aber die renditestarken Jahrgänge bis 2007 bei der Mittelwertbildung heraus. Seitdem befinden sich die Diskontierungssätze im Sturzflug. Sank der Rechnungszins in den Jahren 2009 bis 2013 im Mittel nur um 0,09 Prozentpunkte pro Jahr, so betrug die Änderung allein von Ende 2013 bis Ende 2014 bereits 0,35 Prozentpunkte. Für Ende 2015 ist zum Zeitpunkt der Niederschrift dieses Artikels mit einer Zinssenkung von 0,64 Prozentpunkten gegenüber dem Vorjahr zu rechnen. Hält man sich vor Augen, dass ein Rückgang des Abzinsungssatzes um 1 Prozentpunkt eine Erhöhung der Pensionsrückstellung um 15 bis 20 Prozent nach sich zieht, dann hatten die Unternehmen im Zeitraum 2009 bis 2015 Mehrbelastungen in Höhe von rund 30 Prozent zu verzeichnen. Bis 2020 wird nach gegenwärtiger Lage mindestens noch einmal derselbe Betrag zu erwarten sein. Kombiniert man die Belastungen aus der ertragswirksamen Erhöhung der Pensionsrückstellungen mit dem oben beschriebenen Steuereffekt, so kann es nicht mehr verwundern, dass zahlreiche Unternehmen in große, teils existenzielle Nöte geraten. Dass diese Gefahr sich auch realisieren kann, zeigen so prominente Beispiele wie der Modelleisenbahnbauer Fleischmann oder der Strumpfhersteller Kunert.

B. Welche Möglichkeiten bieten sich?

Es ist zu unterscheiden zwischen Maßnahmen, die einmalige Effekte erzielen, jedoch nicht grundsätzlich das Problem lösen können, und solchen, die das Problem dauerhaft beseitigen.

I. Punktuelle Lösungsansätze

Punktuelle Lösungen sind solche, die bei Umsetzung einen einmaligen entlastenden Effekt erzielen, jedoch nicht unmittelbar am Zinsänderungsrisiko ansetzen. Beispiele hierfür sind:

- Änderungen der Bewertungsannahmen, beispielsweise die Erhöhung des Finanzierungsendalters, mithin also die Verlängerung der Finanzierungsdauer: Bei Versorgungssystemen, deren Leistungen im Zeitablauf unterproportional wachsen, kann bei geeigneter Bestandszusammensetzung eine nennenswerte Reduktion der Pensionsrückstellung erreicht werden. Auch die Verringerung der Trendannahmen, zum Beispiel des Rententrends oder – bei entgeltabhängigen Zusagen – des Gehaltstrends, soweit diese sachgerecht sind, führt zunächst zu einer Reduktion der Rückstellung. Diese Maßnahmen bergen jedoch das Risiko, von einer ungünstigen realen Entwicklung sukzessive wieder ausgehebelt zu werden. *Geänderte Bewertungsannahmen*
- Der Umstieg auf Kapitalzusagen verringert die Verpflichtungsdauer (Duration) und dadurch auch die Sensitivität der Pensionsrückstellung auf Zinsänderungen. Er muss allerdings arbeitsrechtlich begleitet werden, wobei die Besitzstandsinteressen der Betroffenen angemessen zu wahren sind.
- Eine Neuordnung der Versorgungszusagen in der Form, dass für neu hinzukommende Mitarbeiter Zusageformen gewählt wer-

den, die weniger oder quasi gar nicht mehr auf Zinsänderungen reagieren.

Die genannten Maßnahmen sind geeignet, entweder einen Einmaleffekt im Jahr der Anwendung zu erzeugen oder langfristig eine Entlastungswirkung zu zeigen. In jedem Fall greifen sie das Problem nicht an der Wurzel an.

Auch mehr oder weniger vollständige „Ausfinanzierungen" über Rückdeckungsversicherungen oder die Bildung zweckgebundener Vermögen lösen das Zinsänderungsrisiko nicht. Im Gegenteil: Die Planungsunsicherheit erhöht sich, denn das zu bilanzierende Delta aus Pensionsrückstellung und Vermögenswerten schwankt erwartungsgemäß stärker, als dies die Bilanzposten im Einzelnen tun würden.

II. Nachhaltiger Lösungsansatz

Auslagerung der Pensionsverpflichtungen aus der Bilanz

Wenn das Problem der Zinsänderungen nachhaltig gelöst werden soll, kann dies nur durch eine Auslagerung der Pensionsverpflichtungen aus der eigenen Bilanz erfolgen. Das Unternehmen muss dazu auf einen mittelbaren Durchführungsweg umstellen. Von den mittelbaren Durchführungswegen Direktversicherung, Pensionskasse, Unterstützungskasse und Pensionsfonds stehen in der Praxis nur die beiden Letztgenannten zur Verfügung.

Übertragung auf Pensionsfonds oder Unterstützungskasse

Der Pensionsfonds ist unter den versicherungsförmigen Durchführungswegen dahingehend privilegiert, dass an ihn Einmalbeiträge für bereits erdiente Ansprüche und Anwartschaften in unbeschränkter Höhe geleistet werden können, die zum einen Betriebsausgaben beim zahlenden Unternehmen und zum anderen nicht einkommensteuerpflichtig beim Arbeitnehmer sind (Paragraph 3 Nummer 66 in Verbindung mit Paragraph 4e Absatz 3 EStG).

Zuwendungen an eine Unterstützungskasse sind nach Paragraph 4d EStG in den dort beschriebenen Grenzen ebenfalls Betriebsausgaben und stellen grundsätzlich keinen steuerpflichtigen Lohnzufluss dar. Für rückgedeckte Unterstützungskassen gilt dabei, dass für Anwartschaften nur laufende und mindestens gleichbleibende Zuwendungen geleistet werden dürfen, lediglich für bereits laufende Versorgungsleistungen kann eine Einmalzuwendung vorgenommen werden.

Die Auslagerung auf einen versicherungsförmig kalkulierten Pensionsfonds oder eine rückgedeckte Unterstützungskasse führt in aller Regel zu einem enorm hohen Liquiditätsabfluss, der die bislang gebildeten Pensionsrückstellungen in der Handelsbilanz deutlich übersteigt. Die meisten Unternehmen sind nach unserer Erfahrung entweder nicht bereit oder nicht in der Lage, derart hohe Liquidität für eine Auslagerung der Pensionsverpflichtungen zur Verfügung zu stellen. Im weiteren Verlauf stellen wir daher nur die Systematik und Auswirkungen einer Auslagerung auf eine reservepolsterfinanzierte (pauschaldotierte) Unterstützungskasse und einen Pensionsfonds mit nicht-versicherungsförmiger (kapitalmarktförmiger) Kalkulation dar.

Drohender Liquiditätsabfluss

Wechsel zur reservepolsterfinanzierten (pauschaldotierten) Unterstützungskasse

Der Arbeitgeber schaltet eine Unterstützungskasse ein und führt ihr Vermögenswerte im beschränkten Rahmen des nach Paragraph 4d EStG zulässigen Kassenvermögens zu. Diese Zuwendung wird in der Regel nicht ausreichen, um eine vollständige Bedeckung des handelsrechtlichen Erfüllungsbetrags für die vom Leistungsplan der Kasse erfassten Verpflichtungen zu erreichen. Das bilanzierende Unternehmen kann daher seine handelsbilanzielle Pensionsrückstellung nur um den Betrag der Zuwendung auflösen. Die in den folgenden Geschäftsjahren auftretenden Zinsänderungseffekte sowie die rechnungsmäßige Fortschreibung des Erfüllungsbetrags führen allerdings dann nicht mehr zu einer erfolgswirksamen Erfassung in Bilanz und GuV-Rechnung. Sie sind nur noch als Angaben im Anhang des Geschäftsberichts auszuweisen, soweit sie nicht durch das Vermögen der Unterstützungskasse, einschließlich weiterer Zuführungen, gedeckt sind. Dies ergibt sich unmittelbar aus dem einschlägigen Rundschreiben des Hauptausschusses des Instituts der Wirtschaftsprüfer.[1]

---

1 IDW RS HFA 30, Rn. 46 ff.; so auch Dr. André Geilenkothen/Andreas Johannleweling: aba-Jahrestagung, Berlin, 8. Mai 2015.

Ein schematisches Beispiel

Unterstützungskasse in der Praxis

Die Pensionsrückstellung in der Handelsbilanz zum 31. Dezember 2015 in Höhe des Erfüllungsbetrags betrage 100.000 Euro. Das Unternehmen wechselt zum 31. März 2016 den Durchführungsweg und führt der Unterstützungskasse in Höhe des zulässigen Kassenvermögens nach Paragraph 4d EStG 65.000 Euro zu. Entsprechend reduziert das Unternehmen seine Pensionsrückstellung auf 35.000 Euro. Zum 31. Dezember 2016 betrage der Erfüllungsbetrag 115.000 Euro, davon 5.000 Euro aus (rechnungsmäßigem) Zinsaufwand und Aufwendungen für Altersversorgung abzüglich der gezahlten Rentenleistungen. Die verbleibenden 10.000 Euro stellten den Zinsänderungseffekt des Geschäftsjahres 2016 dar. Sämtliche Änderungen des Erfüllungsbetrags spielen sich nun außerhalb der Bilanz des Unternehmens ab, mithin bleibt die Pensionsrückstellung auf dem Stand von 35.000 Euro „eingefroren".

Nehmen wir an, das Vermögen der Unterstützungskasse habe einen Nettozuwachs nach Abzug der gezahlten Versorgungsleistungen von 2.000 Euro erfahren, betrage zum 31. Dezember 2016 also 67.000 Euro. Dann ist die gesamte Änderung des Erfüllungsbetrags abzüglich des Vermögenszuwachses der Unterstützungskasse in Höhe von 15.000 Euro – 2.000 Euro = 13.000 Euro im Anhang auszuweisen. Die Unterdeckung der Versorgungsverpflichtung beträgt nun insgesamt 115.000 Euro – 67.000 Euro = 48.000 Euro, von denen 13.000 Euro im Anhang und 35.000 Euro in der Bilanz auszuweisen sind. Eine weitere Steigerung der Unterdeckung durch Zinsänderung oder rechnungsmäßige Entwicklung, soweit sie nicht durch einen Vermögenszuwachs der Unterstützungskasse kompensiert werden kann, führt in keinem Fall mehr zu einer Anhebung der Pensionsrückstellung. Eine Verminderung der Pensionsrückstellung kann jedoch erst dann erfolgen, wenn der Betrag der Unterdeckung den Buchwert der Rückstellung unterschreitet. Es wird also zunächst der Betrag im Anhang aufgelöst und erst dann die Pensionsrückstellung in der Bilanz.

Der Vollständigkeit halber werfen wir auch einen Blick auf die steuerbilanziellen Implikationen dieses Vorgangs. Die steuerliche Pensionsrückstellung zum 31. Dezember 2015 in unserem Beispiel betrage 75.000 Euro. Diese ist aufgrund des Wechsels zur Unterstützungskasse vollständig und ertragswirksam aufzulösen. Da nur 65.000 Euro als Betriebsausgabe gegenüberstehen, kommt es zu einem außerordentlichen Ertrag in Höhe von 10.000 Euro, der von dem Unternehmen zu versteuern ist.

Im Ergebnis zeigt sich also, dass durch dieses Modell die Effekte zukünftiger Rechnungszinsänderungen vollständig aus der Bilanz und der GuV-Rechnung eliminiert werden konnten. Nachteilig ist, dass die ungenügende steuerliche Flankierung der Unterstützungskasse regelmäßig eine vollständige Auflösung der handelsbilanziellen Pensionsrückstellung verhindert. In der Folge kommt es daher auch nur zu einem eingeschränkten Abzug der Betriebsausgaben und sogar zu einem außerordentlichen steuerlichen Ertrag, da die steuerbilanzielle Pensionsrückstellung regelmäßig ebenfalls höher ist als die Zuwendung zur Unterstützungskasse. Vorteil der Unterstützungskasse kann sein, dass sie die ihr zugewendeten Vermögenswerte als Darlehen wieder dem Unternehmen zur Verfügung stellen kann, mithin wird insoweit die Liquidität des Unternehmens geschont. Die Darlehenszinsen müssen dem Gewerbeertrag jedoch zu einem Viertel wieder zugeschlagen werden. Ein weiterer nicht zu unterschätzender Vorteil der Unterstützungskasse ist, dass die Besteuerung der Versorgungsberechtigten identisch zur bisherigen Direktzusage (Einkünfte aus nichtselbständiger Arbeit nach Paragraph 19 EStG) bleibt. Ein Modell zur einmaligen Ausfinanzierung ist die Unterstützungskasse allerdings nicht, denn aufgrund der vom Gesetzgeber gewollten Unterdeckung müssen immer wieder Zuwendungen geleistet werden, um die Versorgungsleistungen erbringen zu können.

Effekte zukünftiger Rechnungszinsänderungen lassen sich aus der Bilanz und der GuV-Rechnung eliminieren.

Insgesamt ist die reservepolsterfinanzierte Unterstützungskasse ein sehr komplexes Gebilde, das sich dem Nicht-Experten nur schwer erschließt. Die Lösung des Kernproblems, nämlich die bilanzielle Immunisierung gegen Zinsänderungseffekte, kann damit aber erreicht werden.

Alternative: Übertragung auf einen nicht-versicherungsförmigen (kapitalmarktförmigen) Pensionsfonds

Bei der Übertragung von Versorgungsverpflichtungen besteht zwischen Pensionsfonds und reservepolsterfinanzierter Unterstützungskasse ein wesentlicher Unterschied: Der Fonds ist für eine vollständige Ausfinanzierung der von ihm übernommenen Verpflichtungen gegen Einmalbeitrag gedacht.

Kalkulation der Einmalprämie

Bei der nicht-versicherungsförmigen Ausgestaltung erfolgt die Kalkulation der für die Übernahme der Versorgungsverpflichtungen erforderlichen Einmalprämie mit besten Schätzwerten. Der Kalkulationszins orientiert sich in der Regel an der durchschnittlich zu erwartenden Wertentwicklung der gewählten Kapitalanlagestrategie. Zur Berücksichtigung der Lebenserwartung werden üblicherweise auch die für die bilanzielle Bewertung verwendeten Sterbetafeln herangezogen bzw. leicht abgewandelt zugrunde gelegt. Künftige Rentensteigerungen dürfen nur insoweit berücksichtigt werden, wie diese in der Versorgungszusage eindeutig festgelegt sind. Wird eine Rentenanpassungsprüfung nach Paragraph 16 Abs. 1 und 2 BetrAVG (Betriebsrentengesetz) vorgenommen, darf lediglich eine jährliche Rentenanpassung von 1 Prozent unterstellt werden.

Aufgrund dieser besonderen Regelungen bei der Ermittlung der erforderlichen Einmalprämie gewährt der Pensionsfonds keine Garantien im Hinblick auf die dauerhafte Erfüllung der übernommenen Verpflichtungen. Bei ungünstigem Verlauf auf der Ertragsseite oder bei der Langlebigkeit kann es daher erforderlich sein, dass das übertragende Unternehmen zu einem späteren Zeitpunkt weitere Zahlungen an den Pensionsfonds leisten muss. Kommt das Unternehmen dieser Verpflichtung zu diesem Zeitpunkt nicht nach, sind erneut Pensionsrückstellungen für den nun nicht mehr durch den Pensionsfonds gedeckten Teil der Pensionsverpflichtung zu bilden. Nach unserer Erfahrung berichten die am Markt tätigen Pensionsfonds aber regelmäßig über die Entwicklung sowohl der vorhandenen Deckungsmittel wie auch der übernommenen Verpflichtungen. Die Unternehmen können sich also in der Regel sehr gut und frühzeitig auf eine eventuelle Nachschussverpflichtung einstellen.

Wählt ein Arbeitgeber den Pensionsfonds für eine Übertragung, so sind von vorneherein zwei Einschränkungen zu beachten:

- Obwohl es nicht unmittelbar aus dem Gesetzeswortlaut hervorgeht, vertritt die Finanzverwaltung die Auffassung, dass eine steuerprivilegierte Zahlung an den Pensionsfonds zur Übernahme von Versorgungsverpflichtungen nach Paragraph 3 Nummer 66 EStG nur für bereits erdiente Ansprüche und Anwartschaften (sogenannter Past-Service) erfolgen kann. Dies erschwert die vollständige Übertragung von aktiven Anwärtern, da für die Finanzierung der zukünftigen Anwartschaftssteigerungen (sogenannter Future-Service) nur der geringe Rahmen des Paragraphen 3 Nummer 63 EStG zur Verfügung steht (4 Prozent der Beitragsbemessungsgröße in der gesetzlichen Rentenversicherung zuzüglich 1.800 Euro). Soweit letztere bereits durch anderweitige Entgeltumwandlung des Arbeitnehmers verbraucht ist, gibt es keinen Raum mehr für eine lohnsteuerfreie Übertragung des Future-Service auf den Pensionsfonds.

Past-Service und Future-Service

- Die Leistungen eines Pensionsfonds werden nicht mehr als Einkünfte aus nichtselbstständiger Arbeit gemäß Paragraph 19 EStG, sondern als sonstige Einkünfte nach Paragraph 22 EStG besteuert. Lediglich für übertragene Leistungsempfänger bleibt es bei dem bisherigen Steuerregime. Für ausgeschiedene und aktive Anwärter jedoch nicht, so dass diesen dann in der Leistungsphase nicht mehr der höhere Versorgungsfreibetrag zur Verfügung steht, sondern nur noch der niedrigere Altersentlastungsbetrag. Allerdings findet sukzessive eine Abschmelzung beider Beträge statt, so dass dieses Problem bei Rentenbeginn spätestens 2040 nicht mehr auftritt.

Beides zusammen führt dazu, dass in der Praxis Übertragungen auf den Pensionsfonds häufig auf die Rentner – und gegebenenfalls die unverfallbar ausgeschiedenen Anwärter – beschränkt bleiben, da diese ihre Ansprüche und Anwartschaften immer vollständig erdient haben. Für die Behandlung des Future-Services der Anwärter war häufig ein weiteres Mittel notwendig: Zumeist handelte es sich dabei um eine rückgedeckte Unterstützungskasse – ein sogenanntes Kombinationsmodell – oder um die Beibehaltung der Direktzusage unter Einschaltung geeigneter unternehmensinterner Vermögenswerte (Bilanzverkürzung durch Saldierung mit Deckungsvermögen).

**Unterstützungskasse versus Pensionsfonds –
eine Gegenüberstellung**

Gegenüber der Unterstützungskasse bietet der Pensionsfonds einige Vorteile. Zunächst ist der Zahlbetrag für die Übernahme der erdienten Verpflichtungen in der tatsächlichen Höhe als Betriebsausgabe abziehbar. Somit kann die volle handelsbilanzielle Pensionsrückstellung aufgelöst werden, da diese ja gerade dem Barwert des erdienten Teils entspricht. Leider erfolgt der Betriebsausgabenabzug nicht periodengerecht im Wirtschaftsjahr der Übertragung, sondern der über den steuerlichen Teilwert hinaus gehende Teil ist über einen Zeitraum von zehn Jahren zu verteilen. Allerdings ist auch der steuerlich abziehbare Betrag grundsätzlich der Höhe nach nicht beschränkt.

Des Weiteren wird der nicht-versicherungsförmige Pensionsfonds zwar im Wege des Kapitaldeckungsverfahrens betrieben, muss aber nur für Leistungsempfänger ein Deckungskapital bilden. Wurden also auch Leistungen für Anwärter übertragen, dann verfügt der Fonds über einen Kapitalpuffer zum Ausgleich ungünstiger Vermögensverläufe in einzelnen Geschäftsjahren. Damit ist die Wahrscheinlichkeit eines baldigen Nachschusses sehr gering. Nachschüsse können allerdings bei außerplanmäßig ungünstigem Verlauf entstehen. Dem Pensionsfonds steht im Gegensatz zur Unterstützungskasse nicht die Möglichkeit offen, die vereinnahmten Mittel als Darlehen wieder an das Unternehmen zurückzugeben. Insoweit ist mit der Einschaltung eines Pensionsfonds ein erheblicher Liquiditätsabfluss verbunden. Da beim Pensionsfonds ein Vermögen vorhanden ist, mit dem auch im Insolvenzfall des Arbeitgebers die Pensionsverpflichtungen erfüllt werden können, reduzieren sich die PSV-Beiträge beim Pensionsfonds auf 20 Prozent des Wertes, der bei unmittelbarer Durchführung beziehungsweise bei Durchführung über eine Unterstützungskasse anfiele.

C. Fazit

Immunisierung der GuV-Rechnung und der Bilanz

Die Quasi-Immunisierung der GuV-Rechnung und der Bilanz gegen die Auswirkungen der sinkenden Rechnungszinsen für die handelsbilanzielle Bewertung von Pensionsverpflichtungen wird mit einem Wechsel des Durchführungswegs nachhaltig erreicht.

Als Versorgungsträger, auf den die Versorgungsverpflichtungen übertragen werden, bietet sich grundsätzlich sowohl die Unterstützungskasse als auch der Pensionsfonds an.

Welcher Durchführungsweg im jeweiligen Fall der geeignetere ist, kann jedoch nicht pauschal beantwortet werden. Beide ausgeführten Modelle bieten Vorteile, aber eben auch Nachteile. Daher gilt es, vor der Entscheidung zur Auslagerung sehr viel Sorgfalt auf die Auswahl des künftigen Versorgungsträgers zu legen, die jeweilgen Vor- und Nachteile zu verdeutlichen und für die Entscheidungsfindung zu gewichten. •

Die Internationalisierung des Mittelstands – eine Herausforderung für die bAV

Worauf mittelständische Unternehmen bei der Absicherung von Im- und Expatriats und bei ihrem globalen Benefitskonzept achten sollten

Von Rainald Meyer und Frank Rebenstorff

Immer mehr deutsche Mittelständler operieren global. Sie kaufen ausländische Unternehmen oder gründen Niederlassungen in anderen Ländern. Eine Entsendung von Mitarbeitern über Ländergrenzen hinweg wird immer alltäglicher. Ein besonderes Augenmerk verlangen die Absicherung von Im- und Expatriats und ein globales Benefitskonzept. Folge der vielbeschworenen Globalisierung ist eine immer internationalere Ausrichtung auch oder gerade des deutschen Mittelstands. Wenn in den Medien häufig auf die großen amerikanischen Unternehmen fokussiert wird, so sind es doch gerade die innovativen „Kleineren", die erfolgreiche Treiber der Wirtschaft sind.

Globalisierung ist längst im Mittelstand angekommen.

So berichtet das Zentrum für Europäische Wirtschaftsforschung[1], dass 1.500 deutsche Unternehmen zu den weltweiten Hidden Champions zählen. Dies sind Unternehmen mit einem Weltmarktanteil zwischen 1 und 10 Prozent – überwiegend im Ausland –, weniger als 10.000 Beschäftigten und einem überdurchschnittlichen Umsatzwachstum in den zurückliegenden fünf Jahren. Die Globalisierung ist also schon längst im deutschen Mittelstand angekommen.

Während sich die klassischen Fragestellungen zu Produktion, Vermarktung und Innovation in den Unternehmen bereits internationalisiert haben, ist dies zumindest in Teilbereichen von HR noch nicht erfolgt. So erkennen wir in unseren Gesprächen mit Personalleitern, dass die betriebliche Vorsorge – und damit in deren Kern die bAV – noch national betrieben wird. Häufig handelt hier jede einzelne Ländergesellschaft nach ihren eigenen Regeln, eine zentrale Steue-

---

[1] Christian Rammer, Alfred Spielkamp: Hidden Champions – Driven by Innovation, in: ZEW Dokumentation Nr. 15-03, April 2015, ISSN 1611 – 681X.

rung erfolgt selten. Aber auch die Kernfragestellungen einer mittlerweile üblichen Entsendung von Mitarbeitern über die jeweiligen Ländergrenzen hinweg (Expats oder Impats) sind nicht oder nur in Teilen geregelt.

Im Folgenden setzen wir uns mit nachstehenden Themen auseinander:

- bedarfsgerechte Expatriateversorgung
- zentrale Informationen über die betriebliche Vorsorge in den Landesgesellschaften
- Leitplanken für die betriebliche Vorsorge – Benchmarking und Harmonisierung
- Pooling als ein zentrales Steuerungsinstrument der betrieblichen Vorsorge

Bedarfsgerechte Expatriateversorgung

Es war schon immer gängige Praxis, Fach- und Führungskräfte im Rahmen eines Projektes oder für einen bestimmten Zeitraum innerhalb eines Unternehmens zu anderen Unternehmensteilen und/oder Betriebsstätten zu entsenden. Während die Entsendung innerhalb derselben Gesellschaft im selben Land in der Regel wenig Anpassung verlangt, bedarf ein Wechsel der Gesellschaft, aber insbesondere eine Entsendung ins Ausland, einer gründlichen Vorbereitung.

Gründliche Vorbereitung von internationalen Entsendungen

Bei einer Entsendung ins Ausland sind das Arbeits-, Steuer- und Sozialversicherungsrecht zu beachten. Aus arbeitsrechtlicher Sicht muss geklärt werden, ob es sich um einen Auslandseinsatz innerhalb des bestehenden Arbeitsvertrags handelt. Die Besonderheiten des Auslandseinsatzes werden in einem gesonderten Entsendevertrag zwischen dem deutschen Arbeitgeber und dem Arbeitnehmer geregelt. Dies ist bei einem kurz- bis mittelfristigen Auslandseinsatz der Regelfall. Werden der ausländische Arbeitgeber weisungsbefugt und der Mitarbeiter vollständig und vertraglich in die ausländische Gesellschaft eingegliedert, handelt es sich um eine Versetzung. Ist das nicht auf Dauer angelegt, ruht der deutsche Arbeitsvertrag in dieser Zeit.

Im Steuerrecht gibt es zusätzlich bei Dauern bis zu drei Monaten den Tatbestand der Auslandsdienstreise. Hier bleibt der Lebensmittelpunkt des Mitarbeiters Deutschland. Steuerlich bedarf es dann keiner weiteren Regelungen, aber arbeitsvertraglich. Das Gehalt und die betrieblichen Versorgungssysteme laufen hier in der Regel weiter. Allerdings muss sich der Arbeitgeber, wie bei einer Entsendung, um eine Absicherung der Kosten im Krankheitsfall kümmern. Im Sozialversicherungsrecht spielt die Fristigkeit des Auslandseinsatzes zunächst keine Rolle. Erst wenn es um die Zuordnung der Sozialversicherungspflicht geht, kommen bestimmte Fristen ins Spiel.

Fürsorgepflicht des Arbeitgebers

Der Arbeitgeber ist im Rahmen seiner allgemeinen Fürsorgepflicht für die Sicherheit und Gesundheit des Arbeitnehmers (§ 17 SGB V; §§ 241 (2), 617, 618 BGB) sowie für das Tragen der Kosten, insbesondere in der Krankheitsabsicherung des Mitarbeiters und eventuell seiner Familienmitglieder, verantwortlich.

Eine Auslandsreise-Krankenversicherung, die in der Praxis bei häufigen Auslandseinsätzen verschiedener Mitarbeiter pauschal in einer Firmenlösung erfolgt, hilft, die Kosten kalkulierbar zu halten. Bei Mitgliedschaften in Krankenkassen können anfallende Kosten beschränkt von den Kassen zurückgefordert werden [§ 17 (2) SGB V].

Während eine Dienstreise in der Regel durch Arbeitsvertrag und Betriebsvereinbarung bereits geregelt ist, wird bei einer Entsendung ein individueller Entsendungsvertrag erstellt. Hier stehen auch die Regelungen zur Krankheits- und Unfallabsicherung und der bAV. Ein Spezialfall ist die Entsendung innerhalb der EU und des EWR, in der häufig der deutsche Arbeitsvertrag fortgesetzt werden kann.

Generell gilt im Ausland das deutsche Sozialversicherungsrecht nicht (§ 3 SGB IV), es kann aber bei einer Entsendung, insbesondere innerhalb der EU, ausstrahlen (§ 4 SGB IV). Auf Antrag (Formular E 101) kann bei einer bis zu zwölfmonatigen Befristung die deutsche Sozialversicherungspflicht aufrechterhalten bleiben.

Besteht der deutsche Arbeitsvertrag fort, bleibt die bAV grundsätzlich erhalten. Diese für mittelfristige Entsendungen sinnvolle Lösung ist bei entsprechender Formulierung des Entsendevertrags umsetzbar. Zu prüfen ist die betriebliche Veranlassung, da dann der Aufwand für die bAV steuerlich absetzbar ist (BMF-Schreiben vom 9. November 2001).

Beiträge zur Finanzierung der Pensionszusage oder der Unterstützungskasse sind lohnsteuerfrei, bei Paragraph 40b und Paragraph 3.63 EStG ist dies individuell zu klären. Kernkriterium ist die Beibehaltung der unbeschränkten Steuerpflicht in Deutschland.

Soll oder kann die deutsche bAV nicht umgesetzt werden, so wird der deutsche Arbeitgeber zur Vermeidung der Schlechterstellung Alternativen – wie internationale Pensionspläne oder die Integration in lokale Pensionspläne – nutzen. Gegebenenfalls muss eine zusätzliche, vom Arbeitgeber finanzierte private Absicherung des Mitarbeiters die Lücken in der betrieblichen und sozialen Vorsorge ausgleichen. Eventuell höhere Invaliditäts- oder Todesfallrisiken im Zielland sollten durch den Entsendevertrag abgesichert werden. Hier sollten auch die Absicherung einer besseren medizinischen Versorgung bis hin zum Rücktransport nach Deutschland, aber auch die Unterstützung in Krisen oder bei Naturkatastrophen geprüft werden.

Internationale Pensionspläne oder lokale Integration als Alternativen

Dies alles gilt auch für Impats, das heißt für Mitarbeiter, welche aus ausländischen Unternehmen für eine längere Zeit nach Deutschland entsandt werden. In Gesprächen mit unseren internationalen Partnern wird dieses Thema immer wieder angesprochen. Hier muss auf die unterschiedlichen nationalen Anforderungen eingegangen werden. So erachten amerikanische Kunden zum Beispiel die Bereitstellung eines 24/7-Service für die Entsandten als sehr wichtig.

Wesentlich für eine gute Entsendung ist neben der Kenntnis der Situation in Start- und Zielland das Wissen um die sozialen Absicherungen in beiden Ländern, die gesetzlichen Grundlagen und die Möglichkeiten, die notwendigen Ergänzungen unter Berücksichtigung aller bestehenden Gesetze ökonomisch effizient zu gestalten. Die Regelungen sollten flexibel sein, da sich Entsendungen häufig verlängern und sich Entsendungsfolgen oder mehrfache Entsendungen ergeben.

Zentrale Informationen über die betriebliche Vorsorge in den Landesgesellschaften

Deutsche Unternehmen, die erfolgreich international expandiert haben, versuchen zunehmend, ihre Geschäftsprozesse an den globalen Anforderungen auszurichten und innerhalb der Unternehmensgruppe weltweit Skalenvorteile zu erzielen beziehungsweise ihre Organisationsstruktur zu internationalisieren. Dieser Trend erfasst auch die HR-Prozesse einschließlich der Themen Vergütung und Benefits. Häufig ist es auch das Thema (Good) Governance, welches die Unternehmen veranlasst, in der Unternehmensgruppe Transparenz zu schaffen und klare Entscheidungsprozesse mit hinreichender Risikokultur aufzusetzen. Im Zusammenhang mit betrieblichen Vorsorgelösungen und Benefits wird hierbei gerne der Begriff der Global Benefits Governance gebraucht.

Benefit-Audit

Bevor in den Unternehmen die eigentliche strategische Überlegung einsetzt, wird zunächst eine Inventur der Benefits, die in den vergangenen Jahren im Ausland aufgebaut beziehungsweise durch Zukäufe entstanden sind, durchgeführt. Dieser als Benefit-Audit oder -Inventur bezeichnete Prozess wird dabei in der Praxis gerne zunächst durch die deutsche Brille betrachtet und von Deutschland aus angestoßen, was allerdings regelmäßig wenig Erfolg zeigt, da in den globalen Märkten selten das deutsche System des Zusammenspiels aus guter Sozialabsicherung und ergänzender betrieblicher Altersversorgung anzutreffen ist. Vielmehr sind die Sozialsysteme in vielen Märkten deutlich schwächer ausgeprägt und die betrieblichen Zusatzleistungen entweder von größerer Bedeutung oder gewinnen erst noch an Bedeutung. Dabei ist häufig eine Krankenabsicherung, ein Todesfall- und Invaliditätsschutz vor der betrieblichen Altersversorgung einzustufen. Oftmals sind aber auch diese Elemente nachrangig. So ist zum Beispiel in Rumänien die Bereitstellung einer verbesserten ärztlichen Versorgung oder die Überlassung von Fitnesscenter-Gutscheinen attraktiver als beispielsweise eine betriebliche Krankenversicherung oder eine Altersversorgung. Nicht zuletzt unterschiedliche Kulturen und Wertevorstellungen beeinflussen die länderspezifische Gestaltung der Sozialleistungen und Benefits.

Es lohnt sich also, das Thema der betrieblichen Vorsorgelösungen und Benefits deutlich breiter zu betrachten. Die Benefitsinventur sollte dabei von lokaler Expertise begleitet und die Ergebnisse unter Zuhilfenahme verschiedener Quellen verifiziert werden. Dies können – soweit vorhanden – die eigenen lokalen HR-Verantwortlichen sein und spezialisierte Employee-Benefits-Broker und -Consultants. Inhaltlich sollte die Inventur die lokalen Benefitsstrukturen deutlich aufhellen, das lokale Versorgungsniveau bestimmen und gegebenenfalls vorhandene Risikopotenziale erkennen lassen. Hierzu ist eine gewisse Detailtiefe der Inventur unumgänglich, wobei sich durch eine geeignete Gestaltung die wesentlichen Aussagen auch in kürzerer Form aufzeigen lassen. Das Headquarter wäre gut beraten, wenn die Inventur und deren Ergebnisse durch externe Experten vorbereitet und nachgehalten werden. So können eigene Kapazitäten geschont und externe Erfahrungen und effiziente Strukturen, wie internationale Netzwerke und eingespielte Prozesse, eingebracht werden.

Im Ergebnis erhalten die Unternehmen einen profunden Überblick über ihre internationale Benefitsstruktur. Dabei können Experten erste Bewertungen vornehmen und etwaige Optimierungsvorschläge unterbreiten. Ist die Benefitsinventur effizient gestaltet, dokumentieren die Unternehmen ihre Erkenntnisse umgehend beziehungsweise treffen Vorkehrungen, dass die Erkenntnisse regelmäßig auf Aktualität überprüft werden. Hier haben sich in der Praxis Onlineplattformen bewährt, bei denen die lokal Verantwortlichen Informationen einpflegen können. Diese Plattformen sind dann ein Mehrwert, wenn sie aggregierte, entscheidungs- und berichtsrelevante Informationen bereitstellen können und die hinterlegten Daten aktuell sind. Die Erfahrung zeigt dabei, dass ein großer Detailierungsgrad keineswegs zum gewünschten Ergebnis führt. Entweder werden Daten dann schlicht nicht vollständig eingegeben (was aber auch ein Mangel an ausreichender Expertise und Datenverständnis sein könnte), oder der Aufwand der Aktualisierung kann schlichtweg nicht dauerhaft und professionell geleistet werden. So entstehen schnell Datenfriedhöfe ohne entsprechenden Nutzwert. Ein gutes Tool bietet den gerade noch erforderlichen Detailgrad und hält weitere Detailunterlagen kontextspezifisch als weiterführende Dokumente vor. Dashboards verdichten für die jeweilige Rolle des Nutzers, zum Beispiel des EMEA-Benefits-Manager, die spezifisch gewünschten Informationen. Daneben bieten diese Tools beispielsweise allgemeine, nützliche Country-Informationen, Taskmanager oder Reporting-Funktionen.

Erkenntnisse dokumentieren und auf Aktualität prüfen

Im Ergebnis können mit dieser Ausgestaltung der Benefitsinventur und deren zeitgemäßer Dokumentation grundsätzliche Anforderungen an die Corporate (Benefits) Governance erfüllt werden. Das Headquarter ist damit in der Lage, jederzeit verlässliche Informationen und Beiträge für die Unternehmenssteuerung bereitzustellen.

Leitplanken für die betriebliche Vorsorge – Benchmarking und Harmonisierung

Positionierung im Markt bestimmen

Ausgehend von einer umfassenden Benefitsinventur, bieten sich den Unternehmen verschiedene Handlungsalternativen an. Auf Basis der gewonnenen Transparenz können Unternehmen beispielsweise ihre Positionierung im Markt bestimmen. Auf welchem Niveau bietet das Unternehmen betriebliche Vorsorgelösungen und Benefits an? Ist das Unternehmen marktgerecht oder im Sinne der eigenen Philosophie beziehungsweise gewünschten Positionierung aufgestellt? Worin möchte man sich vom Wettbewerber unterscheiden?

Mit dem richtigen Mix aus lokaler Expertise und globaler Sichtweise mit internationalen Erfahrungswerten lassen sich hierauf konkrete Antworten geben. An dieser Stelle kann das Headquarter hilfreiche Unterstützung für seine lokalen Unternehmenseinheiten geben, indem zum Beispiel die Zusammenarbeit mit internationalen Experten ermöglicht wird beziehungsweise Zweitmeinungen und wichtige Marktinformationen bereitgestellt werden. Unternehmen erlangen diese Transparenz, indem sie spezialisierte, auf eine solch globale Fragestellung ausgerichtete Makler- beziehungsweise Beratungshäuser einschalten. Der Global Consultant ist dann umso wertvoller für die Unternehmen, wenn er einerseits eine Nähe zu der deutschen Unternehmenskultur aufweist und andererseits das globale Know-how und Verständnis einbringt. Damit kann er wertvolle „Übersetzungsarbeit" zwischen den lokalen Gegebenheiten und Anforderungen und der Sicht der Unternehmenszentrale leisten. Mit der optimalen lokalen Positionierung sichern sich die Unternehmen ihre globale Wettbewerbsposition ab.

Suchen Unternehmen nach Chancen einer weltweiten Harmonisierung ihrer betrieblichen Vorsorgelösungen und Benefits, haben sich Employee-Benefits-Guidelines als nützlich erwiesen. Eine zeitgemäße Guideline beschreibt wesentliche Prinzipien, die in allen Ländern der Unternehmensgruppe bei der Optimierung bestehender Lösungen beziehungsweise bei der Implementierung neuer Benefits und Sozialleistungen beachtet werden müssen.

Eine Benefits-Guideline kann unter anderem folgende Themen regeln:

- Prozesse zwischen dem Headquarter und den lokalen Einheiten
- Anforderungen an die Einführung neuer Benefits (Business-Case)
- Ausschreibungserfordernisse/Renewal von Verträgen
- Zusammenarbeit mit Brokern/Consultants
- Kommunikation der Benefits
- Tools zur Dokumentation
- Beteiligte und Ansprechpartner

Eine gute Guideline lässt genügend sinnvollen Freiraum für die Berücksichtigung der lokalen Besonderheiten und die lokale Ausgestaltung, sichert aber zugleich zentrale Unternehmenswerte wie etwa eine risikooptimierte Ausgestaltung der Benefits ab. Selbsterklärend sollte die Guideline die Motive des Headquarters klar beschreiben und dabei die Vorteile für die lokalen Gesellschaften deutlich herausstellen. Ohne ein „Buy-in" der lokal Verantwortlichen wäre jedes Bestreben nach Harmonisierung zum Scheitern verurteilt. Insofern sollte auch die Kommunikation der Guideline wohlüberlegt sein.

Guideline

Weitere Harmonisierungspotenziale können erschlossen werden, wenn bestimmte Benefits, wie zum Beispiel eine Todesfallabsicherung, länderübergreifend angeboten werden. Hier kann über das Headquarter gegebenenfalls eine weltweit gültige Absicherung vorgenommen werden. Es sind dabei die lokalen rechtlichen Anforderungen zu bewerten beziehungsweise zu berücksichtigen. Innerhalb der Europäischen Union werden derartige Konzepte unter dem Titel „Pan European Pension Plans" eingesetzt.

Pooling als ein zentrales Steuerungsinstrument der betrieblichen Vorsorge

Wenn Unternehmen nach einem erprobten globalen Ansatz suchen, um möglichst einfach die Transparenz ihrer betrieblichen Benefits zu erhöhen und womöglich bei gleichbleibender Versorgungsqualität die Benefitskosten zu senken, wenden sie sich dem multinationalen Pooling zu. Dabei werden lokale Gruppenversicherungsverträge global gepoolt, das heißt, in einer konsolidierten Gewinn- und Verlust-Rechnung zusammengefasst, ohne dass in die lokale Planstruktur eingegriffen wird. Somit wird das Unternehmen wirtschaftlich als Einheit wahrgenommen und kann seine Einkaufsposition optimieren.

Vorteile des Poolings

Der Vorteil des Poolings liegt darin, dass aus dieser globalen Betrachtung das Unternehmen zusätzliche Teile der Gewinnmargen der Versicherer (internationale Dividende) vereinnahmen kann. Unternehmen nutzen beim Pooling das Zusammenspiel mit einem globalen Versicherer oder einem Zusammenschluss von Versicherern aus. Für die Versicherer ist das Pooling von Vorteil, da sie so weitere Verträge in den anderen Ländern mit dem Unternehmen schließen und die Kundenverbindung stärken können. Das Unternehmen wird im Rahmen des Poolings praktisch im Sinne der eigenen Schadenerfahrung tarifiert und kann seine Nettoversicherungskosten um bis zu 10 Prozent senken. Zusätzlich verbessern sich die Konditionen, zu denen Versicherer gepoolte Risiken zeichnen. Ausgangspunkt eines Poolingansatzes bildet die bereits beschriebene Benefitsinventur, um festzustellen, welche Pläne existieren und ob diese poolbar sind. Grundsätzlich können nur arbeitgeberfinanzierte Anteile der Benefits gepoolt werden beziehungsweise etwaige Poolingüberschüsse aus arbeitnehmerfinanzierten Plänen müssten auch den Arbeitnehmern zugute kommen.

Bei einem etwaig negativen Verlauf der Gesamtabrechnung verbleiben keine zusätzlichen Kosten beim Unternehmen. Entsprechende Verluste werden vom Versicherer/Netzwerk absorbiert beziehungsweise rückversichert. Bei positiven Verläufen wird eine internationale Dividende gezahlt, die dann anteilmäßig an die jeweiligen Län-

Tabelle 1: Poolbare Benefits

Risikoprodukte	Renten-/Kapitalprodukte
Poolbar	
Risiko-Lebensversicherung Unfallversicherung Invaliditätsversicherung Krankenversicherung	nur Risikoanteile der Produkte
Nicht poolbar	
	Reine Renten-/Kapitalprodukte

Quelle: Funk Vorsorgeberatung GmbH.

Tabelle 2: Pooling im Überblick

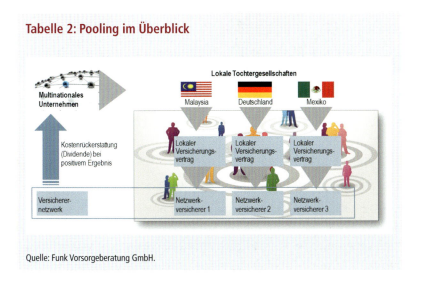

Quelle: Funk Vorsorgeberatung GmbH.

derunternehmen weitergereicht werden kann. Um erfolgreich zu sein, ist ein aktives Poolmanagement unerlässlich. Dabei sind die richtigen Verträge einzuschließen und die subjektiven Empfehlungen der Versichernetzwerke genau zu analysieren. Mit allen Beteiligten sollten Poolingrichtlinien definiert und zentral nachgehalten werden. Mit zeitgemäßen Tools lassen sich die Renewal-Dates der Verträge überwachen und rechtzeitig die Prüfung der Poolbarkeit und gegebenenfalls deren Poolintegration veranlassen.

Fazit

Der deutsche Mittelstand ist zunehmend international. Dies ist in dem entstandenen globalen Markt notwendig, sollte aber auch im Bereich der betrieblichen Vorsorge Berücksichtigung finden. Unternehmen, die sich aktiv um die Global-Employee-Benefits kümmern, können verschiedenen Anforderungen gerecht werden und darüber hinaus weitere Vorteile erzielen. Einerseits erfüllen die Unternehmen die Fürsorgepflicht gegenüber ihren Mitarbeitern und schaffen ein klares Leitbild, wofür sie im Bereich der betrieblichen Vorsorge stehen. Andererseits werden die Datengrundlagen geschaffen, die eine unternehmensweite Steuerung ermöglichen. Dies führt zu einem Erkennen bestehender Risiken und deren Begrenzung, einer Einsparung von Kosten durch Economies of Scale und zu einer Stärkung der internationalen HR-Zusammenarbeit.

Digitalisierung von Prozessen bei der Verwaltung von bAV-Modellen im Mittelstand

Die Industrie 4.0 eröffnet kleinen und mittleren Unternehmen bei der Administration von Betriebsrentenmodellen neue Möglichkeiten

Von Gisbert Schadek

Die Digitalisierung von Prozessen ist jetzt auch in der HR-Verwaltung angekommen. So stand die größte Personalfachmesse Europas, die Zukunft Personal in Köln, im Jahr 2014 auch unter dem Motto „Arbeiten 4.0". Es stellt sich aber die Frage, ob die Digitalisierung von Prozessen auch bei der Verwaltung von Modellen der betrieblichen Altersversorgung effektiv ist und wenn ja, ob eine Umsetzung auch für den Mittelstand sinnvoll und durchführbar ist. In der Regel spielt der bAV-Bereich in der HR-Verwaltung eines Unternehmens nur eine untergeordnete Rolle. Trotzdem bringt eine Digitalisierung für die Verwaltung von bAV-Modellen große Vorteile mit sich. Gerade weil sich mit diesem vermeintlichen Nischenthema in der Regel im Unternehmen nur einzelne Personen beschäftigen, verschafft die Digitalisierung der Prozesse in diesem Bereich eine große Effizienz, wenn die richtigen Verwaltungstools zur Einrichtung von standardisierten bAV-Workflows genutzt werden.

Risiken vermeiden oder reduzieren

Ziel der Digitalisierung ist es, Risiken zu vermeiden bzw. zu reduzieren, indem die Prozesse effizient, transparent und fehlerfrei durchgeführt werden können. Bei der digitalen Abarbeitung werden alle Risikofaktoren, soweit möglich, ausgeschlossen. Diese Risikofaktoren bestehen insbesondere in der Verfügbarkeit von Informationen, dem Faktor Mensch und unzureichender Kommunikation.

In der nicht digitalisierten bAV-Welt ergibt sich bezüglich der Verfügbarkeit von Informationen folgendes Bild: Informationen sind in der Regel nur teilweise oder lokal verfügbar. Gerade die Daten zu Versorgungszusagen, insbesondere zu Individualzusagen von Führungskräften, werden oft in verschlossenen Aktenschränken gehalten. Die maßgeblichen Daten zu den Zusagen werden in der Regel auch nicht in einem Programm erfasst, sondern jedes Jahr zur Vorbereitung der Rückstellungsberechnungen neu in eine Excelliste übertragen. Da hier auch Gehaltsdaten verarbeitet werden, ist diese Datei dann auch nur lokal abgelegt und nur für einen beschränkten Nutzerkreis zugänglich.

Der Zugriff auf die Informationen ist oft zeitlich beschränkt, zum Beispiel deshalb, weil außerhalb der normalen Geschäftszeiten kein Zugriff auf Akten und Daten besteht. Das liegt daran, dass die Daten nur lokal verfügbar sind oder verschlossen aufbewahrt werden. Ist der Mitarbeiter, der den Schlüssel zum Aktenschrank oder sonstigen Zugriff zu den Akten hat, nicht anwesend, sind die Informationen in der Regel für niemanden zugänglich. Wird – entgegen der Praxis in den meisten Unternehmen – zur Verwaltung der betrieblichen Altersversorgung ein Verwaltungsprogramm genutzt, ist auch nicht sichergestellt, dass für jeden jederzeit Zugriff auf die gespeicherten Informationen besteht. Die Programme sind oft nicht selbsterklärend und für ungeübte Nutzer damit nicht abrufbar. Faktisch stehen die Daten nur zur Verfügung, wenn ein Mitarbeiter anwesend ist, der einen Zugang zum Programm hat und mit diesem auch umgehen kann.

Zeitlich beschränkter Zugriff auf Daten und Informationen

Der Zugriff auf bAV-Informationen wird auch dadurch erschwert, dass die Daten über mehrere Datenquellen verteilt liegen. Klassischerweise gibt es neben den im Gehaltsabrechnungsprogramm vorgehaltenen Daten noch mehrere Excellisten, in denen wichtige Informationen in einer Form vorgehalten werden, in der die Werte nur für den Ersteller bzw. langjährigen Nutzer der Liste überhaupt nutzbar sind. Informationen werden außerdem oft redundant vorgehalten. Dies ist insbesondere der Fall, wenn mehrere Administrationstools ohne führendes HR-System genutzt werden. Bei dieser Art der Datenhaltung ist es schwer sicherzustellen, dass Änderungen an der Datenbasis auch in jedem System rechtzeitig ankommen.

Der Faktor Mensch birgt bei der Abarbeitung von bAV-Prozessen ebenfalls Risiken. Das liegt in erster Linie daran, dass Mitarbeiter nicht unbegrenzt und dauerhaft verfügbar sind, sondern aufgrund von Krankheit, sonstigen unvorhersehbaren Ereignissen und Urlaub vorübergehend oder aber zum Beispiel durch Eintritt in die Rente dauerhaft ausfallen. Nicht alle Ausfälle sind planbar und lassen sich auch mit der besten Vertretungsregelung nicht immer vollständig abfangen.

Qualifikation der Mitarbeiter aktualisieren

Die Qualifikation der Mitarbeiter muss laufend an Veränderungen angepasst und aktualisiert werden. Dabei ist sicherzustellen, dass diese Neuerungen nicht nur als Einzelwissen von wenigen oder nur einem Mitarbeiter vorgehalten werden, sondern für alle zugänglich dokumentiert werden. Ein weiteres Risiko des Faktors Mensch ist, dass Mitarbeiter ihren Ermessensspielraum gegebenenfalls falsch nutzen. Oder Mitarbeiter übernehmen die ihnen zugewiesene Verantwortung nicht oder nur unvollständig. Dass Mitarbeiter im Einzelfall Fehler machen, die selbst in einem Vieraugenverfahren nicht auffallen, kann auch durch keine Maßnahme ausgeschlossen werden.

Ist bei der Abarbeitung von Vorgängen eine Kommunikation unter Mitarbeitern erforderlich, ergibt sich außerdem noch die klassische Sender-Empfänger-Problematik, das heißt, Informationen können vom Empfänger falsch bzw. anders als vom Sender gemeint verstanden werden. Der Sender übermittelt die Informationen falsch an den Empfänger, oder Informationen werden unvollständig oder gar nicht vom Sender an den Empfänger übermittelt.

Aus dieser Risikobetrachtung ergeben sich zwangsläufig schon die Voraussetzungen, die erfüllt sein müssen, damit eine reibungslose Abarbeitung von Vorgängen – nicht nur bei der Verwaltung von bAV-Prozessen – gewährleistet ist, sowie die Einflüsse, die eine Prozessabarbeitung behindern. Demnach funktioniert ein Prozess nur dann, wenn

- der Prozess und die Abarbeitungsschritte angemessen festgelegt und dokumentiert wurden und diese danach auch laufend überprüft werden;
- Zuständigkeiten für die Abarbeitung und die einzelnen Bearbeitungsschritte klar sind und allen Beteiligten kommuniziert wurden;
- die Prozessbeteiligten die Kompetenz zur Abarbeitung ihrer Aufgaben besitzen und diese richtig und termingerecht abarbeiten;
- die Kommunikation zwischen den Beteiligten reibungslos funktioniert;
- der Informationsfluss zwischen den Beteiligten gewährleistet ist.

Prozesse funktionieren dagegen nicht, wenn

- ein Prozessbeteiligter ausfällt und nicht ersetzt werden kann,
- notwendige Informationen nicht allen Beteiligten verfügbar sind,
- Interpretationsspielräume für die Prozessbeteiligten bestehen und nicht richtig umgesetzt werden.

Dies lässt sich an typischen Prozessen der bAV-Verwaltung, bei denen es um die Koordination mehrerer Prozessbeteiligter geht, darstellen.

Prozess 1: Erteilung von Rentenauskünften

Eine Hauptaufgabe bei der Abwicklung von bAV-Modellen ist die Erteilung von Rentenauskünften an Mitarbeiter, die wissen möchten, wie hoch ihre Versorgung im Alter sein wird. Der Personalsachbearbeiter kann diese Auskunft nicht sofort geben, wenn die Versorgungsregelung zum Beispiel über eine versicherungsrückgedeckte Unterstützungskasse durchgeführt wird. Die Höhe der Rente ist deshalb beim Versicherungsmakler bzw. beim Versicherungsunternehmen nachzufragen. Dies macht den Prozess langsam und fehleranfällig, weil es zu Übermittlungsfehlern kommen kann.

Prozess 2: Auszahlung von Versorgungsbezügen

Bei der Rentenauszahlung sind auf Seiten des Arbeitgebers oft ebenfalls mehrere Beteiligte involviert. Die Auszahlung der Renten wird nicht immer vom Personalsachbearbeiter im Unternehmen, sondern vom Steuerberater durchgeführt. Wenn sich ein Rentner also zum Beispiel darüber beschwert, dass er keine Rente erhalten hat oder eine anstehende Rentenerhöhung nicht durchgeführt wurde, ist der Mitarbeiter der Personalabteilung nicht auskunftsfähig, ohne beim Steuerberater nachzufragen. Gerade bei der Initiierung von Rentenerhöhungen besteht die Gefahr, dass sich der eine Beteiligte auf den anderen verlässt. Der Personalsachbearbeiter verlässt sich darauf, dass der Steuerberater das schon macht und umgekehrt. Eine wichtige Voraussetzung dafür, dass der Prozess funktioniert, ist außerdem, dass die Übermittlungswege zwischen dem Unternehmen und dem Steuerberater klar definiert sind und reibungslos funktionieren.

Der Prozess der Rentenauszahlung muss reibungslos funktionieren.

Prozess 3: Berechnung der Pensionsrückstellungen

Pensionsverpflichtungen bewerten

Auch der Kernprozess bei der Verwaltung von bAV-Zusagen, nämlich die Bewertung von Pensionsverpflichtungen, der aufgrund der Auswirkungen auf die Erstellung des Jahresabschlusses eines Unternehmens besonders kritisch ist, erfordert die Zusammenarbeit vieler Beteiligter. Die Finanzabteilung gibt vor, zu welchem Termin die Ergebnisse zur Verfügung stehen müssen, die Datenaufbereitung ist von der Personalabteilung durchzuführen, die Bewertung der Rückstellungen übernimmt ein externer Aktuar. Die Datenaufbereitung ist dabei in der Regel sehr aufwendig und erfordert großen manuellen Aufwand, da die Werte, wie oben dargestellt, in der Regeln nicht in einer Datenbank zusammengefasst vorliegen und nur zum Stichtag einfach abgerufen werden können.

Diese Beispiele zeigen, dass die bAV-Verwaltung genau wie andere HR-Prozesse einen großen Koordinations- und Abstimmungsaufwand mit sich bringen. Die Prozesse können dabei natürlich auch ohne digitale Unterstützung fehlerfrei und termingerecht abgearbeitet werden. Voraussetzung ist aber, dass sie von einem Mitarbeiter in der Personalabteilung koordiniert werden, der alle Prozesse und Ansprechpartner kennt. Fällt dieser Mitarbeiter aus, ist es oft schwierig, die Abarbeitungsschritte zu rekonstruieren und den Ausfall durch einen anderen Mitarbeiter zu kompensieren. Sind die Prozesse dagegen digitalisiert, ist die Steuerung der Abläufe nicht abhängig von einem oder mehreren Mitarbeitern. Das Know-how wird in einem Programm zusammengefasst, der Prozess wird durch automatisierte Workflows dauerhaft steuerbar.

Die Vorteile der Digitalisierung liegen demnach auch für den HR-Bereich auf der Hand. Die Bearbeitung von Vorgängen wird schneller, und Fehlerquellen werden reduziert.

Für unsere Risikobetrachtung bedeutet das Folgendes:

- Informationen sind jederzeit und überall verfügbar.
- Informationen sind vollständig und strukturiert in einer Datenbank hinterlegt.
- Alle Beteiligten greifen auf dieselben Informationen zu.
- Informationen sind leicht auszuwerten.

- Fehler im Einzelfall sind durch programmierte Abarbeitung bzw. Berechnung ausgeschlossen.
- Know-how-Transfer ist nicht mehr erforderlich, weil das Know-how in Programmen hinterlegt ist.
- Ausfälle von Mitarbeitern führen nicht zur Prozessunterbrechung.
- Notwendige Kommunikation zwischen den Prozessbeteiligten erfolgt standardisiert.
- Weiterer Kommunikations- und Interpretationsbedarf entfällt durch die automatisierte Verarbeitung.

Auf dem Weg zur automatisierten Workflowsteuerung sind folgende Projektschritte abzuarbeiten: Zunächst ist eine Prozessanalyse durchzuführen. Dabei werden die Auslöser, Abarbeitungsschritte, Prozessbeteiligten, Schnittstellen und Prozessergebnisse ermittelt und analysiert. Danach ist zu analysieren, welche Informationen wie Dokumente, Daten und Ergebnisse für den Prozess vorzuhalten oder zu ermitteln sind. Hieraus ergeben sich die zu programmierenden Prozeduren/Funktionalitäten und Prozessabarbeitungsschritte.

Automatisierte Workflowsteuerung

Ausgehend von den Ergebnissen der Analyse, ist das Datenbankmodell festzulegen und auf virtualisierten Servern umzusetzen. Danach sind die erforderlichen Programmierungen vorzunehmen und die Parameter für die Prozess- und Programmsteuerung zu erfassen. Hierbei sollten möglichst Standardsoftwareprogramme genutzt und Schnittstellen zur Datenübernahme und zum Datenabgleich mit in den Prozess aufgenommen werden. Vorhandene Daten und Dokumente sollten maschinell über Schnittstellen übernommen werden können.

Der Aufruf der Daten ist über eine Weboberfläche zu ermöglichen, damit alle Beteiligten jederzeit und von jedem Ort auf dieselben Daten und Dokumente zugreifen können. Besondere Bedeutung hat hierbei selbstverständlich das Berechtigungskonzept. Da bei der HR-Verwaltung bei allen Arbeitgebern dieselben Prozesse abzuarbeiten sind, ist es natürlich unnötig, dass jeder Arbeitgeber die eben dargestellten Projektschritte selbst für sich abarbeitet. Denn hierfür gibt es schon Weboberflächen, über die die individuellen Workflows mit geringem Aufwand für den Arbeitgeber einfach eingerichtet werden können.

Kapitel III:
Pensionspläne und Pensionsverpflichtungen in Familienunternehmen

bAV 2016 – Risiken und Lösungen für den Mittelstand und Familienunternehmen

Intelligenter Umgang mit Pensionsverpflichtungen für Gesellschafter-Geschäftsführer in kleinen und mittleren Unternehmen (KMUs)

Von Robert Müller

Die Auslagerung von Pensionsverpflichtungen auf Pensionsfonds

Gesellschafter-Geschäftsführer (GGF) beziehen ihre Altersversorgung weitgehend über Pensionszusagen. Hierfür hat das Unternehmen über Jahre hinweg Pensionsrückstellungen in der Bilanz gebildet und Steuereffekte genutzt. Die Veränderung des BilMoG-Zinses und die anhaltende Niedrigzinsphase führen inzwischen zu steigenden Belastungen und Risiken für die Unternehmen. Um das Bilanzbild zu verbessern und das Versorgungsversprechen an den Gesellschafter-Geschäftsführer nachhaltig zu sichern, ist die Auslagerung von Pensionsverpflichtungen auf den Durchführungsweg Pensionsfonds in vielen Fällen der richtige Weg.

Pensionszusagen und deren Finanzierung

Gesellschafter-Geschäftsführer benötigen eine angemessene Altersversorgung. Die Basisrente ist für diese Klientel vielfach zu unflexibel, etwa wegen des fehlenden Kapitalwahlrechts oder wegen des Verbots der Vererbung. Viele Gesellschafter-Geschäftsführer entscheiden sich deswegen für eine Pensionszusage. Dafür müssen jährlich Rückstellungen in der Bilanz gebildet werden, die den Gewinn schmälern und damit die zu zahlenden Ertragssteuern der Firma mindern. Dies stärkt die Liquidität der GmbH. Jedoch ist die Zusage kein Steuersparmodell, sondern eine langfristige Verbindlichkeit für das Unternehmen. So können Mängel bei der Pensionszusage zu verdeckten Gewinnausschüttungen führen und die steuerlichen Risiken für die GmbH und den Gesellschafter-Geschäftsführer zunehmen.

Um die Verbindlichkeiten gegenüber dem Gesellschafter-Geschäftsführer jederzeit bedienen zu können, gibt es neben der internen Finanzierung zusätzlich externe Formen. Insbesondere die Wahl einer Rückdeckungsversicherung kann hier unterstützend wirken. Jedoch ist eine ausreichende Rückdeckung nur sichergestellt, wenn die Versicherungslösung auch in der aktuellen Niedrigzinsphase eine ausreichende Rendite erwirtschaftet. Ist das nicht der Fall, muss das Unternehmen die Pensionszusage immer stärker aus dem laufenden Geschäft mitfinanzieren.

Härtere Bandagen für Pensionsrückstellungen seit 2010

Das „Gesetz zur Modernisierung des Bilanzrechts" (BilMoG), zum 1. Januar 2010 in Kraft getreten, hat Unternehmen gezwungen, künftige Pensionsverpflichtungen in Form der Rückstellung realistischer zu bewerten. Zuvor rechneten viele mit 6,0 Prozent handelsrechtlichem Diskontierungszins für die Pensionsrückstellungen. Der Wert war viel zu hoch angesetzt und führte dazu, dass die Unternehmen in der Regel zu geringe Rückstellungen bildeten. Seither müssen sie mit einem von der Bundesbank veröffentlichten Durchschnittszins der vorangegangenen sieben Jahre für Euro-Unternehmensanleihen guter Bonität rechnen – und daher ihre Pensionsrückstellungen kräftig aufstocken. Der Rechnungszins lag bei Einführung des Gesetzes zum 1. Januar 2010 bei 5,25 Prozent und fiel bis Ende Mai 2013 auf 4,96 Prozent, Tendenz weiter fallend. Bis Ende 2023 lässt der Gesetzgeber den Unternehmen noch Zeit, die Unterdeckungen in den Rückstellungen aufzufüllen. Das beeinflusst natürlich die Unternehmenslage und stellt die Frage, ob es Alternativen für die Finanzierung des Versorgungsversprechens an den Gesellschafter-Geschäftsführer gibt.

Finanzierung des Versorgungsversprechens an den GGF

Besonderheiten für Gesellschafter-Geschäftsführer einer GmbH

Pensionszusagen sind die wichtigste Form der betrieblichen Altersversorgung. Unternehmen setzen insbesondere zur Versorgung der Gesellschafter-Geschäftsführer auf dieses Instrument, das derzeit 279 Milliarden Euro und damit 51,8 Prozent aller Deckungsmittel der deutschen bAV umfasst. Für beherrschende Gesellschafter-Geschäftsführer ist das oft der einzige Weg, eine angemessene Altersversorgung aufzubauen.

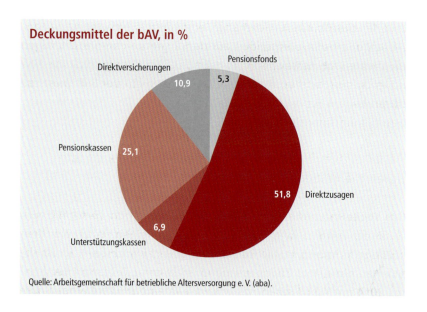

Quelle: Arbeitsgemeinschaft für betriebliche Altersversorgung e. V. (aba).

Anforderungen der Finanzbehörden an GGFs von GmbHs

Spezielle Anforderungen stellt das Finanzamt an Gesellschafter-Geschäftsführer von GmbHs. Das gilt besonders, wenn der Geschäftsführer eine beherrschende Stellung innerhalb der GmbH hat. Daher sind hier besonders hohe Anforderungen gestellt, ehe eine Pensionszusage anerkannt wird. Neben den Voraussetzungen nach Paragraph 6a Einkommensteuergesetz (EStG), der die generellen Anforderungen an Pensionsrückstellungen regelt, gelten für Pensionszusagen an GGF körperschaftsteuerlich erhöhte Anforderungen. So muss die Zusage in den restlichen Berufsjahren erdienbar und insgesamt angemessen sein.

Im Laufe der Zeit treten für den Gesellschafter-Geschäftsführer bzw. Entscheider in Unternehmen oft die problematischen Aspekte von Pensionszusagen in den Vordergrund. So müssen spätestens zum Rentenbeginn die zugesagten Leistungen dauerhaft aus dem Cashflow des Unternehmens dargestellt werden. Das ist häufig auch der Zeitpunkt, zu dem der Gesellschafter-Geschäftsführer das Unternehmen verlässt, einen Nachfolger sucht oder das Unternehmen verkaufen möchte.

Die Zukunft des Unternehmens und damit die langfristige Finanzierbarkeit der Pensionszusage sind von Unsicherheit geprägt. Bereits einige Jahre vor dieser Phase sollten sich das Unternehmen und der Gesellschafter-Geschäftsführer mit der Planung der Altersversorgung nach Ausscheiden aus dem Unternehmen beschäftigen und prüfen, ob ausreichend Liquidität zur Finanzierung des Versorgungsversprechens vorhanden ist und wie die Zusage auf Dauer zu sichern ist.

Dauerniedrigzinsen und die Folgen für Pensionen und deren Rückstellungen

Das Problem wachsender Pensionsrückstellungen verschärft sich durch die anhaltende Niedrigzinsphase. Zum einen sinken die Überschussbeteiligungen der Rückdeckungsversicherungen. So ist die durchschnittliche Gesamtverzinsung im Bestand der Lebensversicherer 2014 auf 4,31 Prozent gesunken, wie eine Erhebung des unabhängigen Kölner Ratinginstituts Assekurata für einen Mustervertrag zeigt.[1] Im Vorjahr hatte diese Gesamtverzinsung inklusive sonstiger Gewinnanteile und der endfällig bestimmten Beteiligung an den Bewertungsreserven noch bei 4,67 Prozent gelegen. Für 2015 weist Assekurata nur noch 3,9 Prozent durchschnittliche Gesamtverzinsung aus.[2] Folge: Je nachdem, ob eine vollständige oder teilweise Rückdeckung der Pensionsverpflichtung vorliegt, schmälern die sinkenden Überschüsse in jedem Fall die Rückdeckung. Damit steigen die ungedeckten Pensionslasten.

Sinkende Überschussbeteiligungen der Rückdeckungsversicherer

Zum anderen sinkt auch der BilMoG-Diskontierungszins für die Pensionsrückstellungen weiter. Damit sind ständig steigende Zuführungen zu den Pensionsrückstellungen nötig: Durch den Rückgang des BilMoG-Zinses auf 4,53 Prozent Ende 2014[3] müssen kleine und mittelständische Unternehmen seit 2008, als der Zins noch 5,25 Prozent betrug, zusätzlich 1,2 Milliarden Euro an Rückstellungen für Pensionen bilden. Bei einem möglichen Rückgang auf 3,0 Prozent, der bis etwa 2017 zu erwarten ist, wären bereits 4,1 Milliarden Euro zusätzliche Pensionsrückstellungen nötig.

---

1 Assekurata-„Marktstudie 2014: Die Überschussbeteiligung in der Lebensversicherung", Januar 2014.
2 Assekurata-„Marktstudie 2015: Die Überschussbeteiligung in der Lebensversicherung", Januar 2015.
3 Antwort des Bundesministeriums der Finanzen (BMF) auf eine „Kleine Anfrage der Grünen", Juli 2015.

Bei anhaltend niedrigem Zinsniveau reduziert sich der BilMoG-Zins bis 2018 um etwa 1,5 Prozentpunkte gegenüber Mitte 2015. Für einen durchschnittlichen Bestand mit Rentenzusagen gilt als Faustformel: Bei einer Zinsreduzierung um 1,0 Punkte steigt die Rückstellung um 13 bis 15 Prozent an. Demnach wären bis 2018 runde 25 Prozent Anstieg der Pensionsrückstellungen allein wegen des Diskontierungszinssatzes keine Seltenheit.

Seitens des BMF wurde als erste Maßnahme in Aussicht gestellt, dass ab 2016 der Diskontierungszins mit einem von der Bundesbank veröffentlichten Durchschnittszins der zurückliegenden zwölf Jahre zu errechnen ist – statt bisher sieben Jahre.[4] Würde das bisherige niedrige Zinsniveau unverändert bleiben, fiele der BilMoG-Zins bis zum Jahr 2021 auf 2,42 Prozent. Somit müssten in der Handelsbilanz zusätzlich 26 Prozent mehr Rückstellungen gebildet werden, die in der Bilanz voll aufwandswirksam erfasst werden müssten, steuerlich jedoch nicht wirksam würden.[5] Weil schnelle Hilfe geboten ist, gibt es bereits eine entsprechende Gesetzesinitiative für die Verlängerung der Zinsdurchschnittsbildung.[6] Diese Verlängerung der Zinsdurchschnittsbildung würde die Situation vorerst entschärfen.

So könnte sich der BilMoG-Zinssatz ändern (in %)

Stichtag	7-Jahres-Durchschnitt	12-Jahres-Durchschnitt
31.12.2015	3,84	4,35
31.12.2016	3,24	4,06
31.12.2017	2,82	3,86
31.12.2018	2,34	3,64
31.12.2019	2,1	3,37
31.12.2020	1,89	2,98

Quelle: Heubeck AG, Juni 2015.

---

4 Ebd.
5 Ebd.
6 Beschlussempfehlung des Ausschusses für Recht und Verbraucherschutz im Deutschen Bundestag vom 17. Juni 2015.

Auswege aus der Finanzierungsfalle

In Deutschland gibt es derzeit 700.000 Unternehmer, die älter als 55 Jahre sind[7] und ihre Zukunft planen müssen. In den meisten Fällen stolpern kleine und mittlere Unternehmen (KMUs) in eine Finanzierungsfalle. Beispiel: Ein Gesellschafter-Geschäftsführer (50) erhielt im Jahr 2010 eine Pension von 3.000 Euro monatlicher Altersrente, 3.000 Euro monatlicher Berufsunfähigkeitsrente und 60 Prozent Witwenrente zugesagt. Bereits Mitte 2013 war der BilMoG-Zins um 0,35 Prozentpunkte gefallen. Für die GmbH bedeutete dies: Die Zuführungen zu den Pensionsrückstellungen müssen im Durchschnitt um 12.000 Euro jährlich erhöht werden. Bis 2018 steigt dieser Betrag voraussichtlich auf rund 75.000 Euro pro Jahr. Das geht oftmals an die Substanz des Unternehmens. Selbst bei 6,0 Prozent Umsatzrendite, die auch künftig beibehalten werden soll, müsste der Umsatz um 1,25 Millionen Euro jährlich steigen, um diese zusätzliche Belastung aufzufangen.

KMUs droht bei GGF-Pensionen eine Finanzierungsfalle.

Die Auslagerung der Pensionsverpflichtungen auf einen externen Versorgungsträger ist eine Lösung für das Unternehmen. Der Weg dorthin bedarf einer intensiven Prüfung der Versorgungszusage und der Finanzierungsmöglichkeit. Grundsätzlich gewinnt die GmbH durch eine Auslagerung der Versorgung Planungssicherheit, etwa für den Verkauf oder eine Nachfolgeregelung, und kann betriebsfremde Risiken, wie lange Rentenzahlungen oder hohe Invaliditätsleistungen, reduzieren bzw. sich sogar gänzlich davon befreien. Und selbstverständlich profitiert auch die Unternehmensbilanz von diesem Schritt.

Warum und wie der Pensionsfonds helfen kann

Seit 2002 haben Unternehmen die Möglichkeit, – steuerlich begünstigt – Pensionsverpflichtungen auf den Pensionsfonds auszulagern. Dabei kann das Unternehmen die Pensionsrückstellungen in der Handels- und Steuerbilanz ganz oder teilweise auflösen und als Betriebsausgaben absetzen. Dies sind aber nicht die einzigen Vorteile, wie nachfolgende Übersicht aufzeigt:

---

7 Wirtschaftsmagazin „Impulse", Ausgabe 7/2015.

Vorteile für die GmbH durch Auslagerung auf einen Pensionsfonds

Nr.	Vorteil
1	80 Prozent geringere Beiträge zum Pensions-Sicherungs-Verein
2	Unternehmen wird komplett von der Rentnerverwaltung entlastet
3	keine oder verringerte Kosten für versicherungsmathematische Gutachten
4	Kapitalanlage ist steuerfrei
5	Versorgungsberechtigte erhalten einen zusätzlichen Versorgungsschuldner
6	Liquiditätsplanung und -steuerung möglich
7	Gesellschafter-Geschäftsführer erhält ein unwiderrufliches Bezugsrecht
8	tatsächlicher Aufwand für Versorgungszusagen wird transparent und planbar

Quelle: Sparkassen Pensionsfonds AG.

Mehrfach haben Novellierungen des Versicherungsaufsichtsgesetzes (VAG) dazu geführt, dass die Rahmenbedingungen für Pensionsfonds verbessert wurden. Der große Marktdurchbruch der insgesamt 31 zugelassenen Pensionsfonds[8] ist zwar bis heute ausgeblieben, aber die Chancen zur Auslagerung von Pensionsverpflichtungen sind deutlich besser als noch 2002. Bisher sind 28,5 Milliarden Euro in Pensionsfonds investiert. Das entspricht 5,3 Prozent aller Deckungsmittel in der bAV.[9]

Versicherungsfähige Zusagen von Pensionsfonds

Entsprechend der ursprünglichen Intention des Gesetzgebers boten alle Pensionsfonds versicherungsförmige Zusagen an. Seit 2008 gelten unterschiedliche Regeln für versicherungsförmige Garantien von Pensionsfonds und für nichtversicherungsförmige Pensionspläne in der Anwartschaftsphase. Bei der versicherungsförmigen Variante werden die Pensionsverpflichtungen vollständig übernommen, und der Pensionsfonds haftet dafür, dass die zugesagte Leistung erbracht wird. Bei der kapitalmarktorientierten Variante bleibt die GmbH vollständig an der zukünftigen Entwicklung der Biometrie und der Vermögenswerte beteiligt, die der Zusage zugeordnet werden.

---

8 www.bafin.de/DE/Aufsicht/VersichererPensionsfonds/versichererpensionsfonds_node.html; Stand 2014.
9 Arbeitsgemeinschaft für betriebliche Altersversorgung e. V. (aba).

Allerdings bietet diese Form der Auslagerung viel Spielraum, denn die Kalkulationsannahmen sind flexibler und lassen damit eine auf das Unternehmen zugeschnittene Versorgung zu. Flexibilität kann aber auch Nachschuss bedeuten, denn anders als bei einer versicherungsförmigen Auslagerung wird hier die Kapitalmarktentwicklung genutzt. Läuft der Kapitalmarkt nicht entsprechend der vorgenommenen Annahme, so muss das Unternehmen gegebenenfalls nachschießen.

Praxisbeispiel: Ablösung von Verpflichtungen durch eine kapitalmarktorientierte Auslagerung auf die Sparkassen Pensionsfonds AG

Die GmbH schließt einen Pensionsfondsvertrag zur Übernahme der Verpflichtungen ab und dotiert diesen Vertrag mit einem Einmalbeitrag. Im Gegenzug übernimmt der Pensionsfonds alle zugesagten Versorgungsleistungen. Die Zuwendungen an den Pensionsfonds sind als Betriebsausgaben abzugsfähig. Der Ertrag aus der Auflösung der Pensionsrückstellung wird mit dem Einmalbetrag verrechnet, sodass die Rückstellung im ersten Jahr aufwandsneutral aufgelöst wird. Der Mehraufwand an den Pensionsfonds, der über die Höhe der Pensionsrückstellung hinausgeht, bringt dem Unternehmen nach den Vorschriften von Paragraph 4e EStG, über zehn Jahre verteilt, einen laufenden steuerlichen Vorteil.

Details zum Pensionsfondsvertrag

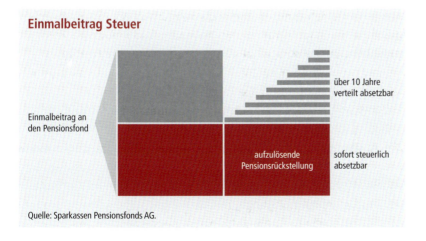

Quelle: Sparkassen Pensionsfonds AG.

Im Fokus steht beim Sparkassen-Pensionsfonds der kapitalmarktorientierte Tarif „TransferRente Vario", der als nichtversicherungsförmige Variante auf Garantien verzichtet und höhere Renditechancen bietet. Derzeit wird ein Rechnungszins von 2,25 bis 2,75 Prozent bei rentennahen Jahrgängen verwendet.

Auslagerung der erdienten GGF-Versorgung

Praxisbeispiel: Ein beherrschender Gesellschafter-Geschäftsführer ist 61 Jahre alt und möchte die erdiente Versorgung auslagern, aus der Bilanz der GmbH entfernen und das Unternehmen verlassen. Er war mit 30 in die Firma gekommen und hatte mit 46 eine Pensionszusage bekommen, die ab 65 monatlich 2.500 Euro Altersrente und 60 Prozent Hinterbliebenenrente vorsieht. Bislang sind aus der Versorgung 2.152 Euro Monatsrente (1.291 Euro Witwenrente) erdient worden. Die Auslagerung der Ansprüche über einen Einmalbeitrag der „TransferRente Vario" kostet 499.475 Euro. Kalkuliert wurde dies auf Basis der Heubeck-Sterbetafeln mit einer mittleren Lebenserwartung und einem langfristig wahrscheinlichen Rechnungszins, der vom Alter und der Dauer bis zum geplanten Rentenbeginn abhängt (hier: 2,25 Prozent). Der Einmalbeitrag beinhaltet eine Schwankungsreserve von 10,0 Prozent für den Wert der Kapitalanlage, um eine temporäre Unterdeckung zu vermeiden.

Ergebnis: Es werden 499.475 Euro als Einmalbeitrag an den Pensionsfonds gezahlt. 257.600 Euro sind sofort steuerlich abzugsfähig, da sie bereits erdient sind („Past Service"). Der Ertrag aus der Auflösung der Pensionsrückstellung wird mit dem Einmalbetrag verrechnet, so dass die Rückstellung im ersten Jahr aufwandsneutral aufgelöst wird. Die verbleibenden 241.875 Euro Mehraufwand durch die Auslagerung werden auf die folgenden zehn Jahre verteilt. Das heißt, dass im Folgejahr und in neun weiteren Jahren jeweils 24.187 Euro als Betriebsausgaben angesetzt werden können nach Paragraph 4e EStG.

Vorteile aus einer kapitalmarktorientierten Auslagerung

Die Auslagerung erfolgt durch einen Einmalbeitrag, der in einen einzigen Investmentfonds angelegt wird, um an einer positiven Entwicklung des Fonds zu partizipieren. Schwankungen im Wertverlauf des Versorgungsvermögens sind aber möglich und können gegebenenfalls Nachschüsse vom Unternehmen erforderlich machen. Um dieses Risiko zu minimieren, wird die Schwankungsreserve einkalkuliert.

Grund: Durch den kapitalmarktorientierten Ansatz treten Schwankungen im Wert der Kapitalanlage auf, die trotz sorgfältiger Kalkulation des Einmalbeitrags zu einer temporären Unterdeckung des Versorgungsvermögens führen könnten. Daher ermittelt der Pensionsfonds eine individuelle Schwankungsreserve. Diese dient als Kapitalpuffer, der das Unternehmen vor Nachschüssen schützen soll. Die Schwankungsreserve glättet kurzfristige Kapitalmarktschwankungen und wird langfristig nicht zur Bedeckung der Versorgungsverpflichtungen benötigt. Überdeckungen verstärken den Sicherheitspuffer im Pensionsfonds oder fließen an die GmbH zurück.

Wie geht es mit Pensionsfonds regulatorisch weiter?

Das Bundesministerium für Arbeit und Soziales (BMAS) will die Vorschriften für Pensionsfonds und für Rückdeckungsversicherungen lockern. Pensionsfonds soll auch in der Rentenbezugsphase die Nichtversicherungsförmigkeit gestatten werden – falls eine Mindestrente festgelegt wird, für die der Arbeitgeber einsteht. Bislang ist die Möglichkeit, eine nichtversicherungsförmige Variante zu wählen, auf die Anwartschaftsphase beschränkt. Mit der angepeilten Gesetzesänderung, die nicht vor 2016 in Kraft treten dürfte, könnten Pensionsfonds auch im Fall von Beitragszusagen mit Mindestleistung die Rentenbezugsphase nichtversicherungsförmig gestalten. Die Folge: Der Versorgungsberechtigte erhält für die Rentenbezugsphase keine garantierte Rente mehr zugesagt. Dadurch kann der Pensionsfonds eine risikoreichere Kapitalanlagepolitik mit der Chance auf höhere Erträge verfolgen. Um das Verlustrisiko in Grenzen zu halten, muss im Gegenzug eine Mindestrente zugesagt werden.

Neue Gesetzgebung in Vorbereitung

Das neue Modell soll auf Pensionspläne beschränkt bleiben, die auf einer kollektivrechtlichen Vereinbarung beruhen. Das gesetzgeberische Verfahren lief noch bei Redaktionsschluss. Es lohnt sich daher, die Fachpresse weiter zu verfolgen. ●

Die GGF-Versorgung bei Übernahmen

Strategien für mittelständische Unternehmen aus der Nähe betrachtet

Von Bob Neubert und Jens Thomas Otto

Bei einem Unternehmensverkauf oder bei der Fusion zweier Unternehmen können sich hohe, nicht ausfinanzierte Pensionsverpflichtungen als Dealbreaker erweisen. Aber auch ohne Unternehmensverkäufe können Pensionslasten Unternehmen in die Knie – sprich, in die Insolvenz – zwingen. Umso wichtiger ist ein aktives Management der Pensionsverpflichtungen. Eine mögliche Stellschraube kann hier unter Umständen die Auslagerung der Pensionsverpflichtungen darstellen. Ihre Auslagerung ist in verschiedenen Formen möglich. Der finanzielle Aufwand kann dabei zuweilen immens sein.

Sowohl bei der Auslagerung der Pensionsverpflichtungen auf einen Pensionsfonds als auch bei der Auslagerung auf andere Gesellschaften kommt es auf die richtige Planung und Einschätzung der steuerlichen und finanziellen Risiken und Belastungen an. Anhand des nachfolgenden Ausgangssachverhalts werden verschiedene Auslagerungswege aufgezeigt und unter steuerlichen Aspekten gewürdigt.

Ausgangssachverhalt

Rahmendaten für ein Beispiel

Ein Investor möchte die Y GmbH kaufen. An der Y GmbH sind zwei Gesellschafter-Geschäftsführer mit jeweils 50 Prozent beteiligt. Die Gesellschafter sind beide 50 Jahre alt. Die Y GmbH hat Pensionsverpflichtungen gegenüber den beiden Gesellschaftern in Höhe von 2,5 Millionen Euro in der Handelsbilanz passiviert. In der Steuerbilanz wurde eine entsprechende Rückstellung mit 1,8 Millionen Euro bilanziert. Der aktuelle Wiederbeschaffungswert beträgt 3 Millionen Euro. Die Pensionsverpflichtungen sind nicht durch eine Rückdeckungsversicherung abgesichert worden. Der Investor ist nicht bereit, die Pensionsverpflichtungen zu übernehmen.

Die Y GmbH hat unter anderem folgende Optionen, die Pensionsverpflichtungen auszulagern:

Pensionsauslagerung durch einen Asset-Deal

Bei der Auslagerung im Wege des Asset-Deals werden die einzelnen Wirtschaftsgüter (Aktiva) der Gesellschaft an den Investor veräußert bzw. Verbindlichkeiten (Passiva) durch diesen übernommen. Nicht übernommen werden die Pensionsverpflichtungen. Diese verbleiben im obengenannten Beispielsfall weiterhin in der Y GmbH. Die Ausfinanzierung der Pensionsverpflichtung erfolgt durch den Cashzufluss aus der Veräußerung der Assets. Sollten diese Mittel nicht ausreichen, müssten weitere Aktiva (Bargeld, Wertpapiere et cetera) zurückbehalten werden. Im Prinzip werden bei diesem Modell nicht die Pensionsverpflichtungen ausgelagert, sondern die eigentlichen Vermögenswerte des Unternehmens, unter Aufdeckung ihrer stillen Reserven.

Die Y GmbH würde somit als reine „Versorgungs-GmbH" für die bisherigen Gesellschafter-Geschäftsführer weiter bestehen. In der Fachliteratur (vgl. Hasselberg, GmbHR 2003, 992, 996; Harle/Kulemann, GmbHR 2005, 1275, 1287; Förster, DStR 2006, 2149, 2157) wird teilweise darauf hingewiesen, dass im Falle eines Asset-Deals unter Zurückbehaltung der Pensionsverpflichtung gegenüber dem Gesellschafter-Geschäftsführer die Rumpf-GmbH als reine „Versorgungs-GmbH" für den Gesellschafter-Geschäftsführer weiter bestehen könne und die Pensionszahlungen in diesem Fall aus dem Veräußerungserlös der Wirtschaftsgüter und/oder einer – ebenfalls zurückbehaltenen – Rückdeckungsversicherung finanziert werden könnten. Die späteren Pensionszahlungen der GmbH seien beim Gesellschafter-Geschäftsführer als Versorgungsbezüge (Arbeitslohn) voll steuerpflichtig und bei der GmbH als Betriebsausgabe abzugsfähig.

„Versorgungs-GmbH"

Problematisch sind allerdings die Fälle, in denen – wie im Falle der Y GmbH – die betroffenen Gesellschafter-Geschäftsführer im Anschluss an den Asset-Deal nicht sofort in die Auszahlungsphase (Pensionszahlungen) übergehen.

Weitere Maßnahmen hinsichtlich der Geschäftsführergehälter

Aufgrund der Tatsache, dass die Y GmbH im Falle eines Asset-Deals über keinen eigenen Geschäftsbetrieb mehr verfügen würde, sind hinsichtlich der Geschäftsführergehälter aus steuerlicher Sicht weitere Maßnahmen erforderlich. Der Aufgabenbereich und Risikoumfang der Geschäftsführer der Y GmbH wird nach Abschluss des Asset-Deals deutlich reduziert. Die Geschäftsführertätigkeit beschränkt sich dann nämlich nur noch auf die Verwaltung der Versorgungsansprüche beziehungsweise der vorhandenen liquiden Mittel und Bankguthaben. Die Geschäftsführergehälter müssen dementsprechend angepasst – sprich: reduziert – werden. Die Gehälter wären dergestalt zu bemessen, dass sie hinsichtlich des veränderten Aufgabenkreises und Risikoumfanges der Geschäftsführertätigkeit letztlich angemessen erscheinen. Der Umfang der Reduzierung müsste anhand des sogenannten Fremdvergleichs ermittelt werden. Im Rahmen des Fremdvergleichs werden Geschäftsführergehälter vergleichbarer Unternehmen herangezogen. Unterbleibt eine Anpassung, besteht die Gefahr, dass in Höhe des überhöhten und damit unangemessenen Teils des Geschäftsführergehalts eine verdeckte Gewinnausschüttung (vGA) anzunehmen ist. Es käme somit zu einer nachträglichen Erhöhung des steuerlichen Gewinns der GmbH und, daraus resultierend, zu einer erhöhten Steuerbelastung von rund 30 Prozent Körperschaft- und Gewerbesteuer. Auf Ebene des Gesellschafter-Geschäftsführers würde der unangemessene Teil der Tätigkeitsvergütung nachträglich in Kapitaleinkünfte umqualifiziert werden.

Durch die Reduzierung des Gehalts ergibt sich für die betroffenen Gesellschafter-Geschäftsführer somit eine Versorgungslücke, die anderweitig geschlossen werden muss. Innerhalb der Y GmbH können die ursprünglich zugesagten Pensionsansprüche nicht mehr erdient werden. Faktisch sind die bislang erreichten Pensionsanwartschaften mehr oder weniger eingefroren.

Fraglich ist zudem, ob der Vorgang bei den betreffenden Gesellschafter-Geschäftsführern zu einem steuerpflichtigen Zufluss von Arbeitslohn führt. Dies wäre deshalb denkbar, weil der Vorgang dem eines teilweisen Verzichts eines Gesellschafter-Geschäftsführers auf die ihm erteilte Pensionszusage – jedenfalls bezüglich des noch nicht erdienten Teils des Pensionsanspruchs, sogenannter Future-Service – sehr ähnlich ist und letztlich dieselben Wirkungen entfaltet. Es wird nämlich – ebenso wie bei einem Verzicht auf den Future-Service – die bislang erdiente Pensionszusage bis zum Renteneintritt eingefroren. Ein Verzicht auf den Future-Service kann allerdings versicherungsmathematisch so austariert werden, dass eine verdeckte Einlage von 0 Euro resultiert und mithin kein Zufluss von Arbeitslohn entsteht.

Das Einfrieren der Pensionszusage auf dem bislang erdienten Niveau im Falle eines Asset-Deals mit anschließender Herabsetzung der künftigen Geschäftsführerbezüge dürfte somit nicht zu einem steuerpflichtigen Zufluss von Arbeitslohn auf Ebene der Geschäftsführer führen.

Abschließend muss bei der Y GmbH nach dem Asset-Deal noch die Pensionsrückstellung betrachtet werden. Die Pensionsrückstellung muss nämlich zum Ende des Geschäftsjahres der Transaktion neu berechnet werden. In die bilanzierte und nach Paragraph 6a EStG bewertete Pensionsrückstellung sind sowohl die bereits erdienten (Past-Service) als auch die noch zu erdienenden Pensionsansprüche (Future-Service) eingeflossen. Der Future-Service wird sich allerdings aufgrund des niedrigeren – nach unten angepassten – Gehalts deutlich verringern, so dass es hierbei voraussichtlich zu einer erheblichen Minderung der Pensionsrückstellung käme. Der aus der notwendigen Anpassung der Pensionsrückstellung resultierende Ertrag wäre auf Ebene der GmbH steuerpflichtig.

Übertragung der Pensionsverpflichtungen auf einen Pensionsfonds

Eine weitere Möglichkeit für die Y GmbH, sich von der Pensionsverpflichtung zu befreien, besteht in der Übertragung auf einen Pensionsfonds gegen Einmalzahlung. Der Pensionsfonds räumt den betroffenen Arbeitnehmern (Gesellschaftern) wiederum einen eigenen Rechtsanspruch auf Versorgungsleistungen ein.

Übertragung auf einen Pensionsfonds gegen Einmalzahlung

Die Einmalzahlung an den Pensionsfonds richtet sich nach dem tatsächlichen Wiederbeschaffungswert der Pensionsverpflichtungen. Der Wiederbeschaffungswert liegt regelmäßig sowohl über dem Wert der Pensionsrückstellung in der Steuer- als auch in der Handelsbilanz. Im Falle der Y GmbH beträgt der Wiederbeschaffungswert 3 Millionen Euro.

Konsequenzen aus der Übertragung

Steuerlich würden sich durch die Übertragung bei der Y GmbH beziehungsweise bei den betroffenen Gesellschaftern folgende Konsequenzen ergeben:

Bei der Y GmbH resultiert aus dem Wegfall der Pensionsverpflichtung ein steuerlicher Ertrag (1,8 Millionen Euro), die Beiträge an den Pensionsfonds (3 Millionen Euro) stellen Betriebsausgaben dar.

Im Falle einer Übertragung an einen Pensionsfonds können lediglich bereits erdiente Ansprüche (Past-Service) übertragen werden. Wirtschaftlich besteht das Problem, dass die auf den Past-Service reduzierte Pensionsrückstellung gemäß Paragraph 6a EStG nicht ausreichen wird, um die vom Fonds geforderte Einmalzahlung abzudecken. Zahlt die Y GmbH lediglich den auf den Past-Service reduzierten Buchwert der Pensionsrückstellung nach Paragraph 6a EStG in den Fonds ein, reicht das Versorgungsvolumen nicht aus, um den zivilrechtlichen Pensionsanspruch der beiden Gesellschafter zu decken. Bei der Y GmbH verbliebe in einem solchen Fall eine Nachschusspflicht, die in der Bilanz als solche auszuweisen wäre.

Unter der Prämisse, dass die Y GmbH den erforderlichen Einmalbetrag mittels Cashzahlung auf den Pensionsfonds aufbringen könnte, würde dies bei den betroffenen Gesellschaftern grundsätzlich einen Zufluss von steuerpflichtigem Arbeitslohn auf die Einmalzahlung zum Zeitpunkt der Übertragung auf den Pensionsfonds auslösen. Die Besteuerung kann allerdings auf diesen Zeitpunkt verhindert werden. Der Arbeitslohn ist nach Paragraph 3 Nummer 66 EStG steuerfrei, sofern die Y GmbH einen Antrag gestellt hat, dass die Zahlung an den Pensionsfonds, soweit sie die aufzulösende Pensionsrückstellung nach Paragraph 6a EStG übersteigt, auf die nächsten zehn Jahre gleichmäßig verteilt als Betriebsausgabe abgezogen wird.

Es stellt sich die Frage, was mit den noch nicht erdienten Ansprüchen (Future-Service) geschieht. Aufgrund der Tatsache, dass die Gesellschafter ihre zukünftigen Pensionsansprüche nach Verkauf der Y GmbH nicht mehr erdienen können, bietet sich ein Verzicht auf den Future-Service an.

Ein Verzicht der Gesellschafter auf einen Teil ihrer bereits erdienten Pensionsansprüche würde zu einem fiktiven Lohnzufluss und einer verdeckten Einlage in die GmbH führen.

Ein Verzicht auf den Future-Service stellt nach Ansicht der Finanzverwaltung ebenfalls grundsätzlich eine verdeckte Einlage und damit einen fiktiven Lohnzufluss dar. Der Wert der verdeckten Einlage kann sich bei versicherungsmathematischer Austarierung jedoch auf 0 Euro belaufen. Das bedeutet, dass bei den Gesellschaftern keine Besteuerung ausgelöst wird.

Die Besteuerungsfolgen würden sich somit auf Ebene der Gesellschafter erst in der Auszahlungsphase ergeben (nachgelagerte Besteuerung).

In der Theorie ist dies sicherlich die einfachste Variante, ein Unternehmen von Pensionslasten zu befreien. Das eigentliche Hindernis, diesen Weg zu beschreiten, ist regelmäßig die fehlende Ausfinanzierung der Einmalzahlung an den Pensionsfonds.

Alternativ wäre hier eine Übertragung auf einen nicht-versicherungsförmigen Pensionsfonds denkbar. Der Vorteil des nicht-versicherungsförmigen Pensionsfonds liegt darin, dass die Finanzierung abweichend vom Zahlungsplan entweder per Einmalzahlung oder zeitlich befristeter laufender Zahlung nachträglich erfolgen kann. Das Deckungskapital wird abweichend vom versicherungsförmigen Pensionsfonds mit modifizierten Kennzahlen berechnet. Dieser Vorteil wird aber im Falle der Unterdeckung in der Auszahlungsphase zum Nachteil. Für den nicht gedeckten Anteil besteht eine Nachschussverpflichtung des Arbeitgebers. Die Nachschussverpflichtung ergibt sich aus der Tatsache, dass keine Leistungsgarantie zulasten des nicht-versicherungsförmigen Pensionsfonds besteht.

Nicht-versicherungsförmiger Pensionsfonds als Alternative

Übertragung auf eine Unterstützungskasse

Alternativ zur Übertragung auf einen Pensionsfonds bietet sich die Möglichkeit an, die Pensionen auf eine Unterstützungskasse auszulagern. Der Finanzierungsaufwand ist allerdings auch hier erheblich beziehungsweise ist mit der Pensionsfondslösung vergleichbar. Der eigentliche Unterschied zwischen Pensionsfonds und Unterstützungskasse besteht in der Tatsache, dass die Unterstützungskasse dem betroffenen Arbeitnehmer/Gesellschafter keinen Rechtsanspruch auf Versorgungsleistungen einräumt.

Unterscheidung zwischen rückgedeckter und pauschaldotierter Unterstützungskasse

Zu unterscheiden ist zwischen der rückgedeckten und der pauschaldotierten Unterstützungskasse. Die pauschaldotierte Unterstützungskasse ist in ihrer Vermögensanlage frei. Die rückgedeckte Unterstützungskasse investiert hingegen immer in Rückdeckungsversicherungen.

Diese Unterscheidung hat auch in steuerlicher Hinsicht Konsequenzen. Im Falle der rückgedeckten Unterstützungskasse könnte die Y GmbH lediglich Beiträge für Versorgungsanwärter bis zur Höhe der Jahresprämie für die Rückdeckungsversicherung steuerlich als Betriebsausgaben geltend machen. Die Rückdeckungsversicherung kann allerdings nicht in beliebiger Höhe abgeschlossen werden. Die Rückdeckungsversicherung muss in einem kongruenten Verhältnis zur Pensionszusage stehen. Wird die Unterstützungskasse durch eine Einmalzahlung im Rahmen der Auslagerung finanziert, kann diese Einmalzahlung ebenfalls nur bis zur Höhe der Jahresprämie für die Rückdeckungsversicherung als Betriebsausgabe geltend gemacht werden.

Erfolgt die Ausfinanzierung beziehungsweise Rückdeckung erst in der Leistungsphase, können Einmalprämien hingegen unbegrenzt als Betriebsausgabe abgezogen werden.

Bei der pauschaldotierten Unterstützungskasse ist der Betriebsausgabenabzug auf 25 Prozent der jährlichen Versorgungsleistungen beschränkt. Auch hier gilt, dass Einmalzahlungen für Versorgungsanwärter lediglich mit 25 Prozent der jährlichen Versorgungsleistungen als Betriebsausgaben berücksichtigt werden können.

In der Leistungsphase können bis zur Höhe des notwendigen Deckungskapitals auch Einmalzahlungen an die Unterstützungskasse steuerlich als Betriebsausgaben abgezogen werden.

Entscheidender Nachteil sowohl bei einer rückgedeckten wie auch bei der pauschaldotierten Unterstützungskasse ist, dass bei Versorgungsanwärtern tatsächlich nur die Ausfinanzierung der zukünftigen – noch zu erdienenden – Leistungen als Betriebsausgaben berücksichtigt werden kann. Die erdienten Ansprüche, die letztlich mit einer Einmalzahlung im Auslagerungsfall finanziert werden, verpuffen.

Auf Seiten der zukünftigen Versorgungsempfänger, hier also der beiden Gesellschafter der Y GmbH, hätte die Übertragung auf die Unterstützungskasse keine Auswirkungen. Die Übertragung der Pensionslast auf die Unterstützungskasse bewirkt bei ihnen keinen Lohnzufluss, und somit wird keine Besteuerung ausgelöst. Erst in der Auszahlungsphase kommt es zu der nachgelagerten Besteuerung.

Übertragung auf eine „Pensionärs-GmbH"

Die Gesellschafter der Y GmbH haben das Pensionsalter noch nicht erreicht. Insofern ist davon auszugehen, dass sie einer weiteren Tätigkeit nachgehen müssen, um etwaige Versorgungslücken zu schließen. Gründen diese Gesellschafter zum Beispiel eine neue GmbH, bei der sie wiederum als Gesellschafter-Geschäftsführer tätig werden, ergibt sich die Möglichkeit, die Pensionsverpflichtungen quasi auf diese neue GmbH (nachfolgend P GmbH) zu übertragen.

Versorgungslücken schließen

Denkbar wäre, dass der neue Arbeitgeber der beiden Gesellschafter, die P GmbH, diesen eine wertgleiche unmittelbare Pensionszusage erteilt. Die bestehenden Anrechte aus der unmittelbaren Pensionszusage bei der Y GmbH sollen in diesem Zusammenhang auf die P GmbH übertragen werden. Zum Zwecke der Ausfinanzierung wird ein Vermögenswert von 3 Millionen Euro von der Y GmbH auf die P GmbH übertragen.

Die Y GmbH muss in diesem Fall die Pensionsrückstellung ergebniswirksam auflösen. Gleichzeitig wird der Betrag von 3 Millionen Euro als Aufwand steuerwirksam im Übertragungsjahr berücksichtigt. Da ein Ausnahmefall im Sinne von Paragraph 4f Absatz 1 EStG vorliegt, kommt es zu keiner Verteilung des Übertragungsaufwands.

Die P GmbH bilanziert die übernommenen Vermögensgegenstände im Zeitpunkt der Übertragung gewinnneutral. Im darauffolgenden

Jahr hat die P GmbH allerdings eine Rückstellung für die Pension entsprechend der steuerlichen Vorschriften zu bilden. Im Beispiel entspricht dies einem angenommenen Wert von 1,8 Millionen Euro. Somit kommt es zu einem Mehrergebnis von 1,2 Millionen Euro. Unklar ist derzeit, ob hiervon 1.112.000 Euro in eine gewinnmindernde Rücklage eingestellt werden können, die über die folgenden 14 Wirtschaftsjahre aufzulösen ist, und zwar mindestens mit einem Vierzehntel pro Jahr oder höher. Insofern ist eine verbindliche Abstimmung mit der Finanzverwaltung vor Übertragung mehr als sinnvoll.

In der Handelsbilanz kommt die steuerrechtliche Ansatzbeschränkung nicht zum Tragen. Die Pensionsverpflichtung ist mit ihrem handelsrechtlichen Wertansatz auszuweisen.

Auf Ebene der Gesellschafter wird grundsätzlich der Zufluss von Arbeitslohn aus diesem Vorgang unterstellt. Allerdings ist dieser steuerfrei, sofern die Gesellschafter kein Wahlrecht hatten, anstelle der Übertragung eine Abfindung in Anspruch zu nehmen. Ferner soll die Steuerfreiheit nach aktueller Auffassung der Finanzverwaltung auch dann ausgeschlossen sein, wenn sich die entsprechenden Gesellschafter bereits in der Auszahlungsphase, also im Ruhestand befinden.

Fazit

Kein Königsweg für die Auslagerung von Pensionen

Es wird deutlich, dass es den einen Königsweg bei der Auslagerung von Pensionen nicht gibt. Die Frage nach den Möglichkeiten, welche Wege beschritten werden können, hängt primär davon ab, ob die vorhandenen Vermögenswerte ausreichen, um eine Auslagerung der Pensionsverpflichtungen, zum Beispiel auf einen Pensionsfonds, finanzieren zu können. Sollten ausreichende Mittel vorhanden sein – das heißt, die Ausfinanzierung der Pensionsverpflichtungen wurde aktiv und erfolgreich gemanagt –, dann stellt sich die Frage der Notwendigkeit einer Auslagerung.

Im Regelfall ergibt sich allerdings bei Unternehmen, die Direktzusagen erteilt haben, eine mittlere bis größere Finanzierungslücke. Hier stellt die Asset-Deal-Lösung grundsätzlich ein sinnvolles Auslagerungsinstrument dar. Der Kaufpreis für die Einzelwirtschaftsgüter schließt im günstigsten Fall die Finanzierungslücke. Bei optimaler Ausgestaltung kommt es bei den verbleibenden Gesellschaftern mit einer Pensionszusage zu keiner Besteuerung im Zeitpunkt der Auslagerung. Bei Versorgungsanwärtern stellt sich aber die Frage, wie die Versorgungslücke für den Zeitraum zwischen dem Asset-Deal und dem Eintritt in die Pensionsphase geschlossen wird.

Um die Problematik der Auslagerung von Pensionsverpflichtungen zu vermeiden, bietet es sich bei Neuzusagen an, den direkten Weg über eine Unterstützungskasse zu gehen. •

Pensionen bei ausgewählten börsennotierten Familienunternehmen im Spannungsfeld niedriger Zinsen

Abzinsungssatz und Rentenzahlungen, Rendite auf das Planvermögen und Nachschüsse: Der Ausfinanzierungsgrad der Pensionsverpflichtungen bei Familienunternehmen unterliegt erheblichen Schwankungen – eine Untersuchung.

Von Winfried Becker

Pensionsrückstellungen im Fokus der externen Analyse

Anhaltendes Niedrigzinsniveau an den Kapitalmärkten

Die betriebliche Altersversorgung wurde zuletzt durch das anhaltend niedrige Zinsniveau an den Kapitalmärkten stark geprägt. Die für die Diskontierung relevanten Rechnungszinsen erreichten 2014 ein neues Rekordtief. Einerseits steigen dadurch die Pensionsverpflichtungen, andererseits wird es für die Unternehmen schwieriger, eine angemessene Verzinsung bei den Kapitalanlagen zu erzielen. Dies ist zunehmend eine Herausforderung. Die Bilanzposition „Pensionsrückstellungen" oder „Leistungen nach Beendigung des Arbeitsverhältnisses" ist in deutschen Jahresabschlüssen seit vielen Jahren von hoher Bedeutung und damit auch aus externer, analytischer Sicht interessant. Seit dem Geschäftsjahr 2013 haben börsennotierte Bilanzersteller die überarbeiteten Regeln des IAS 19 anzuwenden. Bei den jährlichen Anpassungen der IAS-Vorschriften gab es bereits einige kleinere Modifizierungen bzw. Klarstellungen (zum Beispiel zu freiwillig geleisteten Arbeitnehmerbeiträgen), die zur Anwendung kamen.

IAS 19 gliedert die Pensionszusagen an die Mitarbeiter grundsätzlich in zwei Gruppen: Beitragszusagen (englisch: Defined Contributions) sind Zahlungen des Unternehmens an ein externes Versorgungswerk, und für die Unternehmen entstehen nach Leistung dieser Zahlungen keine weiteren Verpflichtungen mehr. Bei der zweiten Gruppe, den Leistungszusagen (englisch: Defined Benefit), sind die Unternehmen dagegen wirtschaftlich stärker eingebunden. Insbesondere Veränderungen der für die Ermittlung relevanten biometrischen und finanziellen Parameter führen zu Schwankungen im Ausweis der Pensionsrückstellungen. Für den externen Analysten ist unter anderem von Interesse, wie die Pensionsrückstellungen ermittelt werden und wie ihre Finanzierung erfolgt. Weiterhin ist von Interesse, wie sich Veränderungen auf die relevanten Finanzkennzahlen und die Unternehmensbewertung auswirken.

Pensionsrückstellungen bei börsennotierten Familienunternehmen

Im vorliegenden Beitrag wurde für eine Auswahl börsennotierter Familienunternehmen das Thema Pensionsrückstellungen anhand öffentlich verfügbarer Informationen analysiert. Die Aussagen zu einzelnen Unternehmen basieren nicht auf einer umfassenden, tiefgehenden Fundamentalanalyse, sondern sollen bei isolierter Betrachtung einige Aspekte der betrieblichen Altersversorgung verdeutlichen. Nachfolgend wird zunächst die Vorgehensweise erläutert, im Anschluss werden die einzelnen Analyseergebnisse kommentiert.

Thema Pensionsrückstellungen

Auswahlprozess bezüglich der Unternehmen

Der Ausgangspunkt für die Analyse ist die aktuelle Zusammensetzung des CDAX mit 438 Gesellschaften. Ausgehend von dieser Grundgesamtheit wurden die Familienunternehmen über mehrere Stufen herausgefiltert:

- 1. Stufe: vollständige Datensätze
- 2. Stufe: nur Industriewerte
- 3. Stufe: Familienunternehmen

Da die Auswertung mit Hilfe der FactSet-Datenbank vorgenommen wurde, wurden in einem ersten Schritt nur solche Unternehmen berücksichtigt, für die vollständige Datensätze vorhanden waren. Bei Unternehmen mit einer niedrigen Marktkapitalisierung (zum Beispiel kleiner 50 Millionen Euro) ist dies oft nicht der Fall. Nach der Selektion verblieben noch 147 Unternehmen. Im zweiten Schritt wurden nur Industriewerte berücksichtigt. Banken, Versicherungen,

Immobilienunternehmen und Finanzdienstleister wurden ebenfalls herausgefiltert, da sie eine grundsätzlich andere Darstellung von Bilanz beziehungsweise Gewinn- und Verlust-Rechnung haben und somit ein gemeinsames sinnvolles Screening nicht möglich ist. Nach dieser Stufe verblieben noch 131 Unternehmen. Schließlich wurde die verbliebene Liste dann nach dem Kriterium „Familienunternehmen" selektiert. Danach blieben dann noch 53 Unternehmen, für die wir die nachfolgenden Auswertungen vorgenommen haben.

Begriff Familienunternehmen

Der Begriff des Familienunternehmens wird in vielfältiger Weise verwendet und in Deutschland oft mit mittelständischen Unternehmen gleichgesetzt. Nach Prüfung verschiedener Definitionen[1] wurde für die hier vorliegende Analyse festgelegt, dass zwei der nachfolgenden drei Kriterien erfüllt sein sollten:

- Mitglieder der Gründerfamilie oder deren Nachfahren sollten direkt oder indirekt mindestens 25 Prozent am stimmberechtigten Kapital halten.
- Mitglieder der Gründerfamilie oder deren Nachfahren sollten aktiv in der Unternehmensführung mitarbeiten.
- Mitglieder der Gründerfamilie oder deren Nachfahren sollten aktiv in einem Kontrollgremium vertreten sein.

Pensionsverpflichtungen mit deutlichem Zuwachs

Die Ermittlung der Pensionsverpflichtungen (Defined Benefit Obligations, kurz DBOs) ist ein wichtiger Bestandteil im Rahmen der Berechnung der Pensionsrückstellungen eines Unternehmens. Für die Auswahl von Familienunternehmen (vollständige Auflistung aller Unternehmen siehe Abbildung 5 auf Seite 150) zeigen sich seit dem Jahr 2010 starke Schwankungen bei den Pensionsverpflichtungen (siehe Abbildung 1 auf Seite 145).

Nachdem die Summe der Pensionsverpflichtungen 2013 um 3,8 Prozent gesunken war, ergibt sich für das Jahr 2014 wieder ein substan-

---

[1] Stiftung Familienunternehmen (Hrsg.): Börsennotierte Familienunternehmen in Deutschland, bearbeitet vom Center of Entrepreneurial and Financial Studies (CEFS) der Technischen Universität München (TUM), Oktober 2009, dort Verweise auf weitere Studien.

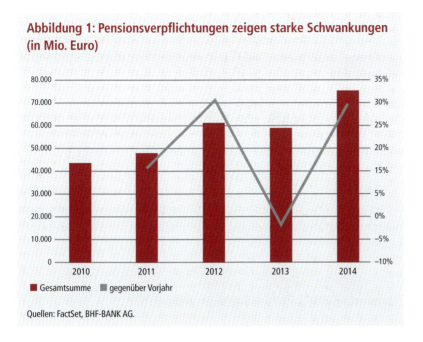

Abbildung 1: Pensionsverpflichtungen zeigen starke Schwankungen (in Mio. Euro)

Quellen: FactSet, BHF-BANK AG.

zieller Anstieg um fast 29 Prozent. Dieser Anstieg ist ganz wesentlich auf den deutlich gesunkenen Abzinsungssatz, insbesondere in Deutschland, zurückzuführen. Ende 2014 lag der Abzinsungssatz, je nach angewendetem Verfahren, in einem Bereich zwischen 1,7 und 2,6 Prozent[2], verglichen mit einer Bandbreite zwischen 3,3 und 3,8 Prozent im Jahr zuvor. Bei international tätigen Unternehmen ist daran zu denken, dass sich in einigen Ländern, wie zum Beispiel in Brasilien, im Vergleich zu Deutschland deutlich höhere Abzinsungssätze ergeben. Dies ist bei der Interpretation von durchschnittlichen Abzinsungssätzen zu beachten.

Für 2014 lag der Mittelwert der Pensionsverpflichtungen bei 1.296,6 Millionen Euro, der Medianwert bei nur 69,0 Millionen Euro. Dies deutet auf eine große Streuung der Einzelwerte hin. 2014 reicht die Spanne von 0,3 Millionen Euro für die NorCom Information Technology AG bis zu 38.939,0 Millionen Euro für Volkswagen.

Mittelwert und Medianwert der Pensionsverpflichtungen

---

[2] Quelle: G. Thurnes, Chr. Rasch, A. Geilenkothen: Betriebliche Altersversorgung im Jahresabschluss nach nationalen und internationalen Bewertungsgrundsätzen, Bewertungsrahmen zum 31.12.2014, in: Der Betrieb Heft 51-52 vom 19.12.2014 und Aktualisierung in Heft 03 vom 16.01.2015.

Im Rahmen der unterjährigen Berichterstattung für das Jahr 2015 ist zu beobachten, dass einige Unternehmen die Abzinsungssätze wieder angehoben haben. Dies ist eine Indikation dafür, dass die Pensionsverpflichtungen wieder sinken könnten.

Bezogen auf die Gesamtsumme, haben die Pensionsverpflichtungen einen Anteil von 10,9 Prozent an der Bilanzsumme. Auch hier gibt es eine große Streuung. Der höchste Anteil wird bei Wacker Chemie mit 50,1 Prozent, also deutlich über dem Durchschnitt, erreicht, der niedrigste Wert bei Allgeier mit 0,8 Prozent. Bei Wacker Chemie übersteigen die Verpflichtungen 2014 von 3.500,3 Millionen Euro auch deutlich das ausgewiesene Eigenkapital von 1.946,5 Millionen Euro.

Planvermögen 2014 im Aufwärtstrend

Steigende Planvermögen der Unternehmen

Ebenso wie die Pensionsverpflichtungen sind 2014 auf kumulierter Basis auch die Planvermögen der Unternehmen gestiegen. Der Zuwachs fällt mit 15,5 Prozent deutlich höher aus als 2013 mit vergleichsweise niedrigen 4,4 Prozent. Insgesamt ergibt sich seit 2010 damit ein absolut steigender Trend.

Die 53 Unternehmen konnten das kumulierte Planvermögen um rund 3,6 Milliarden Euro auf 27 Milliarden Euro steigern. Die Rahmendaten an den Finanzmärkten boten dafür gute Voraussetzungen. Insbesondere die Anleihemärkte zeigten eine gute Performance. So konnte der iBoxx Corporates 2014 auf Jahressicht um 6,8 Prozent zulegen, während der MSCI World lediglich um 2,9 und der DAX30 um 2,7 Prozent gestiegen sind. Der Anstieg ergibt sich aus einer Mischung von Neudotierungen und Erträgen auf das Planvermögen. Bei lediglich sieben Unternehmen waren Rückgänge im Planvermögen zu verzeichnen. Absolut und kumuliert ergab sich ein Rückgang von 20,6 Millionen Euro. Dazu wiederum hat allein Fuchs Petrolub 18,9 Millionen Euro beigetragen. Unter den 46 Unternehmen, die ihre Planvermögen steigern konnten, ragt Volkswagen mit einem Zuwachs von 1,25 Milliarden Euro heraus.

2015 wird es wohl schwieriger, erneut einen ähnlich guten Zuwachs beim Planvermögen zu erzielen wie 2014. Nach einem guten Start in

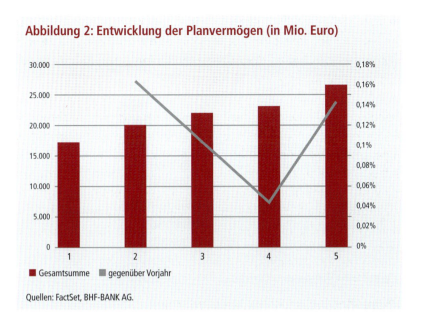

Abbildung 2: Entwicklung der Planvermögen (in Mio. Euro)

Quellen: FactSet, BHF-BANK AG.

das Jahr haben die Kapitalmärkte etwa ab Mai eine Trendwende nach unten vollzogen. So zeigt der iBoxx Corporates zum Stand 13. Oktober 2015 eine Jahresperformance von minus 3,6 Prozent, während der DAX30 mit 2,3 Prozent knapp im Plus liegt.

Ausfinanzierungsgrad 2014 wieder gesunken

Der Ausfinanzierungsgrad (auch als „Funding Ratio" bezeichnet) zeigt das Verhältnis von Planvermögen zu den Pensionsverpflichtungen. Der Durchschnitt 2014 (berechnet aus den absoluten Beträgen der einzelnen Unternehmen) liegt bei 39,3 Prozent, verglichen mit 43,8 Prozent im Jahr davor. Der Mittelwert 2014 mit 38,2 und der Median mit 34,6 Prozent liegen nicht weit auseinander. Eine Gesamtübersicht mit allen Einzelunternehmen findet sich auf Seite 150 unter Abbildung 5. Gegen den allgemeinen Trend konnten lediglich sieben Unternehmen oder 13 Prozent die Funding Ratio erhöhen. Bei drei Unternehmen bzw. 6 Prozent war die Kennzahl unverändert, während 43 Unternehmen oder 81 Prozent eine rückläufige Quote ausgewiesen haben. In Abbildung 3 auf Seite 148 sind jeweils fünf Unternehmen mit dem stärksten Zuwachs bzw. dem stärksten Rückgang aufgeführt.

Funding Ratio

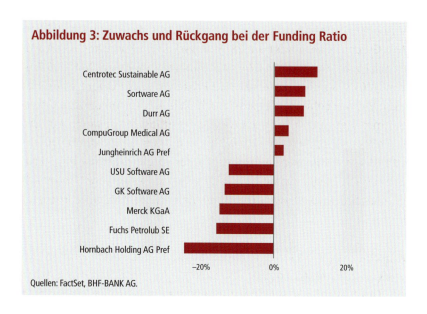

Abbildung 3: Zuwachs und Rückgang bei der Funding Ratio

Quellen: FactSet, BHF-BANK AG.

Zuwächse der Unternehmen

Die Centrotec Sustainable AG konnte mit einem Zuwachs von 11,7 Prozentpunkten den stärksten Anstieg vorweisen. Die Funding Ratio 2014 ist mit 21,1 Prozent allerdings immer noch deutlich unter dem Durchschnitt von 39,3 Prozent. Auch in den Vorjahren lag die Quote stets unter dem jeweiligen Durchschnitt. Die Dürr AG erzielte 2014 beim Funding Ratio einen Zuwachs von 8,0 Prozentpunkten auf 54,6 Prozent und liegt damit klar über dem Durchschnitt. Seit einigen Jahren gewährt Dürr seinen neuen Mitarbeitern in Deutschland keine neuen Zusagen mehr. Das „Dürr-Modell" sieht vor, dass den Mitarbeitern arbeitnehmerfinanzierte Versorgungszusagen angeboten werden, bei denen Teile des Entgelts in zukünftige Anwartschaften umgewandelt werden. Dürr hat dafür eine entsprechende Rückdeckungsversicherung abgeschlossen. Die Umstellung auf IAS 19 (revised) hatte für den Konzern keine materiellen negativen Auswirkungen gehabt, da das Unternehmen nicht die sogenannte Korridor-Methode bezüglich der Behandlung der versicherungsmathematischen Gewinne/Verluste angewandt hatte. Dürr hat 2014 den Abzinsungssatz für Deutschland von 3,5 auf 2,0 Prozent gesenkt. Dies hat den Ausweis der Pensionsverpflichtungen nach oben gezogen. Dennoch gelang es dem Unternehmen, die Funding Ratio zu verbessern.

Von einem hohen Niveau ausgehend, musste die Hornbach Holding AG (Geschäftsjahr endet am 28. Februar) einen Rückgang der Ausfinanzierungsquote um 24,6 Prozentpunkte hinnehmen. Mit 73,6 Prozent (2013 lag die Quote bei 98,2 Prozent) ist die Quote allerdings nach wie vor sehr komfortabel hoch. Wie zahlreiche andere Unternehmen hat auch Hornbach den Abzinsungssatz gesenkt. Für das Hornbach-Geschäftsjahr 2014/15 wurde ein gewichteter Durchschnitt von 1,1 Prozent angesetzt; dieser vergleicht sich mit 2,5 Prozent im Jahr davor. Damit hat die Gesellschaft einen sehr konservativen Ansatz gewählt, was eher als ein Zeichen der Stärke zu interpretieren ist.

Hornbach

In Abbildung 4 haben wir einige ausgewählte Unternehmen auf eine „Ausfinanzierungsgrad-Landkarte" gebracht. Auf der x-Achse der Grafik wird der Ausfinanzierungsgrad dargestellt, die y-Achse zeigt die Veränderungsrate von 2014 gegenüber dem Vorjahr. Der Gesamtdurchschnitt aller Unternehmen, der 2014 bei 39,3 Prozent lag, wird durch die rote Linie markiert. Insgesamt haben sich die Unternehmen 2014 wieder nach links, also zu einer niedrigeren Ausfinanzierungsquote bewegt. Alle hier dargestellten Unternehmen liegen rechts von der Durchschnittslinie, sind also besser als der Durchschnitt. Die „besten" Unternehmen im Sinne dieser Grafik sind

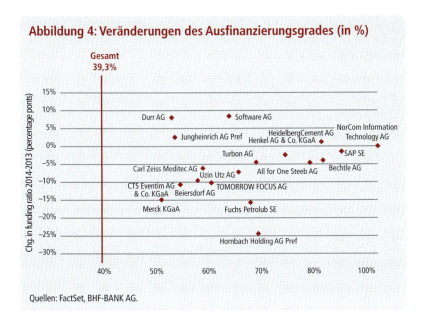

Abbildung 4: Veränderungen des Ausfinanzierungsgrades (in %)

Quellen: FactSet, BHF-BANK AG.

Abbildung 5: Ausfinanzierungsgrad (Planvermögen/Pensionsverpflichtungen)

Lfd.-Nr.	CDAX Familienunternehmen	2010	2011	2012	2013	2014
1	ALBA SE	8,5%	8,9%	7,8%	12,3%	12,3%
2	All for One Steeb AG	81,8%	82,5%	81,7%	89,7%	85,1%
3	Allgeier SE	23,4%	27,5%	30,2%	36,4%	28,2%
4	ATOSS Software AG	37,8%	53,0%	42,3%	42,2%	34,6%
5	Axel Springer SE	18,3%	30,2%	36,7%	45,2%	38,2%
6	BAUER AG	0,3%	0,3%	0,6%	0,6%	0,6%
7	Bechtle AG	77,3%	78,7%	87,2%	91,9%	88,0%
8	Beiersdorf AG	86,7%	82,8%	69,3%	69,9%	60,3%
9	Biotest AG	0,3%	0,1%	3,8%	3,7%	4,7%
10	Carl Zeiss Meditec AG	62,9%	65,5%	70,4%	67,6%	61,5%
11	CENTROTEC Sustainable AG	15,9%	11,4%	9,4%	9,4%	21,1%
12	CEWE Stiftung & Co. KGaA	1,7%	1,7%	1,3%	1,3%	1,1%
13	CompuGroup Medical AG	39,7%	31,6%	26,5%	8,8%	12,7%
14	CTS Eventim AG & Co. KGaA	62,1%	58,8%	65,6%	67,2%	56,5%
15	Draegerwerk AG & Co. KGaA	33,1%	35,7%	32,2%	37,0%	33,7%
16	Durr AG	34,0%	34,7%	44,3%	46,6%	54,6%
17	Eckert & Ziegler Strahlen- und Medizintechnik AG	5,2%	4,7%	3,7%	4,2%	1,5%
18	ElringKlinger AG	14,5%	24,9%	21,1%	22,9%	20,5%
19	Fresenius Medical Care AG & Co. KGaA	54,6%	42,7%	34,8%	37,6%	30,9%
20	Fresenius SE & Co. KGaA	39,8%	34,5%	29,8%	30,6%	26,6%
21	Fuchs Petrolub SE	39,3%	88,1%	78,5%	87,6%	71,9%
22	GK Software AG	23,1%	59,5%	46,4%	62,7%	49,2%
23	HeidelbergCement AG	99,1%	98,7%	83,4%	86,4%	87,6%
24	Henkel AG & Co. KGaA	85,7%	77,1%	80,4%	82,1%	79,7%
25	Hornbach Holding AG Pref	97,9%	100,2%	89,5%	98,0%	73,6%
26	IVU Traffic Technologies AG	30,8%	27,8%	21,5%	22,3%	15,8%
27	Jungheinrich AG Pref	50,4%	55,4%	51,3%	52,9%	55,4%
28	KAP Beteiligungs-AG	7,5%	9,2%	8,3%	8,3%	7,4%
29	Koenig & Bauer AG	39,8%	42,5%	39,0%	40,5%	36,2%
30	Krones AG	15,8%	19,1%	16,7%	16,4%	12,3%
31	KWS SAAT SE	20,7%	20,3%	18,5%	18,5%	18,2%
32	LEIFHEIT AG	2,0%	1,9%	1,5%	1,6%	1,4%
33	Manz AG	29,6%	28,9%	19,4%	18,1%	8,7%
34	MEDICLIN AG	5,7%	6,4%	5,4%	4,3%	2,9%
35	Merck KGaA	33,7%	55,0%	57,7%	67,2%	52,3%
36	METRO AG	46,2%	48,7%	41,6%	41,7%	40,8%
37	Muller-Die lila Logistik AG	68,8%	73,2%	51,5%	53,5%	42,9%
38	Nemetschek AG	45,5%	44,2%	36,3%	58,7%	50,2%
39	NorCom Information Technology AG	100,0%	100,0%	100,0%	100,0%	100,0%
40	R. STAHL AG	8,2%	8,9%	7,7%	7,9%	6,5%
41	SAP SE	91,4%	92,2%	94,0%	93,5%	92,0%
42	Sartorius AG	10,4%	12,1%	9,9%	10,9%	8,9%
43	Software AG	52,7%	57,9%	51,3%	58,9%	67,3%
44	TAKKT AG	8,2%	7,4%	19,6%	17,4%	14,1%
45	TOMORROW FOCUS AG	61,1%	62,0%	69,1%	73,6%	63,3%
46	Turbon AG	74,9%	80,4%	80,4%	77,7%	73,2%
47	USU Software AG	77,1%	74,9%	61,3%	59,7%	47,3%
48	Uzin Utz AG	1,6%	2,5%	9,9%	76,5%	69,3%
49	VBH Holding AG	2,5%	1,7%	2,9%	3,0%	2,6%
50	Villeroy & Boch AG Pref	10,2%	11,0%	10,8%	11,8%	10,8%
51	Volkswagen AG	22,9%	28,2%	23,4%	26,9%	23,7%
52	Wacker Chemie AG	64,7%	63,2%	54,9%	59,5%	49,8%
53	Wacker Neuson SE	14,4%	12,0%	15,9%	18,4%	17,2%
	Gesamtsumme	44,4%	46,6%	40,4%	43,8%	39,3%
	ggü. Vorjahr		5,0%	–13,4%	8,5%	–10,2%
	Mittelwert	38,5%	41,2%	38,8%	42,3%	38,2%
	Median	33,7%	34,7%	34,8%	40,5%	34,6%

Quellen: FactSet.

also oben rechts zu finden. Diese Firmen haben eine absolut hohe Funding Ratio und konnten sich im Vergleich zum Vorjahr sogar verbessern.

Zusammenfassung der Ergebnisse

Bezogen auf die Pensionsrückstellungen, leiden die deutschen Unternehmen seit einiger Zeit unter der anhaltenden Zinsschmelze. Dieses Thema wird mehr und mehr zu einer echten Herausforderung. Das hier vorliegende Sample der Familienunternehmen kann diese Zinsschmelze bisher noch gut verkraften. Trotz Rückgangs ist die Ausfinanzierungsquote noch auf einem guten Niveau, und die jährlich zu leistenden Pensionszahlungen an die anspruchsberechtigen Mitarbeiter müssen nicht in Frage gestellt werden. Angesichts des niedrigen Zinsniveaus wird es allerdings immer schwieriger, eine auskömmliche Verzinsung des Planvermögens zu erreichen. Hier gilt es, entsprechende innovative Anlagestrategien zu entwickeln. Dabei kann auch über diverse Auslagerungsstrategien nachgedacht werden.

Zinsschmelze

Kapitel IV:
Asset-Management

Wie Arbeitgeber trotz niedriger Zinsen eine attraktive Altersvorsorge umsetzen

Eine Anleitung für mittelständische Unternehmen zu einem aktiven Pensionsmanagement in einem schwierigen Marktumfeld

Von Alexander Zanker und Heiko Gradehandt

Das Niedrigzinsumfeld und die damit steigenden Pensionsverpflichtungen haben zu einem deutlich geringeren Ausfinanzierungsgrad von Pensionsplänen geführt. Im MDAX stiegen die Pensionsverpflichtungen, die durch die Kapitalanlage nicht vollständig ausgeglichen werden konnten, 2014 von 50,4 auf 61,3 Milliarden Euro. Das ist ein Plus von 22 Prozent laut der Publikation „Betriebliche Versorgungswerke in DAX und MDAX, Status quo und Herausforderungen Geschäftsberichtsauswertung" von Towers Watson aus dem Jahr 2014. Maßgeblich für diesen Anstieg war die Rechnungszinsentwicklung. Entsprechend kritisch ist die Lage der mittelständischen Unternehmen. In diesem Segment ist der Ausfinanzierungsgrad traditionell geringer. Pensionsverpflichtungen und deren Deckungsvermögen sind wieder in den Mittelpunkt des Interesses gerückt.

Ist für die Zukunft mit einer Verbesserung zu rechnen?

Überwiegend Investitionen in festverzinsliche Anleihen bei geringer Diversifizierung

Einrichtungen der betrieblichen Altersversorgung investieren überwiegend in festverzinsliche Anleihen bei einem geringen Diversifizierungsgrad.[1] Besonders beliebt sind europäische Unternehmensanleihen auf Investment-Grade-Stufe und europäische Staatsanleihen. Im aktuellen Umfeld lassen sich die gewünschten Erträge jedoch mittelfristig nicht erreichen. Ein diversifiziertes Rentenportfolio kann fehlende Renditetreiber im Gesamtportfolio nicht kompensieren. Durch die hohe Allokation in Rentenpapiere und die damit einhergehende Quote von Nicht-Rentenpapieren mit höhe-

---
1 Towers Watson: Pension Risk Management und Anlage von Pensionsvermögen. 2015.

rem Renditepotenzial kann auch dieser Teil des Portfolios die sich weitende Finanzierungslücke nicht schließen.

Das exzessive Angebot an Liquidität, verursacht durch die QE-Kaufprogramme der EZB, hat einen beispiellosen Risk-on-Trade mit sich gebracht. Die Renditen von europäischen Staatsanleihen verweilen auch nach einem leichten Anstieg im Verlauf des Jahres 2015 auf einem historisch niedrigen Niveau. Die Ende des Jahres massiv gestiegene Volatilität der Aktienmärkte hat die schon schwierige Situation weiter verschärft. Die Zeiten, in denen der Investor mit einfachen Anlagestrategien eine auskömmliche Nettorendite erzielen konnte, scheinen vorbei zu sein. Folge dieser Entwicklung ist unter anderem, dass bei den Versicherungen der Garantiezins bei Lebensversicherungspolicen auf 1,25 Prozent abgesenkt werden musste. Daraus resultierend versprechen anleihedominierte Mandate mit hoher Zinssensitivität ebenfalls nur noch geringe Renditen bei hohem Marktbewertungsrisiko. Entsprechend groß ist der Frust vieler Investoren.

Für die Anlageseite ergeben sich zwei konkrete Fragen: Wie können die Erträge verbessert werden, und welche Hilfsmittel gibt es bei der Risikominimierung der Pensionspläne für mittelständische Unternehmen?

Nicht den Kopf in den Sand stecken, denn es gibt im aktuell schwierigen Umfeld Handlungsalternativen

Aktuell reagieren mittelständische Unternehmen auf eine kapitalmarktorientierte Anlagestrategie zur Finanzierung ihrer Pensionsverpflichtungen zwar eher verhalten und bevorzugen weiterhin die klassische Rückdeckungsversicherung. Doch gerade deren schwindende Attraktivität infolge des niedrigen Garantiezinses sollte sie ermuntern, nach Alternativen zu suchen. Unternehmen, die ihre Verpflichtungen bisher nicht mit Deckungsvermögen unterlegt haben, könnten in der aktuellen Situation vorhandene Liquidität nutzen, um die zu erwartenden Zahlungsströme, die sich durch das Zinsumfeld ja nicht geändert haben, mit einer strategischen Anlage zu unterlegen. Dabei nicht auf kurzfristig attraktiv erscheinende „Produktlösungen" zu schielen, sondern geplant und strategieorientiert vorzugehen, kann wesentliche Vorteile schaffen.

Alternativen zur klassischen Rückdeckungsversicherung

Jeder Anleger steht im ständigen Wettbewerb um attraktive Renditen. In schwierigen Marktsituationen nimmt der Wettbewerbsdruck zu, da alle Marktteilnehmer um die wenigen noch verfügbaren attraktiven Anlagemöglichkeiten ringen. Hinzu kommen hier meist sehr konservative Anlagerichtlinien von Pensionseinrichtungen in Deutschland.

Anlage auf Effizienz trimmen

Vor der aktuellen Marktsituation die Augen zu verschließen und bisher erfolgreiche Konzepte unreflektiert weiterhin zu verfolgen ist sicherlich keine tragfähige oder gar nachhaltige Lösung für die Zukunft. Vielmehr stehen Anleger vor der Wahl, die gesamte Anlage auf hohe Effizienz mit radikal vereinfachten Strukturen und Kosten zu trimmen oder sich dem Wettbewerb zu stellen und gezielt Potenziale zu nutzen. Es gibt hier sicherlich kein Schwarz und Weiß. Nuancierte Zwischenlösungen sind gefragt, insbesondere für mittelständische Unternehmen. Denn in schwierigen Marktsituationen gibt es immer interessante Lösungen, die zu einer erheblichen Kostenentlastung bei der betrieblichen Altersversorgung führen können.

In schwierigen Marktsituationen kommt es also umso mehr darauf an, die richtigen Dinge auch richtig zu etablieren. „Richtig" ist dabei, weiterhin Nutzen für die Planteilnehmer zu schaffen und die Risiken für das Unternehmen zu begrenzen. Die Verantwortlichen können dies durch Formulierung einer eigenen Strategie mit Fokus auf Ziele der Planteilnehmer vor Augen bewerkstelligen. Die konsequente Implementierung dieser Strategie entsprechend den eigenen Überzeugungen bedeutet, die Kompetenzen, Kapazitäten und Prozesse der eigenen Organisation zu einer Wertschöpfungskette zu organisieren und letztlich in eine effiziente Anlagestrategie zu transformieren. Anleger, die die eigene Anlage konsequent auf möglichst hohe Effizienz ausrichten, können langfristig attraktive Renditen mit einer Steigerung von bis zu 2 Prozent erzielen, zeigt die Studie zur Best Practice von Pensionseinrichtungen von Clark/Urwin.[2]

Institutionelle Investoren, inklusive mittelständische Unternehmen, sollten sich daher ihrer Wettbewerbsvorteile bewusst werden und diese konsequent verfolgen: Institutionelle Investoren im Bereich der Altersvorsorge sind professionelle Anleger, die eine langfristige

---

[2] Gordon I. Clark, Roger Urwin: Best-practice pension fund governance, in: Journal of Asset Management, Vol. 9, 1, 2–21, 2008.

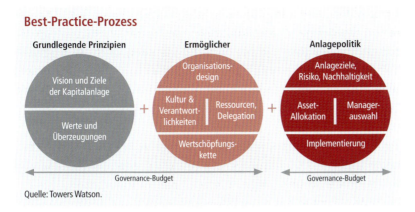

Quelle: Towers Watson.

Anlagestrategie mit klar definierten Zielen innerhalb eines bestimmten Risikobudgets verfolgen. Der kurzfristige Liquiditätsbedarf ist gering. Das Anlagevolumen umfasst in der Regel die kritische Masse, um professionelle Anlagestrategien umzusetzen und Unterstützung durch Asset-Manager und Berater einzubinden. Dies gilt auch für viele Mittelständler. Häufig sind in den Unternehmen dafür umfassende Kompetenzen vorhanden, da die Kapitalanlage durch die Finanz- oder Treasury-Abteilung verantwortet wird.[3] Spätestens jetzt sollte klar sein: Eine effiziente Anlageallokation beginnt nicht mit der Anlagestrategie. Diese sollte erst am Ende eines vorgelagerten Prozesses stehen.

Bevor man etwas tut, sollte man wissen, warum man es tut

Der erste Schritt auf dem Weg zu einer attraktiven und effizienten Anlage besteht in der Auseinandersetzung mit den ganz grundlegenden Zielen, mit der langfristigen Mission. Welche Interessen bestehen? Welche Interessengruppen gilt es einzubeziehen? Auf welches übergeordnete Ziel kann man die unterschiedlichen Interessen reduzieren? Häufig werden diese grundlegenden Ziele gerade nicht gemeinsam definiert und somit nicht in eine klare, von allen geteilte Mission übertragen. Die Folge ist, dass eine eindeutige Ausrichtung der Anlagestrategie auf einen Fixpunkt fehlt. Dies kann dazu führen, dass falsche Aktivitäten aus einer falschen Motivation heraus unternommen werden.

Auseinandersetzung mit den langfristigen Zielen

---

[3] Ebd.

Leitplanken einziehen

Ein weiterer zentraler Punkt sind die inneren Überzeugungen, die unser Handeln sowohl bewusst als auch unbewusst bestimmen. Gerade bei institutionellen Investoren werden Entscheidungen in der Regel in einer Gruppe getroffen. Deshalb ist die Kanalisierung aller Entscheidungen entlang formulierter Wertvorstellungen und definierter Grundsätze („Leitplanken") so wichtig.

Beispielsweise sollten Investoren nur in aktive Manager investieren, wenn sie an die grundlegenden Voraussetzungen für nachhaltiges aktives Management glauben:

- Kapitalmärkte sind nicht zu jeder Zeit vollständig informationseffizient. Nicht alle Informationen sind zu jedem Zeitpunkt eingepreist.
- Es gibt Asset-Manager, die über mehr Marktinformationen verfügen oder die vorhandenen Marktinformationen besser oder schneller verarbeiten können und dadurch einen Mehrwert nach Kosten generieren.
- Asset-Manager, die einen nachhaltigen Wettbewerbsvorsprung haben, können anhand zukunftsgerichteter Faktoren identifiziert werden.

Investoren, die diese Grundvoraussetzungen aktiven Managements nicht teilen, sollten passive, das heißt, indexorientierte Lösungen verfolgen. Ansonsten besteht die Gefahr, dass bei einer temporären Underperformance der Glaube an den Manager verlorengeht und dieser fallengelassen wird oder aufgrund von Interventionen Dritter fallengelassen werden muss. Dies führt häufig zu hohen Kosten. Aber auch ein zu langes Festhalten an einem Asset-Manager bei anhaltender Underperformance aufgrund fehlender kritischer Bewertung der eigenen Überzeugungen und klar definierter Untergrenzen führt zu diesem Effekt.

Ähnliche Anlagegrundsätze lassen sich für dynamische Investments oder taktische Anlagen formulieren. Auch hier besteht die Gefahr, dass man eher Werte vernichtet, wenn man Lösungen wählt, die konträr zu den eigenen Grundsätzen sind, und an diesen Grundsätzen bei Gegenwind nicht festhält. Ohne klare Anlagegrundsätze kann die Vielzahl an verfügbaren Anlagen kaum geordnet werden. Allein in Deutschland sind ungefähr 10.000 unterschiedliche Fonds verfügbar.

Nachdem der Rahmen gesetzt ist, gilt es, die passenden Strukturen und eine angemessene Organisation aufzubauen, die den Anlageerfolg ermöglichen. In unserem Kontext: die Governance.

Eine gute Governance hilft dabei, die Dinge richtig zu tun

Die Governance befähigt Investoren, die Dinge, die es zu tun gilt, im Sinne eines fiduziarischen Mandats richtig zu tun. Erforderliche und immer wieder genannte Stichworte in diesem Kontext sind besagtes Handeln im Interesse der Planteilnehmer und des Unternehmens. Reduzieren lässt sie sich auf die beiden Kernaussagen: das Vermeiden von Interessenkonflikten und eine gewisse Besonnenheit bei der Herangehensweise. Besonnenheit oder Prudence verpflichtet die Verantwortlichen, Rat bei Fragestellungen einzuholen, und wenn die eigene Expertise gegebenenfalls nicht ausreicht, entsprechende Aufgaben zu delegieren. Es gilt natürlich, im erforderlichen Maße Kontrolle auszuüben sowie, wo immer möglich, Konventionen und etablierten Verfahren zu folgen.

Im Interesse der Planteilnehmer und des Unternehmens handeln

Gehen wir zunächst davon aus, dass es einen direkten Zusammenhang zwischen erforderlichem Aufwand für Strategiefindung, Operationalisierung und Kontrolle (Governance) sowie Komplexität der Kapitalanlage gibt. Dies würde bedeuten, dass eine Anlagestrategie mit einem breiten Spektrum an Themen und Ideen eine breite Diversifikation ökonomischer Rendite-, aber auch Risikotreiber erreicht. Diese erhöhte Effizienz wird sich bei der Implementierung in einer Vielzahl von Asset-Klassen niederschlagen, die durch mehrere aktiv agierende Manager verwaltet werden.

Viele Investmentstrategien, die über die traditionellen Aktien- und Anleihestrategien hinausgehen, sind anspruchsvoller in der Entwicklung und der fortlaufenden Betreuung. Sie benötigen

- ausgeprägte Unterstützung und Commitment der Akteure im Hinblick auf Abweichungen vom Marktstandard, um die Strategie auch unter kurzfristig widrigen Umständen zu verteidigen;
- Investmentkompetenz, die ein tiefergehendes Verständnis für facettenreiche und komplexe Sachverhalte gewährleistet;

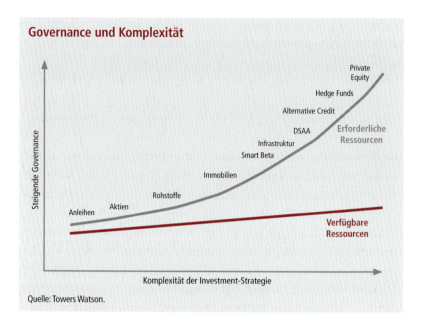

Quelle: Towers Watson.

- eine Vorstellung bezüglich der optimalen Kombination verschiedener Investmentstrategien im Sinne eines ausgewogenen Portfolios;
- Ansätze zur Auswahl wertstiftender Asset-Manager, denn gerade bei komplexeren Asset-Klassen gilt, die eigentlichen Renditetreiber für eine nachhaltige Outperformance zu identifizieren;
- effiziente Entscheidungswege, die auch das Erfordernis gegebenenfalls sehr zeitnaher Beschlüsse bedienen.

Das Portfolio sollte komplexere Anlagen inkludieren.

Ein Portfolio, das komplexere Anlagen inkludiert, wird eine höhere Aufmerksamkeit und mehr Expertise seitens des Plansponsors verlangen als ein vergleichsweise schlichter Asset-Mix aus Anleihen und Aktien, dessen Management passiv erfolgt.

Ein Versuch, komplexe Investmentstrategien ohne hinreichende Steuerungs- und Kontrollmöglichkeiten zu implementieren, wird aufgrund ungenutzter Potenziale und/oder nicht adäquat gehandhabter Risiken immer suboptimal sein. Erfolg bedarf des ständigen Abgleichs von Strukturen der gewählten Vermögensverwaltung und der gewählten Form der Governance.

Anleger sollten sich auf Dinge konzentrieren, bei denen sie einen Vorteil gegenüber anderen haben

Nachdem die Frage geklärt ist, wie Dinge richtig zu tun sind, stellt sich jetzt die Frage nach den richtigen Dingen, ohne wiederum die eigenen Strukturen zu überlasten. Institutionelle Investoren, inklusive mittelständische Unternehmen, sollten entsprechend ihren Wettbewerbsvorteilen agieren. Hierzu gehört beispielsweise die gezielte Ausnutzung von Illiquiditätsprämien und anderen attraktiv entlohnten Risiken.

Grundlegend falsch wäre es, sich nur aufgrund höherer Governance-Anforderungen gegenüber nicht-traditionellen Anlagen zu verschließen. Durch geschicktes Auslagern von Teilprozessen und organisatorischen Strukturen muss die interne Ressourcenbelastung nicht hoch sein. Im Extremfall können nahezu die gesamten Governance-Anforderungen an einen Fiduciary-Manager ausgelagert werden. Beim Anleger verbleiben dann nur noch Kontrollanforderungen gegenüber dem Fiduciary-Manager. Alternativ können auch nur Teile der Anlage, wie zum Beispiel das komplette Anlagemanagement, ausgelagert werden, indem in entsprechende Fondslösungen investiert wird. Aber auch wenn die Anlage weitestgehend in eigener Verantwortung erfolgen soll, führt die Governance zwar zu einer Begrenzung der sinnvollen Lösungen, sollte aber nicht als Ausrede für ein „Weiter so" missbraucht werden. Vielmehr sollten sich institutionelle Investoren auf ihre individuellen Vorteile fokussieren.

Ressourcen schonen durch Prozessauslagerung und organisatorische Strukturen

Entsprechend sollten auch Unternehmen, die ihre Pensionsverpflichtungen bisher nicht aktiv gemanagt haben, prüfen, ob das aktuelle Verhalten zukunftssicher ist und welche Alternativen sich sinnvoll anbieten. Dies alles immer mit Blick auf die eigenen Visionen, Werte, Überzeugungen und Möglichkeiten. ●

Anlage- und Risikomanagement für Direktzusagen

Strategische Entscheidungen im Spannungsfeld unterschiedlicher Zielsetzungen, Bilanzvorschriften und Markterwartungen

Von Wolfgang Murmann

Existenzielle Risiken durch Pensionsverpflichtungen

1986 verkündete Norbert Blüm: „Denn eins ist sicher: die Rente." Dies ist im Grunde korrekt. Aber auch der Höhe nach? Angesichts der wachsenden Unsicherheit um die gesetzliche Rente gewinnt die betriebliche Altersversorgung (bAV) an Relevanz. Doch mehren sich – gerade durch die Finanzmarktentwicklung seit 2008 – besorgte Stimmen zu ihrer Zukunftsfähigkeit. So musste der Strumpfhersteller Kunert, einst Branchenführer in Europa, 2013 Insolvenz beantragen, unter anderem wegen schwerer Pensionslasten. Dieser Beitrag fokussiert sich auf die Direktzusage, die den Großteil der deutschen bAV ausmacht. Er skizziert Lösungsansätze, wie Pensionseinrichtungen die bAV durch den expliziten Einbezug der Pensionsverpflichtungen in die Anlagestrategie nachhaltig finanzieren können.

Asset-Management versus Asset-Liability-Management

Traditionell lag der Fokus im Pensionsmanagement auf einer reinen Asset-Betrachtung, das heißt, Asset-Allokationen wurde in der Regel anhand historischer Rendite- und Risikoparameter optimiert. Das Ergebnis ist bekannt, und exemplarisch sei auf eine Analyse von Towers Watson von 2015 verwiesen: Obwohl die Planvermögen der DAX-Unternehmen im Jahr 2014 mit etwa 10 Prozent ordentlich rentierten, verschlechterten sich ihre Deckungsgrade, also das Verhältnis von Assets zu Liabilities, da die Verpflichtungen im gleichen Zeitraum um fast 30 Prozent anstiegen. Auch für mittelständische Unternehmen besteht diese Problematik. Es stellt sich also die Frage, inwieweit sich – provokativ formuliert – zufällig gewählte Benchmarks, die keinen direkten Bezug zu den Verpflichtungen haben, als Maßstab für die Erfolgsmessung eignen. Denn alleiniger Zweck des Planvermögens ist das Bedienen zukünftiger Rentenzahlungen.

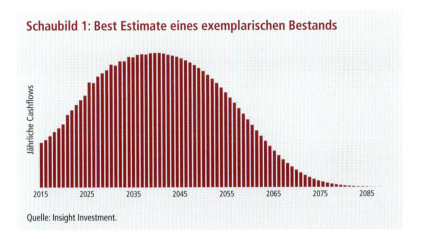

Schaubild 1: Best Estimate eines exemplarischen Bestands

Quelle: Insight Investment.

Im Zuge dessen findet ein Paradigmenwechsel hin zu verpflichtungsorientierten Anlagestrategien statt. Hierbei werden die zu erbringenden Rentenzahlungen ausdrücklich in die Asset-Allokation einbezogen. Ausgangspunkt ist die Analyse der Pensionsverpflichtungen:

Paradigmenwechsel

- Fälligkeitsstruktur der Renten: Wann muss welcher Betrag bedient werden?
- Quantifizieren der Cashflow-Risiken: Auswirkung von unerwarteter Inflation (Gehalts- und Rentendynamik) und Langlebigkeit auf Höhe und Dauer der Rentenzahlungen
- Quantifizieren der Barwertrisiken: Auswirkung von Zinsänderungen auf den Barwert der Rentenzahlungen

Cashflow-Analyse

Schaubild 1 zeigt exemplarisch den bestmöglichen Schätzer zukünftiger Rentenzahlung (Best Estimate). Mit Blick auf den Best Estimate lässt sich Folgendes festhalten:

- Er gibt Aufschluss über den Zeitpunkt, zu dem Liquidität vorgehalten werden muss.
- Cashflow-Risiken in Bezug auf unerwartete Inflation und Langlebigkeit lassen sich quantifizieren (via Sensitivitätsanalyse).
- Als Repräsentant der zu bedienenden Rentenzahlungen ist er in einer verpflichtungsorientierten Anlagestrategie der Maßstab für die Entwicklung des Planvermögens – man spricht von einer Liability-Benchmark.

Barwertanalyse

Drei Rechnungslegungsstandards sind relevant.

Für deutsche Unternehmen sind bis zu drei Rechnungslegungsstandards relevant: die Vorschriften nach dem HGB, das internationale IFRS-Äquivalent sowie die Steuerbilanz. Der Barwert der Pensionsverpflichtungen ergibt sich durch das Abzinsen des Best Estimate: Während IFRS hierfür Renditen von „qualitativ hochwertigen Unternehmensanleihen" – nach gängiger Interpretation entspricht dies einem Mindestrating von AA – vorsieht, liegt der Bewertung nach HGB ein siebenjähriger Durchschnittszins (Swapsatz plus Credit-Spread)[1] zugrunde. Zur Erstellung der Steuerbilanz wird ein pauschaler Diskontfaktor von 6 Prozent herangezogen.

Diese unterschiedlichen Bewertungsbasen führen dazu, dass die Barwerte desselben Zahlungsstroms verschiedene Ergebnisse annehmen. Hierzu ein Beispiel: Zukünftige Rentenzahlungen mit einer durchschnittlichen Duration von 15 Jahren, welche einen steuerlichen Barwert von 100 Millionen Euro haben, wären nach dem HGB per 31. August mit etwa 130 Millionen Euro anzusetzen gewesen, nach IFRS gar mit knapp 160 Millionen Euro. Das Barwertrisiko, also die Veränderung des Diskontfaktors zwischen zwei Bewertungszeitpunkten, kann mittels einer Sensitivitätsanalyse ermittelt werden.

---

1 Anpassung auf einen 12-Jahres-Durchschnitt ist in Diskussion.

Auswirkung von Rechnungslegungsvorschriften auf die Anlagestrategie

HGB- und IFRS-Bilanzvorschriften haben gemein, dass Pensionsverpflichtungen mit Planvermögen saldiert werden: Lediglich der Nettowert ist als Defizit oder Überschuss auszuweisen. Falls das Defizit reduziert oder behoben werden soll, ist eine Vorgehensweise, zunächst den Zieldeckungsgrad sowie den Zeitraum, in dem er erreicht werden soll, zu definieren. Schaubild 2 fasst die Komponenten zur Zielerreichung zusammen:

Saldierung von Pensionsverpflichtungen mit Planvermögen

- Dotierungen: Zuführungen zu dem Pensionsplan
- Asset-Performance: Anlagerendite übersteigt Diskontfaktor
- Liability-Performance: sinkende Verpflichtungen aufgrund Zinsanstieg

Da Dotierungen die unbeliebteste Form der Defizitbehebung sind, geht es bei dem Herleiten einer geeigneten Anlagestrategie insbesondere um das gemeinschaftliche Steuern der Assets und – soweit möglich – Liabilities. Für das Zusammenspiel von Planvermögen und Pensionsverpflichtungen ergeben sich für HGB- und IFRS-Bilanzierer unterschiedliche Implikationen.

HGB: Systematischer Anstieg der Pensionsverpflichtungen

Liability-Management – Cashflow-Risiken: Cashflow-Risiken (Inflation und Langlebigkeit) sind unabhängig von der Diskontierungsbasis, da es sich um die Betrachtung von Zukunfts- und nicht von Barwerten handelt. Demzufolge sind die Implikationen für HGB- und IFRS-Bilanzierer identisch: Eine unerwartet hohe Inflation oder Lebenserwartung beeinflusst die Höhe beziehungsweise Dauer der Rentenzahlungen negativ. Diese Risiken können abgesichert werden, indem gegenläufige Positionen eingegangen werden.

- **Schutz vor Inflationsrisiken:** Ein Unternehmen kann sich durch das Investieren in inflationsgeschützte Anleihen oder Inflationsswaps vor einem Anstieg der Inflation schützen. Da keine Anleihen existieren, die auf den deutschen Verbraucherpreisindex (VPI) referenzieren und der Markt für VPI-Swaps illiquide ist, soll-

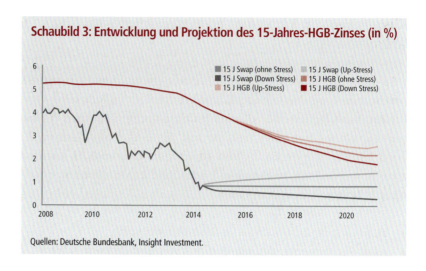

Schaubild 3: Entwicklung und Projektion des 15-Jahres-HGB-Zinses (in %)

Quellen: Deutsche Bundesbank, Insight Investment.

ten Unternehmen sich des deutlich liquideren europäischen Pendants (HICPx) bedienen.

Longevity-Swaps
- **Schutz vor Langlebigkeitsrisiken:** Analog können sich Unternehmen vor einem Anstieg der Lebenserwartung schützen. Seit 2008 hat sich ein Markt für Longevity-Swaps etabliert, über den Langlebigkeitsrisiken abgesichert werden können.[2]

Liability-Management – Barwertrisiken: Schaubild 3 zeigt, wie sich der HGB-Diskontfaktor entwickelt hat, sowie eine Projektion. Mit Blick auf den HGB-Zins sind zwei Dinge auffällig:

- Aufgrund der Durchschnittsbildung ist er deutlich stabiler als Marktzinsen.
- Er wird in absehbarer Zeit weiter sinken, und Pensionsverpflichtungen werden entsprechend ansteigen (Schaubild 4).

Vorteil der Durchschnittsbildung ist, dass die zukünftige Entwicklung recht gut prognostizierbar ist. Anderseits ergibt sich aus der HGB-Methodik ein signifikanter Nachteil: Aufgrund des Bezugs auf historische Marktdaten kann das Barwertrisiko nicht abgesichert werden. Es lässt sich also keine Position aufbauen, die Unternehmen 1:1 für bereits jetzt absehbare Verluste aus steigenden Verpflichtungen kompensiert.

---

2 Siehe auch: W. Murmann und R. Morris: „Longevity Risk: The Reshuffle Begins", in Institutional Investor Journals; W. Murmann, „Ist der Longevity Swap die bessere Versicherung?" in: Leiter-bav.de.

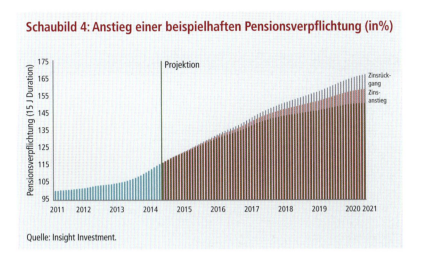

Schaubild 4: Anstieg einer beispielhaften Pensionsverpflichtung (in %)

Quelle: Insight Investment.

Asset-Management: Die Nichtabsicherbarkeit des Barwertrisikos bedeutet, dass dem Asset-Management eine dominante Rolle in der Steuerung des Deckungsgrades zukommt. Der HGB-Zins (4,12 Prozent per 31. August 2015) ist die erforderliche Mindestrendite, denn lediglich Renditen jenseits dieses Wertes verbessern den Deckungsgrad. Darüber hinaus können (nicht abgesicherte) Inflations- und Langlebigkeitsrisiken die Renditeanforderung weiter erhöhen, da unvorteilhafte Bewegungen in diesen Variablen durch eine Zusatzrendite kompensiert werden müssen. Volatile Aktienmärkte und niedrige Zinsen – deutsche Staats- beziehungsweise AA-Euro-Unternehmensanleihen mit 15-jähriger Duration rentierten Ende August bei 1,4 respektive 2,2 Prozent p. a. – stellen traditionelle Asset-Allokationen dabei vor große Herausforderungen. Und wie Schaubild 3 verdeutlicht, wird der HGB- wohl auch in den kommenden Jahren den Anlagezins übersteigen, was eine Defizitausweitung zur Folge hat. Daher gilt es, Anlagealternativen zu prüfen, um die Lücke zwischen Anlagerendite und HGB-Zins zu schließen. Durch den Einbezug unkonventioneller Anlageklassen wie Absolute-Return-Strategien oder illiquide Anlagen lassen sich durchaus Portfolios konstruieren, die einerseits gewährleisten, dass Rentenzahlungen fristgerecht bedient werden können, und andererseits eine Zusatzrendite bieten.

Steuerung des Deckungsgrades

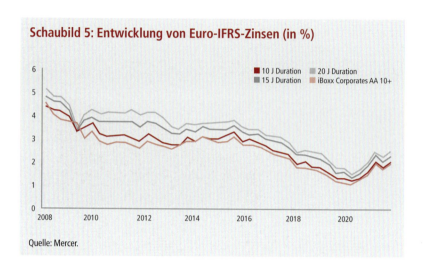

Schaubild 5: Entwicklung von Euro-IFRS-Zinsen (in %)

Quelle: Mercer.

IFRS: Hohe Bilanzvolatilität

Unterschiede im Umgang mit Barwertrisiken

Liability-Management – Barwertrisiko: Während der Umgang mit Cashflowrisiken für HGB- und IFRS-Bilanzierer identisch ist (siehe Seite 165 „Liability-Management – Cashflow-Risiken"), ergeben sich im Umgang mit Barwertrisiken Unterschiede. Wie Schaubild 5 verdeutlicht, sind Marktrenditen von AA-Unternehmensanleihen deutlich volatiler als der HGB-Zins. Überträgt man die Zinsentwicklung auf eine exemplarische Verpflichtung, zeichnet sich folgendes Bild:

Schaubild 6: Entwicklung einer exemplarischen Pensionsverpflichtung (in %; 15 J Duration)

Quelle: Insight Investment.

Da nach IFRS versicherungsmathematische Gewinne und Verluste gegen das Eigenkapital gebucht werden, kann die aus Pensionsrisiken stammende Bilanzvolatilität unangenehme Folgen haben, da sie unmittelbar auf Kennzahlen wie Verschuldungsgrad wirkt. IFRS-Bilanzierer sollten daher zunächst prüfen, welche Pensionsrisiken dominieren. Hierzu ein Beispiel:

Auswirkung wesentlicher Pensionsrisiken auf den Deckungsgrad

Asset-Risiken	Deckungsgrad	Anteil	Volatilität p.a.[1]	Deckungsgrad-volatilität
Aktienrisiko	55%	25%	27,9%	3,8%

Liability-Risiken	Volatilität p.a.[2]	Duration/Sensitivität	Deckungsgradvolatilität
Diskontfaktor	0,7%	15 Jahre	10,5%
Inflation	0,4%	15 Jahre	6%
Langlebigkeit		+ 1 Jahr	3 bis 5%

1 VDAX per 28. August 2015. 2 Historische Volatilität.
Quelle: Insight Investment.

Das Beispiel zeigt, dass Liability-Risiken – vor allem Barwertrisiken – meist überwiegen. Da der IFRS-Zins einen expliziten Marktbezug hat, lässt sich dieses Risiko jedoch absichern. Aufgrund seiner signifikanten Auswirkungen auf den Deckungsgrad sollten IFRS-Bilanzierer entsprechende Absicherungsstrategien entwickeln. Da der Barwert der Verpflichtung mit sinkendem Diskontfaktor steigt, ist eine Gegenposition aufzubauen, die bei sinkenden Zinsen an Wert gewinnt. Dies lässt sich mittels Anleihen, Derivaten oder deren Kombination umsetzen.

Asset-Management: Für die Veränderung des Deckungsgrades ist insbesondere die Interaktion zwischen Asset- und Liability-Performance maßgeblich (Schaubild 2 auf Seite 164). Zur Umsetzung der Anlagestrategie kann das Planvermögen in drei Töpfe unterteilt werden:

Planvermögen in drei Töpfe unterteilen

- Topf 1 Liquiditätsmanagement: Bedienung anstehender Rentenzahlungen
- Topf 2 Liability-Management: Anleihen und/oder Derivate zum Absichern der Liability-Risiken im gewünschten Umfang
- Topf 3 Wachstumsportfolio: Anlage in Wachstumswerte (Aktien, Absolute Return, illiquide Anlagen), die eine Renditeaufschlag zum Diskontfaktor bieten

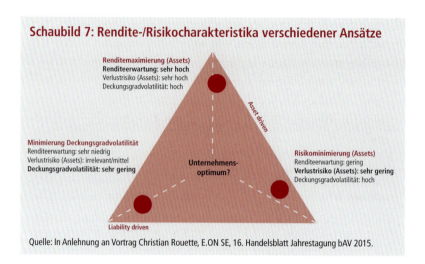

Quelle: In Anlehnung an Vortrag Christian Rouette, E.ON SE, 16. Handelsblatt Jahrestagung bAV 2015.

Topf 2 zu Risikomanagementzwecken ist der wesentliche Vorteil gegenüber klassischen Asset-only-Anlagestrategien.

Zielkonflikt zwischen Risikoreduktion und Wahren von Renditechancen

Allokation zwischen Liability-Management- und Wachstumsportfolio: Schaubild 7 illustriert den Zielkonflikt zwischen Risikoreduktion durch Liability-Management (Topf 2) und dem Wahren von Renditechancen (Topf 3). Meist geht es nicht um das Implementieren reiner Liability-Management- oder reiner Asset-only-Strategien, sondern darum, diejenige Allokation zwischen Topf 2 und 3 herzuleiten, die unternehmensspezifische Zielsetzungen und Restriktionen bestmöglich reflektiert. Sinnvoll erscheint, dem Pensionsplan ein Risikobudget zuzuweisen. Dieses Risikobudget kann in eine Mindestabsicherungsquote übersetzt werden. Ein Beispiel: Angenommen sei, dass sich das Defizit in keinem Einjahreszeitraum aufgrund eines Zinsrückgangs um mehr als „x" Euro ausweiten soll. Diese maximal tolerierbare Defizitausweitung impliziert, in welchem Umfang das Zinsänderungsrisiko mindestens abgesichert werden sollte.

Implikationen für Doppelbilanzierer: Für Doppelbilanzierer können Situationen eintreten, in denen sich die Optima nach IFRS und HGB gegenseitig ausschließen. In solchen Fällen muss die Anlagestrategie unter Nebenbedingungen optimiert werden:

- Festlegen von HGB- (Gewinnabführung, Dividendenpolitik) und/oder IFRS-Zielsetzungen (übergeordnete Corporate-Finance-Ziele wie Schutz des Eigenkapitals)

- Formulieren von Haupt- und Nebenbedingungen, welche diese Zielsetzungen zum Ausdruck bringen
- Optimierung Ziel 1. Ordnung mit Nebenbedingungen

Das Ergebnis dieses Optimierungsprozesses ist diejenige Absicherungsquote, welche die unterschiedlichen Zielsetzungen bestmöglich balanciert.

Einbezug von Markterwartungen in die Anlagestrategie

Die expansive Geldpolitik der Notenbanken hatte in Bezug auf das Pensionsmanagement zwei Effekte:

Effekte der expansiven Geldpolitik der Notenbanken

- Anstieg in den Marktwerten der Planvermögen
- Anstieg in den Barwerten der Verpflichtungen aufgrund gesunkener Zinsen

Mit Blick auf den zweiten Punkt wird häufig argumentiert, dass das Absichern des Zinsänderungsrisikos auf dem derzeitigen Niveau „zu teuer" sei, da die Mehrzahl der Investoren von einem Zinsanstieg ausgeht. Sowohl für derivate- als auch anleihebasierte Liability-Management-Strategien gilt, dass über die taktische Absicherungsquote Marktmeinungen ausgedrückt werden können. Dies bedeutet, dass bei der Erwartung steigender Zinsen bewusst ein „Re-Risking" eingegangen werden kann, Absicherungsquoten also reduziert werden, um von sinkenden Verpflichtungen zu profitieren. Jedoch sollten Investoren im Vorfeld genau prüfen, welche Konsequenzen das Nicht-Eintreten der Markterwartung hat, also ob sich eine adverse Entwicklung in Einklang mit dem Risikoappetit respektive der Risikotragfähigkeit bringen lässt.

Liability-Management mit Derivaten: Der Charme von derivatebasierten Liability-Management-Strategien liegt in der Instrumentenvielfalt, die es Investoren ermöglicht, jegliche Marktmeinung auszudrücken. Beispielsweise können Verlustrisiken begrenzt werden, ohne auf eine vollständige Partizipation an steigenden Zinsen zu verzichten. Auch können sich Investoren, die bei einem gestiegenen Zins die Absicherungsquote erhöhen wollen, für das „Warten auf höhere Zinsen" bezahlen lassen.

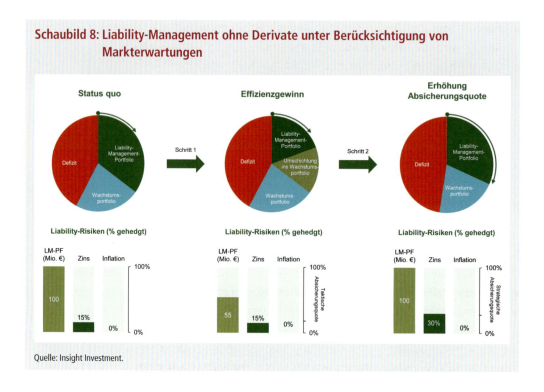

Schaubild 8: Liability-Management ohne Derivate unter Berücksichtigung von Markterwartungen

Quelle: Insight Investment.

Anleiheportfolios sind oft ineffizient strukturiert.

Liability-Management ohne Derivate: Eine Vielzahl bestehender Anleiheportfolios ist in Bezug auf die zu erbringenden Rentenzahlungen ineffizient strukturiert. Ursache hierfür ist, dass traditionelle Anleiheallokationen an Anleihebenchmarks ausgerichtet sind. In den meisten Fällen kann bloß durch das Umstellen auf Liability-Benchmarks in erheblichem Umfang Kapital freigesetzt werden, welches dann gemäß der Marktmeinung investiert werden kann. Ein Beispiel:

- **Ausgangslage:** Ein beispielhafter IFRS-Bilanzierer hat Pensionsverpflichtungen in Höhe von 285 Millionen Euro. Das Planvermögen investiert 100 Millionen Euro in Anleihen (Instrumente mit Liability-Management-Charakteristika), welche gegen gängige Anleihebenchmarks gemanagt werden, und weitere 65 Millionen Euro in das Wachstumsportfolio. Das derzeitige Anleiheportfolio sichert das Zinsänderungsrisiko der Liabilities zu 15 Prozent ab. Die angestrebte strategische Absicherungsquote beträgt 30 Prozent, soll aber erst nach einem Zinsanstieg umgesetzt werden.

- **Lösungsansatz:** Schaubild 8 illustriert, wie die strategische Absicherungsquote von 30 Prozent unter Berücksichtigung der Erwartung steigender Zinsen erreicht werden kann: In einem ersten Schritt wird die aktuelle Absicherungsquote von 15 Prozent beibehalten. Jedoch werden hierfür lediglich 55 Millionen Euro (statt 100 Millionen Euro) benötigt. Dieser Effizienzgewinn stammt aus einer verbesserten Cashflow- und Durationskongruenz der Anleihen mit den Liabilities. Die freigesetzten 45 Millionen Euro können temporär von dem Liability-Management- in das Wachstumsportfolio umgeschichtet werden, wodurch sich die zu erwartende Gesamtrendite erhöht. Wenn nun die Zinsen erwartungsgemäß steigen, wird von dem Wachstums- in das Liability-Management-Portfolio reallokiert, bis die strategische Absicherungsquote von 30 Prozent erreicht ist (Schritt 2).

Doppelbilanzierer: Für Doppelbilanzierer ergibt sich für den Fall einer Zinswende folgende Problematik: Zu Vereinfachungszwecken sei angenommen, dass ein Unternehmen seinen Zieldeckungsgrad – zum Beispiel 100 Prozent – auf einer IFRS-Basis erreicht hat. Die optimale IFRS-Position ist folglich, den Status quo beizubehalten, was eine 100-prozentige Absicherungsquote impliziert. Aus einer HGB-Perspektive ergibt sich ein anderes Optimum: Im Falle einer Zinswende sinkt der Wert des Planvermögens. Das wäre unproblematisch, falls der Barwert der Verpflichtungen im gleichen Umfang fallen würde, da der Deckungsgrad konstant bliebe. Dies ist aufgrund der Durchschnittsbildung des HGB-Zins nicht der Fall: Dieser wird weiter sinken, und die Liabilities werden ansteigen, was zu einer Verschlechterung des Deckungsgrads führt. Dies kann Dividendenzahlung beeinträchtigen oder – siehe Strumpfhersteller Kunert – im Extremfall zur bilanziellen Überschuldung führen. In diesem Fall gilt die Lösung des auf Seite 170 im Abschnitt „Implikationen für Doppelbilanzierer" angesprochenen Optimierungsproblems in besonderem Maße.

Problematik im Falle einer Zinswende

Der Beitrag gibt Denkanstöße und skizziert Lösungsansätze, weshalb und wie der Einbezug von Liability-Cashflows in Anlageentscheidungen die Wahrscheinlichkeit der Zielerreichung – das Bedienen zugesagter Rentenzahlungen – erhöht. Als Fazit bleibt festzuhalten, dass ein Strategiewandel von Asset- zu Asset-Liability-Management einen wertvollen Beitrag zur Nachhaltigkeit der Finanzierung der bAV leisten kann, so dass Renten in Zukunft nicht nur dem Grunde, sondern auch der Höhe nach sicher sind. •

bAV und Asset-Management: mehr Aktien für die bAV

Eine „neue" bAV tut not, die die Risiken für die Arbeitgeber minimiert und dabei attraktiv für die Arbeitgeber bleibt

Von Klaus Mössle

Die lockere Geldpolitik der Europäischen Zentralbank ist nicht nur für jeden Vorsorgesparer eine Herausforderung. Auch für die Unternehmen hierzulande stellen die anhaltend niedrigen Zinsen ein großes Problem dar. Steigende Pensionsverpflichtungen bei niedrigem Ausfinanzierungsgrad belasten die Firmen. Die Zeiten, in denen Unternehmen mit als sicher geltenden Anlagen wie zehnjährigen Bundesanleihen oder Pfandbriefen 5 Prozent Rendite oder mehr erzielen konnten, sind lange vorbei.

Steigender Bilanzwert der DAX-Pensionsverpflichtungen bei sinkendem Ausfinanzierungsgrad

Laut einer Studie der Unternehmensberatung Towers Watson ist der Bilanzwert der Pensionsverpflichtungen allein für die 30 DAX-Unternehmen im Jahr 2014 um 25 Prozent auf 372 Milliarden Euro geklettert.[1] Durch die niedrigen Zinsen ist hingegen der Ausfinanzierungsgrad gesunken, also das Verhältnis von Pensionsverpflichtungen zu den dafür separierten Finanzmitteln. Diese Quote betrug 2014 durchschnittlich 61 Prozent. Das waren 4 Prozentpunkte weniger als noch im Vorjahr.

Diese Zahlen verdeutlichen, dass Unternehmen dringend die Struktur und die Kapitalanlage ihrer betrieblichen Altersversorgung (bAV) überdenken müssen, wenn sie die Risiken der bAV für das operative Geschäft zukünftig begrenzen und besser planbar machen wollen. Den risikolosen Zins gibt es nicht mehr. Festverzinsliche Wertpapiere wie zehnjährige Bundesanleihen mit einer Rendite von unter einem halben Prozent können den realen Kapitalerhalt nicht mehr gewährleisten, geschweige denn eine attraktive Rendite für den Mitarbeiter erzielen. Sie sind somit zumindest für die Kapi-

---

1 www.towerswatson.com/de-DE/Press/2015/03/DAX-Pensionsverpflichtungen-auf-Hoechststand-EZB-Niedrigzinspolitik-fuehrt-zu-Kostensteigerung.

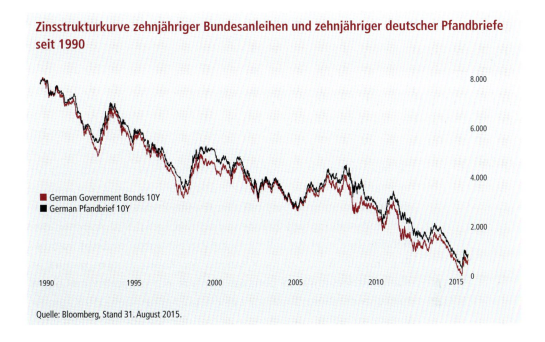

Zinsstrukturkurve zehnjähriger Bundesanleihen und zehnjähriger deutscher Pfandbriefe seit 1990

Quelle: Bloomberg, Stand 31. August 2015.

talaufbauphase in der bAV – vom Alter 30 bis 65 – kein adäquates Anlageinstrument mehr.

Mehr Rendite durch Aktien

Was bedeutet das für die Kapitalanlage der bAV? Unternehmen müssen stärker als bislang auf Aktien setzen, um eine auskömmliche Rendite zu erzielen. Dieses Umdenken passiert nicht von heute auf morgen, denn viele Deutsche haben eine Vorliebe für Vorsorgeprodukte mit garantierter Zinszusage, auch in der bAV. Allerdings hat eine Reihe führender Unternehmen die Zeichen erkannt und kommt bei modernen bAV-Plänen im Rahmen von Lebenszyklusmodellen auf eine Aktienquote von deutlich über 50 Prozent, bezogen auf den Durchschnitt aller Mitarbeiter.

Lebenszyklusmodelle mit hohen Aktienquoten sind im Kommen.

Im Übrigen haben die meisten Betriebe mittlerweile realisiert, welche enormen Auswirkungen die dauerhaft niedrigen Zinsen auf ihre Pensionspläne haben. Neben den erwähnten Zins- und Bilanzrisiken betrifft das auch Inflations- und Langlebigkeitsrisiken. In der Vergangenheit mussten die Verantwortlichen etwa immer wieder die

Erfahrung machen, dass die Lebenserwartung im Zeitablauf stärker ansteigt als in den Bilanzen unterstellt.

Arbeitgeber von Risiken entlasten

Lebenszyklusfonds

Arbeitgeber sollten ihre Pensionspläne also sorgfältig auf diese Risiken hin überprüfen und gegebenenfalls anpassen. Im Zuge eines De-Risking kann etwa durch die Kombination von beitragsorientierter Plangestaltung mit einfacher Kapitalgarantie und voller Teilhabe der Mitarbeiter an einer positiven Anlagerendite eine interessengerechte Verteilung der Chancen und Risiken der bAV zwischen dem Arbeitgeber und den Versorgungsberechtigten erreicht werden. Eine Möglichkeit, um die Chancen der Kapitalmärkte zu nutzen, aber auch das Risiko in der Kapitalanlage zu managen, sind Lebenszyklusfonds. Dieses Anlagemodell hat als erstes Ziel, den Kapitalerhalt am Zieldatum mit einer sehr hohen Wahrscheinlichkeit zu sichern und unter Beachtung dieser Vorgabe eine maximale Rendite zu erzielen. Auf Produktgarantien, die im Niedrigzinsumfeld besonders teuer sind, kann verzichtet werden. Lebenszyklusfonds können eine alternative Risikoabsicherung leisten. Das Anlageprinzip ist einfach: Die Zusammenstellung des Portfolios richtet sich nach dem Alter des Anlegers. Je weiter der gewünschte Renteneintritt in der Zukunft liegt, desto stärker investiert der Fonds in wachstumsorientierte Investments, beispielsweise in globale Aktien. Etwa 20 Jahre vor Auszahlung wird das angelegte Kapital langsam in weniger volatile Anlagen (festverzinsliche Wertpapiere) und schließlich in Geldmarktprodukte umgeschichtet, so dass das erwirtschaftete Vermögen abgesichert wird. Durch den langen Anlagezeitraum in Aktien partizipieren Mitarbeiter in diesem Konzept am Wachstum des weltweiten Produktivkapitals und bauen entsprechendes Vermögen auf.

Um Risiken in der Auszahlungsphase zu reduzieren, können Arbeitgeber darüber hinaus auf eine Verrentung verzichten und stattdessen eine Einmalzahlung oder Teilzahlungen über mehrere Jahre in ihren Pensionsplänen anbieten. Der Effekt dabei: Das Inflations- und Langlebigkeitsrisiko wird minimiert. Alternativ ist natürlich weiterhin auch die Verrentung des angesparten Kapitals über einen Versicherer möglich – auch damit liegt das Langlebigkeitsrisiko nicht mehr beim Arbeitgeber.

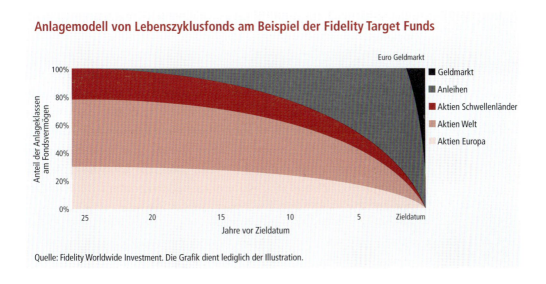

Anlagemodell von Lebenszyklusfonds am Beispiel der Fidelity Target Funds

Quelle: Fidelity Worldwide Investment. Die Grafik dient lediglich der Illustration.

Weniger garantieren, mehr leisten

Wie auch immer der Weg aussieht: Moderne bAV-Modelle sind beitragsorientiert (DC – Defined Contributions) und entlasten Arbeitgeber von den beschriebenen, kaum kalkulierbaren Risiken. Klassische Defined-Benefits-Modelle, also Leistungszusagen mit teuren Garantien, haben ausgedient. Der Grund ist einfach: Garantien sind im gegenwärtigen Marktumfeld schlicht zu teuer. Denn je geringer das allgemeine Zinsniveau ist, desto teurer werden Renditegarantien. Bei niedrigen Zinsen muss ein größerer Teil des eingezahlten Kapitals in festverzinsliche Anlagen investiert werden. Garantien kosten damit unausweichlich Rendite. Und mit der Anlagedauer nehmen die Renditeeinbußen zu, so dass diese gerade bei der langfristigen Anlage der bAV ihre größte Dimension erreichen.

Risikoentlastung

In anderen Ländern sind bAV-Modelle, die ohne Arbeitgebergarantien auskommen, auf dem Vormarsch. So etwa in den Niederlanden, wo garantierte Renditezusagen in der bAV lange der Normalfall waren. Seitdem diese klassischen Modelle in Schwierigkeiten geraten sind, finden zunehmend beitragsorientierte DC-Modelle Anwendung. Mit den Premium Pension Institutions (PPI) wurde im Jahr 2011 ein einfach strukturiertes Pensionsinstrument eingeführt, das in der Ansparphase keinerlei Risiken, wie zum Beispiel Garantiezusagen oder Langlebigkeitsrisiken, eingehen darf und am Ende des Arbeitslebens eine Verrentung nur über externe Versicherer erlaubt.

Auch in Deutschland haben Unternehmen ihre Pensionspläne in den vergangenen Jahren umgestellt. Sie bieten ihren Mitarbeitern eine starke Kapitalanlage und Flexibilität in der Auszahlungsphase und wurden für ihre Modelle ausgezeichnet. Beispiele sind etwa Daimler, Henkel, BMW und General Electric.[2] Für uns sind diese modernen Pensionspläne Ausdruck einer „neuen bAV", die für weitere Arbeitgeber in Deutschland Modellcharakter haben könnten. Das vor allem zu dem Zweck, der Betriebsrente wieder Aufwind zu verleihen.

Neue bAV: einfach, renditestark und flexibel

Was ist die „neue bAV"?

Wodurch zeichnet sich diese „neue bAV" aus? Eine der Grundvoraussetzungen ist, wie bereits erläutert, die renditestarke Kapitalanlage. Das bedeutet: In der Ansparphase werden Arbeitgeber- und Arbeitnehmerbeiträge nach besten Erkenntnissen langfristig so angelegt, dass das Kapital bei Rentenbeginn erhalten bleibt und die Mitarbeiter durch Teilhabe am weltweiten Wachstum des Produktivkapitals eine möglichst gute Realrendite erzielen – etwa durch Lebenszyklusfonds. Die „neue bAV" verzichtet auf Zinsgarantien, die Geld kosten und damit die Rendite der Anleger schmälern.

Was „renditestark" konkret bedeutet, zeigt folgendes Beispiel: Eine 42-jährige Mitarbeiterin, die 25 Jahre später, also im Jahr 2039 das Rentenalter erreichen wird, möchte für das Rentenalter vorsorgen und eine bAV abschließen. Dafür zahlt sie Ende 2014 ein Kapital von 10.000 Euro ein. Der Arbeitgeber wählt für die bAV einen am Markt erhältlichen Lebenszyklusfonds mit dem Zieldatum 2040. Die erwartete Rendite für diesen Fonds liegt nach unseren Berechnungen bei über 6 Prozent p. a. Beim Renteneintritt 2039 könnte die Mitarbeiterin bei einer jährlichen Rendite von 6 Prozent mit einem Vermögen von rund 43.000 Euro rechnen. Ihr eingezahltes Kapital hätte sich also mehr als vervierfacht.[3]

---

2 Siehe auch Deutscher bAV-Preis 2014, www.deutscher-bav-preis.de.
3 Berechnungen von Fidelity Worldwide Investment, bezogen auf die Fidelity Target Date Funds; Stand September 2015.

Der zweite wichtige Faktor ist Einfachheit. Die „neue bAV" basiert deshalb auf einem Automatismus in der Entgeltumwandlung, dem Opt-out. Dieses sollte gesetzlich, tarifvertraglich oder betrieblich vorgeschrieben werden. Arbeitnehmer, die sich nicht gegen eine Teilnahme an der bAV aussprechen, nehmen automatisch teil, ohne selbst aktiv werden zu müssen. Nur durch solche Automatismen wird es gelingen, die Entgeltumwandlung in der bAV zu erhöhen. Die Kombination von Arbeitgeber- und Mitarbeiterbeiträgen wird dazu beitragen, bei rückläufiger staatlicher Rente auch zukünftig angemessene Renteneinkünfte zu sichern.

Flexibilität ist das dritte wichtige Erfolgskriterium. Die Anspar- und die Auszahlungsphase werden deshalb klar getrennt. In der Ansparphase sollten Beschäftigte die Möglichkeit haben, ihr in der bAV angespartes Kapital bei einem Jobwechsel mitzunehmen. Das Vermögen kann entweder beim bisherigen Arbeitgeber stehenbleiben oder auf den neuen übertragen werden. Und bei der Auszahlung des Kapitals sollten dem Mitarbeiter alle Optionen zur Verfügung stehen: Einmalzahlung, Ratenzahlung oder die Verrentung über einen externen Versicherer – ganz so, wie es die individuellen Bedürfnisse des Mitarbeiters erfordern.

Standardisierte Lösungen für Mittelständler

Diese Modelle dürfen jedoch nicht nur den Beschäftigten großer Unternehmen vorbehalten sein. Auch für Mittelständler und kleine Firmen muss eine renditestarke Kapitalanlage möglich sein. Wenn kleine und mittelständische Arbeitgeber ihren Mitarbeitern eine bAV anbieten, dann häufig in Form einer Direktversicherung. Das ist besser als nichts, zumal einige Anbieter inzwischen dazu übergegangen sind, fondsgebundene Direktversicherungen ohne Garantiezins einzuführen. Dadurch können Risiken für den Arbeitgeber minimiert und höhere Renditen für den Mitarbeiter erzielt werden. Ein solches Modell ist gerade für kleine Mittelständler und Kleinstbetriebe interessant, da sich der Verwaltungsaufwand für den Arbeitgeber in Grenzen hält und die Lösung einfach umzusetzen ist.

Angebote für KMUs

Doch Renditen wie bei Lebenszyklusfonds in der Größenordnung von 6 Prozent jährlich konnten versicherungsförmige Anlagen schon in den vergangenen 15 Jahren nicht erwirtschaften, und zukünftig werden klassische Direktversicherungen noch deutlich weniger liefern. Das Verbrauchermagazin Öko-Test rechnet mit einer durchschnittlichen Rendite von 2,69 Prozent für Männer und 2,83 Prozent für Frauen. Steuern und Sozialabgaben müssen dabei noch abgezogen werden.[4]

Damit die bAV auch für Mittelständler attraktiv wird, sind einfach zu verwaltende und standardisierte Branchenlösungen gefragt, die ebenso renditestark wie die Kapitalanlage in der Direktzusage sind. Möglich ist das beispielsweise im Durchführungsweg Pensionsfonds. Der Vorteil für den Mitarbeiter ist, dass die Kapitalanlage über Lebenszyklusfonds auch in diesem Modell möglich ist. Der Vorteil für den Arbeitgeber liegt klar im reduzierten Administrationsaufwand im Vergleich zur Direktzusage. Außerdem wird die Kapitalgarantie auf den Pensionsfonds übertragen und belastet nicht die Bilanz.

Kein sechster Durchführungsweg

Renditeerwartung entscheidet über den Absatzerfolg einer bAV.

Entscheidend für einen nachhaltigen Erfolg der bAV wird es sein, dass die eingezahlten Beiträge eine für die sehr langfristigen Anlagezeiträume angemessene Rendite nach Inflation und allen Kosten erwarten lassen. Niedrige Zinsen sind dabei kein Problem für die Kapitalanlage, solange Investitionen in Produktivität, vor allem in Aktien, möglich sind. Es ist fraglich, ob herkömmliche Modelle – zumal dann, wenn sie versicherungstypischer Regulierung unterliegen – diese Voraussetzungen erfüllen können. Um nicht missverstanden zu werden: Wir fordern keineswegs einen sechsten Durchführungsweg, sondern vielmehr eine Implementierung der vorhandenen, praxiserprobten Modelle auch für den Mittelstand.

---

4 Öko-Test: www.n-tv.de/ratgeber/Oeko-Test-zerpflueckt-Direktversicherung-article12960551.html.

Von attraktiven bAV-Modellen profitieren gerade Mittelständler, weil sie durch die Sicherung eines angemessenen Versorgungsniveaus im Alter Fachkräfte gewinnen und an sich binden können. Mit einer innovativ gestalteten bAV können sich die kleinen und mittleren Unternehmen als interessanter Arbeitgeber präsentieren und sich von der Konkurrenz absetzen. Stichwort Employer-Branding: Ohne eine leistungsfähige bAV werden die Mitarbeitergewinnung und -bindung langfristig nicht mehr auskommen. •

Luxemburg – ein lukrativer Standort für betriebliche Altersversorgungseinrichtungen

Der Luxemburger Fondsmarkt bietet attraktive Bedingungen für alternative Investments deutscher bAV-Einrichtungen

Von Stefan Rockel und Marc-Oliver Scharwath

Der Luxemburger Finanzplatz ist attraktiv für institutionelle Anleger, besonders für die alternativen Anlagen deutscher betrieblicher Altersversorgungseinrichtungen (bAVs). Dieser Beitrag geht nicht auf jede Nuance bei der Auflage von Strukturen und deren operationeller Betreuung ein, vielmehr wird mit Blick auf die jüngsten Entwicklungen seit der Implementierung der EU-Richtlinie für Verwalter alternativer Investmentfonds (Alternative Investment Fund Managers, AIFM)[1,2] in Luxemburg dargestellt, welche Vorteile das Großherzogtum deutschen bAVs heute bietet.

Luxemburg als flexibler Finanzplatz zieht Assets an

Marktdaten Luxemburg

Luxemburg verzeichnet seit vielen Jahren stetige Zuwächse bei den Nettoaktiva der dort ansässigen Investmentorganismen. Dies hängt mit der Positionierung des Landes als innovativer Fondsstandort mit positivem regulatorischem Umfeld zusammen, aber auch mit der Internationalität der dort vertretenen Marktteilnehmer und Dienstleister. Entsprechend einer am 5. Oktober 2015 vom Luxemburger Dachverband der Fondsindustrie (Association Luxembourgeoise des Fonds d'Investissement, ALFI)[3] veröffentlichten Darstellung werden derzeit 3.422,987 Milliarden Euro in insgesamt 3.891 in Luxemburg domizilierten Strukturen verwaltet, von denen 1.601 als Spezialfonds nach Luxemburger Recht (SIF) qualifizieren. Diese Spezialfonds

---

1 Richtlinie 2011/61/EU vom 8. Juni 2011 über die Verwalter alternativer Investmentfonds und zur Änderung der Richtlinien 2003/41/EG und 2009/65/EG und der Verordnungen (EG) Nr. 1060/2009 und (EU) Nr. 1095/2010.
2 Die französische Originalfassung des Luxemburger Umsetzungsgesetzes zur AIFM-Richtlinie („AIFM-Gesetz") findet sich unter: www.legilux.public.lu/leg/a/archives/2013/0119/a119.pdf.
3 Vgl.: www.alfi.lu.

sind den gemeinsamen Anlagen sachkundiger Anleger vorbehalten, zu denen auch betriebliche Altersversorgungseinrichtungen gehören. Deutsche Initiatoren stehen nach Angaben der Luxemburger Finanzaufsicht (Commission de Surveillance du Secteur Financier, CSSF) mit einem Anteil von etwa 14,8 Prozent an den aktuell in Luxemburg verwalteten Nettoaktiva bereits an dritter Stelle unter den insgesamt 69 Ländern, aus denen das im Großherzogtum verwaltete Vermögen stammt.

Das Luxemburger Spezialfondsgesetz aus dem Jahr 2007 bildet, ergänzt um das AIFM-Gesetz[4], den rechtlichen Schwerpunkt dieses Beitrags. Besondere Berücksichtigung finden die vom Luxemburger Gesetzgeber bereitgestellten Rahmenbedingungen für bAVs, etwa der im SIF-Gesetz mit Artikel 68 Absatz 2 geschaffene Ausnahmetatbestand, nach dem die in Luxemburg für – ansonsten steuerbefreite – SIFs anfallende Zeichnungssteuer von jährlich 0,01 Prozent nicht erhoben wird, wenn die Anteile des Vehikels bAVs vorbehalten sind.

Luxemburger Spezialfondsgesetz von 2007

Alternative Anlagen sind zunehmend gefragt

Besonders interessant ist Luxemburg als Domizil für alternative Anlagen. Wegen der gegenüber Mitgliedern oder Arbeitnehmern abgegebenen Leistungszusagen suchen bAVs verstärkt Anlagen, die dauerhaft und nachhaltig Ertrag generieren und ihre Portfolios weiter diversifizieren. Dies gilt umso mehr, als in der aktuellen Kapitalmarktsituation traditionelle Investments, vor allem im festverzinslichen Bereich, nicht mehr die gewohnten Wertentwicklungen bieten. Das Augenmerk der bAVs richtet sich deshalb stärker auf alternative Ertragsbringer, die stabile Cashflows generieren.

Schon in den vergangenen Jahren wurden alternative Anlageformen immer stärker nachgefragt. Dazu zählen vor allem Private Equity, Infrastruktur, erneuerbare Energien und Immobilien, für die sowohl Eigen- als auch Fremdkapitalbeteiligungsformen verfügbar sind. Diese alternativen Anlagen weisen relativ geringe Korrelationen gegenüber traditionellen Märkten auf und bieten Nachhaltigkeitsvorteile,

---

[4] Die französische Originalfassung des Luxemburger Umsetzungsgesetzes zur AIFM Richtlinie („AIFM-Gesetz") findet sich unter: www.legilux.public.lu/leg/a/archives/2013/0119/a119.pdf.

weil mit ihnen langfristig in den Aufbau und die Erhaltung natürlicher Ressourcen und die Schaffung von Infrastruktur investiert wird.

Der „Mercer European Asset Allocation Survey 2015"[5], der mehr als 1.100 europäische betriebliche Altersversorgungseinrichtungen mit einem Anlagevolumen von über 950 Millarden Euro berücksichtigt, zeigt deutlich das steigende Interesse. Derzeit sind der Umfrage zufolge bereits durchschnittlich 14 Prozent des Gesamtanlagevolumens europäischer Pensionspläne in alternative Anlageklassen investiert, 2014 lag der Anteil noch bei 12 Prozent.

SIF als Rahmen für alternative Anlagen

Neue Gesetze für ein sicheres und flexibles Anlegerumfeld

Der Finanzplatz Luxemburg hatte schon in der Vergangenheit stets das Bestreben, als eine der ersten europäischen Jurisdiktionen neue Gesetze, die den Anlegern ein sicheres, aber zugleich flexibles Umfeld bieten, zu implementieren. Bereits seit dem Jahr 2007 sind SIFs nach dem SIF-Gesetz als Vehikel zur Anlage in alle gängigen Vermögenswerte und für sachkundige Anleger auf dem Vormarsch. Für vorliegende Zwecke und ob des Umstands, dass bei alternativen Investmentfonds gemäß AIFM-Richtlinie nach Luxemburger Lesart auch Aspekte des „Einsammelns von Kapital" bei einer Anzahl von Anlegern notwendig sind, bAVs aber in aller Regel die „kritische Masse" zur Rentabilität der Auflage einer eigenen luxemburgischen Investmentstruktur überschreiten, werden wir AIFM-Richtlinien-Aspekte nicht weiter beleuchten und verbleiben beim Hinweis, dass es in Luxemburg regulierte SIFs gibt, die nicht der AIFM-Richtlinie und den daraus folgenden Regularien unterliegen (sogenannte Non-AIFs). Sollten bei den folgenden Darlegungen also keine weiteren Gesetzesverweise zu finden sein, so befassen wir uns stets mit dem SIF-Gesetz.

SIF-Varianten für verschiedene Anlegerbedürfnisse

Das SIF-Gesetz gibt im Grunde zwei verschiedene Formen von Anlagevehikeln vor: erstens den als Fonds commun de Placement (FCP)

---
5   Vgl.: www.mercer.de/insights/point/2015/investitionen-in-alternative-anlageklassen-nehmen-weiter-zu.html.

bezeichneten Investmentfonds nach Vertragstyp, der mit den deutschen Sondervermögen vergleichbar ist, und zweitens die mit deutschen Investment AGs oder Investment KGs vergleichbare Société d'Investissement à Capital Variable (SICAV), eine Investmentgesellschaft mit variablem Kapital. Wenn Investoren sich grundlegend auf Investments in alternative Anlagen festlegen, kümmern sich um deren Ausgestaltung in Luxemburg erfahrene Fondspartner vor Ort, allen voran die Kapitalverwaltungsgesellschaften (KVGs). Nach klassischer Lesart fungieren diese gemäß Kapitel 15 des SIF-Gesetzes als Verwaltungsgesellschaft (Management Company, ManCo) und können – der Vollständigkeit halber – zusätzlich als Verwalter alternativer Investmentfonds (Alternative Investment Fund Manager, AIFM) qualifizieren. Die Wahl der geeigneten Struktur – FCP oder SICAV – hängt wesentlich vom Interesse des Initiators und vom Bedürfnis nach schneller Umsetzung ab.

Variante 1: SICAV

Wollte ein Investor beim Anlagevehikel Mitbestimmungsrechte wahrnehmen, sprach bislang viel für die Auflage einer SICAV, meist in Form einer Aktiengesellschaft (Société Anonyme, S.A.). Anleger fungieren dabei nach der Auflage als Aktionäre und können dem Luxemburger Gesetz von 1915 betreffend Handelsgesellschaften zufolge Stimmrechte bei Aktionärsversammlungen ausüben. Dies bietet ihnen die Möglichkeit, unter gewissen Voraussetzungen die Geschicke der Gesellschaft mitzugestalten, solange der Ort der laufenden Verwaltung (Place of Effective Management) in Luxemburg verbleibt. Die Verwaltung wird per Gesetz von einem Verwaltungsrat ausgeübt, der aus mindestens drei Personen besteht, von denen nach unserer Einschätzung mindestens zwei in Luxemburg berufsansässig sein sollten. Demnach kann ein Mitglied von der Initiatorenseite gestellt werden, etwa von einer bAV-Einrichtung. In der Praxis lagert der Verwaltungsrat die Verwaltungstätigkeit auf zugelassene KVGs aus.

Die KVGs übernehmen auch das aufsichtsrechtlich notwendige Zulassungsverfahren und die Auflage, die die Einbeziehung eines Notars zur Beschlussfassung über die Gründungsurkunde erfordert, und die Anbindung etwaiger externer Dienstleister wie etwa Anlageberater, Asset-Manager oder Wirtschaftsprüfer. Abhängig von den Wünschen

Aufgaben der KVGs

der Initiatoren können KVGs diese Tätigkeiten – je nach interner Aufstellung – eigenständig oder durch externe, anwaltliche Unterstützung durchführen. Im Rahmen des Zulassungsverfahrens prüft die CSSF intensiv die erstellte rechtliche Dokumentation sowie die Reputation und fachliche Eignung der vorgeschlagenen Verwaltungsräte. Wird das SICAV-Vorhaben positiv beschieden, können die Dokumente ausgefertigt und im einfachen Verfahren online an die CSSF übermittelt werden, woraufhin diese die S.A., SICAV-SIF auf die offizielle Liste der SIFs[6] nimmt. Damit ist die Struktur investitionsfähig.

Steuerliche Vorteile von SICAVs SICAVs sind in Luxemburg von allen Ertragssteuern und den Luxemburger Quellensteuern befreit. In der Rechtsform der S.A. sind sie vor allem für Investoren interessant, die sich vor der gewerblichen Infizierung durch gewerbliche Einkünfte aus Zielinvestments schützen müssen und deswegen nicht in eine SICAV in der Rechtsform einer Personengesellschaft investieren können. Die Rechtsprechung des deutschen Bundesfinanzhofs vom 9. Februar 2011 zur Unschädlichkeit des Haltens einer gewerblichen Personengesellschaft ist nur für ein berufsständisches Versorgungswerk ergangen, andere Einrichtungen der bAV wie etwa Pensionskassen sind von diesem Urteil nicht erfasst und müssen daher auf eine Abschirmung vor gewerblicher Infizierung durch eine Kapitalgesellschaft – wie etwa eine S.A. – achten.

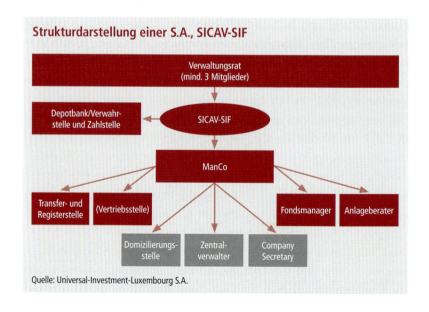

Quelle: Universal-Investment-Luxembourg S.A.

---

6 Vgl.: http://supervisedentities.cssf.lu/index.html?language=en&type=FIS#ResultResearch.

Variante 2: FCP-SIF

Weil die S.A., SICAV-SIF eine relativ hohe Komplexität aufweist und mehr zeitlichen Aufwand sowie die Einbindung mehrerer Dienstleister erfordert, entschieden sich institutionelle Investoren in der Vergangenheit häufig für die Struktur eines FCP-SIFs nach Vertragstyp. Dessen Rahmenbedingungen sehen vor, dass für unsere Zwecke eine Luxemburger KVG zusammen mit einer Luxemburger Verwahrstelle ein Verwaltungsreglement ausfertigt, in dem die mit der Satzung von Investmentgesellschaften vergleichbaren Regularien des FCP niedergeschrieben sind. Das Verwaltungsreglement wird begleitet von einem Emissionsdokument, das dem sachkundigen Anleger die Anlagepolitik und Risiken des FCP-Investments transparent darlegt. Weitgehend analog zur S.A., SICAV-SIF stellen Verträge mit Dienstleistern das rechtliche Rahmenwerk des FCP dar, das von der CSSF zugelassen werden muss. Ausgeschlossen sind beim FCP die Einbindung von Notaren und gesellschaftsrechtlich abzufassende Beschlüsse. Auch der FCP ist in Luxemburg von Ertrags- und Quellensteuern befreit.

Rahmenbedingungen eines FCP-SIFs nach Vertragstyp

Der FCP ist allerdings mit Verabschiedung des deutschen AIFM-Steueranpassungsgesetzes (StAnpG) in Deutschland zum Steuersubjekt für die beschränkte Steuerpflicht geworden. Daraus ergibt sich, dass zumindest nach dem Doppelbesteuerungsabkommen (DBA) zwischen Deutschland und den USA[7] keine Durchschau auf den Anleger mehr möglich ist, so dass für Zielinvestments des FCP bestimmte Vor-

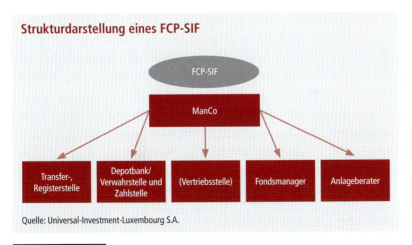

Quelle: Universal-Investment-Luxembourg S.A.

---

[7] www.bundesfinanzministerium.de/Content/DE/Standardartikel/Themen/Steuern/Internationales_Steuerrecht/Staatenbezogene_Informationen/Laender_A_Z/Verein_Staaten/2013-10-15-USA-Abkommen-FATCA.html.

teile dieses Abkommens wie die Quellensteuerreduzierung auf null Prozent für Pension-Trusts nicht mehr genutzt werden können. Damit stellt sich die Frage, ob die Attraktivität des FCP für steuerbefreite deutsche Anleger leidet. Die Antwort auf diese Frage ist ein klares Nein. Der FCP behält für gewisse Anlagen und Jurisdiktionen eine solide Existenzberechtigung, weil er einem Trust gleichgesetzt ist und somit vom Ausland aus in den meisten Fällen weiterhin als transparent angesehen wird. Verlangt das DBA eines Landes mit Deutschland nicht gleichzeitig eine Transparenz des FCP aus deutscher steuerlicher Sicht, wie dies im DBA zwischen Deutschland und den USA der Fall ist, kann beim FCP weiterhin auf den bAV-Anleger durchgeschaut werden. Anleger können daher mit FCP ihren speziellen steuerlichen Status weiter bei Anlagen in den meisten Ländern nutzen.

Variante 3: SCS/SCSp

Weiterentwicklung eines bekannten Vehikels

Luxemburg hat sich dem Bedarf der Marktteilnehmer angepasst und ein lange bekanntes, aber im regulierten SIF-Bereich wegen seiner ursprünglichen strukturellen Inflexibilität seltener genutztes Vehikel weiterentwickelt: Die Luxemburger Kommanditgesellschaft (Société en commandite Simple, SCS). Mit der Société en commandite Spéciale (SCSp) wurde zudem bei der Einführung des AIFM-Gesetzes in Luxemburg eine neue Ausprägung der SCS etabliert.

Die Steuerbehörde des Großherzogtums hat den transparenten Status von SCS und SCSp Anfang 2015 erneut bestätigt.[8] Die SICAV-SIF in Form einer SCS oder SCSp ist als transparente Gesellschaft grundsätzlich von der Körperschaft- und Gewerbesteuer befreit. Wegen der Transparenz der Vehikel können DBAs auf die Person des Investors abstellen, so dass positive Effekte genutzt werden können, wie sie etwa in Bezug auf die Quellensteuerreduzierung am Beispiel des DBA zwischen Deutschland und den USA für Pension-Trusts beschrieben wurden. Es muss aber beachtet werden, dass die SCS/SCSp keine Abschirmwirkung gegen gewerbliche Einkünfte entfalten. Investoren aus dem Bereich der bAV sollten daher eine verbindliche Auskunft bei ihrem Finanzamt einholen, bevor sie in eine transparente

---
[8] Die französische Originalfassung des Rundschreibens der Luxemburger Steuerbehörde findet sich unter: www.impotsdirects.public.lu/legislation/legi15/ Circulaire-L_I_R_-n_-14-4-du-9-janvier-2015.pdf.

Gesellschaft investieren, die gewerblich geprägt ist oder gewerbliche Einkünfte generiert. Falls keine gewerblichen Einkünfte vorliegen, ist eine gewerbliche Entprägung denkbar und möglich, wenn unter bestimmten Voraussetzungen auch Kommanditisten zur internen Führung von Geschäften befugt werden.

Grundlegende Voraussetzung für den Aufsatz einer Luxemburger Kommanditgesellschaft ist, dass mindestens ein Komplementär zusammen mit mindestens einem – auf die Einlage beschränkt haftenden – Kommanditisten einen Gesellschaftsvertrag schließt. Dabei wird unter anderem die Entscheidung für den Aufsatz der Kommanditgesellschaft als SCS oder als SCSp getroffen. Der wesentliche Unterschied zwischen beiden Ausprägungen ist, dass die SCSp im Gegensatz zur SCS über keine eigene Rechtspersönlichkeit verfügt. Deshalb gilt die SCSp in Luxemburg in steuerlicher und handelsrechtlicher Hinsicht als transparent, was sie den im Vereinigten Königreich bekannten Limited Partnerships gleichstellt. Die mit eigener Rechtspersönlichkeit ausgestattete SCS ist in Luxemburg nur steuerlich transparent, daher ist sie der deutschen Investment-Kommanditgesellschaft vergleichbar. Positiv aus Anlegersicht ist, dass bei SCS wie auch bei SCSp als Inhaber der Vermögenswerte die Kommanditgesellschaft registriert wird, nicht die dahinterstehenden Gesellschafter.

Gesellschaftsvertrag einer Luxemburger Kommanditgesellschaft

Ein weiterer Vorteil der SCS/SCSp ist, dass bei der Konzeption des Gesellschaftsvertrags weitgehender Freiraum besteht. Bezüglich der Einbringungen durch die Gesellschafter sind beispielsweise Sacheinlagen neben den klassischen Cashflüssen denkbar, womit bAVs die Möglichkeit gegeben wird, Beteiligungen aus dem Direktbestand auf einfachem Wege in die SCS/SCSp-Strukturen zu übertragen. Auch zu den Voraussetzungen einer Aufnahme neuer Gesellschafter, zu Gesellschafterbeschlüssen und deren Spektrum, zu Änderungen des Gesellschaftervertrags sowie zur Ausgabe und Rücknahme von Kommanditanteilen können relativ frei Regelungen getroffen werden. Relativiert wird die Freiheit lediglich durch Spezialgesetze, etwa in Bezug auf die Aufnahme von Regeln zur Bewertung des Nettoinventarwertes der Gesellschaftsanteile und hinsichtlich der Einhaltung des Prinzips der Risikostreuung.[9] Bezüglich der Registrie-

---

9 Vgl. insofern das Rundschreiben CSSF 07/309 vom 3. August 2007, wonach ein SIF „grundsätzlich nicht mehr als 30 Prozent seiner Aktiva oder seiner Zeichnungsverbindlichkeiten in Wertpapiere desselben Typs investieren kann, die vom selben Emittenten ausgegeben sind". Eine englische Fassung des Rundschreibens findet sich unter: www.cssf.lu/fileadmin/files/Lois_reglements/Circulaires/Hors_blanchiment_terrorisme/cssf07_309eng.pdf.

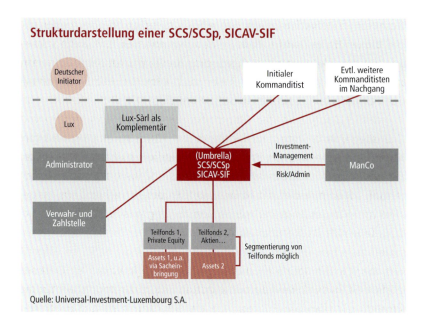

Quelle: Universal-Investment-Luxembourg S.A.

rung und der Publikationspflichten im Handels- und Gesellschaftsregister beziehungsweise dem Luxemburger Amtsblatt (Mémorial) ist man in Luxemburg den Vertraulichkeitsinteressen der Initiatoren und Anleger von Kommanditgesellschaften entgegengekommen. Der Gesellschaftsvertrag beispielsweise muss nicht in seiner Gesamtheit, sondern nur in Auszügen veröffentlicht werden, und Daten zu den Kommanditisten werden nicht publik gemacht.

Gesellschaftssitz der SCSp

Der Gesellschaftssitz der SCSp orientiert sich am Sitz der auch als Zentralverwaltung bezeichneten Hauptverwaltung, so dass es unproblematisch ist, wenn Kommanditisten nicht in Luxemburg ansässig sind. Die Verwaltung der Kommanditgesellschaften wird analog zu den in Deutschland bekannten Modalitäten vom unbeschränkt haftenden Komplementär ausgeführt bzw. im Rahmen einer Universaldelegation auf KVGs übertragen. Wie andere Vehikel müssen auch Luxemburger Kommanditgesellschaften den offiziellen Genehmigungsprozess der CSSF durchlaufen, um ihre Tätigkeit aufnehmen zu können.

Betreuung eines SIF stellt hohe Anforderungen an die KVG. Die SIFs stellen, wenn sie für das Investment in alternative Assets genutzt werden, gerade vor dem Hintergrund der bAV-Regulierung große Herausforderungen an die KVGs. Diversifizierte Anlagen über Eigen- oder Fremdkapitalbeteiligungen im In- und Ausland sind komplex und machen elaborierte Erwerbsprüfungen erforderlich. Bei diesen Erwerbsprüfungen sind unter anderem die Rechtsabteilungen der KVGs damit befasst, die Übereinstimmung des Investments mit der Anlagepolitik des SIF zu prüfen, ebenso Haftungsrisiken, eine Verlustbegrenzung auf eingesetztes Kapital, das Nichtvorhandensein sogenannter Clawbacks und das Vorhandensein von Advisory-Board-Sitzen und generellen Mitbestimmungsrechten. Ebenso gesichert sein müssen ein verlässliches und zeitgerechtes Berichtswesen sowie eine freie Übertragbarkeit der gehaltenen Anteile. Dies mündet oft in der komplizierten Verhandlung sogenannter Side-Letters, bei denen passend gemacht wird, was am Investment nicht direkt passt.

Die meisten Anlagestrukturen haben eine begrenzte Lebensdauer, auch die in diesem Beitrag behandelten SIFs. Luxemburg hält für die Beendigung flexible Prozesse bereit. So kann man bezüglich der Veranlassung der Beendigung unterscheiden: Es gibt freiwillige Auflösungen durch Beschluss der befugten Gremien wie Verwaltungsrat, Komplementär und KVG, etwa nach der Erreichung des Zweckes oder dem Ende der Laufzeit der Struktur. Auch Zwangsauflösungen sind möglich, wenn beispielsweise eine wirtschaftlich effiziente und sinnvolle Verwaltung nicht weiter möglich ist oder das verwaltete Vermögen der Struktur unter gesetzliche Schwellenwerte fällt. Auch bei der Beendigung von SIFs sind erfahrene KVGs vor Ort ein wichtiger Partner, weil sie die Abwicklung der Strukturen und die notwendigen Verfahren durchführen, auch gegenüber der Aufsichtsbehörde CSSF.

Luxemburg bietet in Bezug auf Steuerrecht und Kapitalmarktregulierung ein stabiles Umfeld, das schnell, flexibel und lösungsorientiert neuen Herausforderungen angepasst wird. Abhängig vom individuellen Bedarf sollte jeder Investor selbst entscheiden, ob und welche Luxemburger Strukturen die besten Voraussetzungen für seine Anlageziele bieten. Dies gilt besonders für bAV-Investoren, die in Luxemburg prinzipiell ein günstiges regulatorisches Umfeld vorfinden. •

Autoren- und Unternehmensporträts

Autoren- und Unternehmensporträts

Dr. Georg Thurnes, Dr. Stefan Birkel
Aon Hewitt GmbH   197

Dr. Bob Neubert, Jens Thomas Otto
BANSBACH GmbH   198

Alexander Gunkel
BDA | DIE ARBEITGEBER   200

Jana Schimke, MdB
CDU/CSU-Bundestagsfraktion   201

Carsten Cornelsen, MBA
confera Unternehmensgruppe   202

Dr. Helmut Hofmeier, Dr. Klaus Friedrich
B&W Deloitte GmbH   203

RA Gisbert Schadek
Entgelt und Rente AG   204

Dr. Guido Birkner
FRANKFURT BUSINESS MEDIA GmbH – Der F.A.Z.-Fachverlag   205

Dr. Klaus Mössle
FIL Investment Management GmbH   206

Winfried Becker
FRANKFURT-TRUST Investment Gesellschaft mbH   208

Rainald Meyer, Frank Rebenstorff
Funk Vorsorgeberatung GmbH   210

Michael Reinelt
Generali Versicherungen   211

Wolfgang Murmann
Insight Investment   212

Frank Vogel
KAS BANK N.V. – German Branch   213

Mark Walddörfer, Michael Hoppstädter
Longial GmbH   214

Pascal Bazzazi
Leiter-bAV.de   216

Matthias Edelmann, Dr. Carsten Schmidt
Lurse AG   217

Swen Silke Al, Alexander Siegmund
planbAV GmbH   218

Robert Müller
Sparkassen Pensionsfonds AG   219

Dr. Henriette Meissner
Stuttgarter Lebensversicherung a.G.   220

Dr. Alexander Zanker, Heiko Gradehandt
Towers Watson   221

Marc-Oliver Scharwath, Stefan Rockel
Universal-Investment   222

Dr. Georg Thurnes ist Chefaktuar und Mitglied der Geschäftsleitung von Aon Hewitt. Er ist Aktuar (DAV), IVS-geprüfter Sachverständiger für bAV und stellvertretender Vorstandsvorsitzender der Arbeitsgemeinschaft für betriebliche Altersversorgung (aba) sowie des Sachverständigeninstituts IVS. Georg Thurnes arbeitet als bAV-Berater und auf ähnlichen Gebieten für zahlreiche deutsche und multinationale Unternehmen. Weiterhin übt er die Funktion des beratenden, aber auch des Verantwortlichen Aktuars für etliche Pensionskassen und Pensionsfonds aus.

Dr. Stefan Birkel, Volljurist, arbeitet in der Rechtsabteilung von Aon Hewitt. Er berät und betreut Kunden zu allen im Zusammenhang mit der betrieblichen Altersversorgung stehenden juristischen Fragestellungen, insbesondere bei der Einführung, Veränderung und Schließung von Versorgungswerken. Zudem beschäftigt er sich verstärkt mit Spezialthemen wie Treuhandlösungen (sogenannte Contractual Trust Arrangements) und dem Versorgungsausgleich.

Aon Hewitt ist weltweit führender Anbieter von HR-Services. Das Unternehmen ermöglicht Kunden eine Sicherung ihrer Zukunftsfähigkeit durch innovative Vorsorge-, Talent- und Gesundheitslösungen. In Deutschland wird ein breites Spektrum an Lösungen mit den Schwerpunkten betriebliche Altersversorgung, Vergütung sowie Talentmanagement & Engagement beraten, gestaltet, implementiert, kommuniziert und administriert. Zu den Kunden zählen sowohl kleine und mittelständische als auch große Unternehmen. Aon Hewitt ist weltweit mit mehr als 30.000 Mitarbeitern in 90 Ländern vertreten. In Deutschland arbeiten etwa 450 Berater und Experten an fünf Standorten.

▶ **KONTAKT:** Aon Hewitt GmbH
Dr. Georg Thurnes
St.-Martin-Straße 60
81541 München
Telefon: +49 89 5 23 05-48 76
E-Mail: georg.thurnes@aonhewitt.com
Internet: www.aon.com

Dr. Bob Neubert ist Wirtschaftsprüfer und Steuerberater sowie Gesellschafter der BANSBACH GmbH Wirtschaftsprüfungs- und Steuerberatungsgesellschaft. Er ist Teamleiter in der Steuerabteilung und neben der Gestaltungsberatung insbesondere für den steuerlichen Bereich der Pensionsauslagerungen verantwortlich. Daneben betreut er unter anderem die Bereiche Verrechnungspreise, Besteuerung der Gesellschaften und Kapitaleinkünfte. Nach seinem betriebswirtschaftlichen Studium und der anschließenden Promotion an der Universität Passau war er mehrere Jahre in einer großen Wirtschaftsprüfungsgesellschaft sowie als Professor und Dekan an der SRH Hochschule in Calw tätig.

Jens Thomas Otto ist Prokurist und Steuerberater bei der BANSBACH GmbH Wirtschaftsprüfungs- und Steuerberatungs gesellschaft. Innerhalb der Steuerabteilung betreut er unter anderem die Bereiche Personengesellschaften und Kapitaleinkünfte. Neben der Gestaltungsberatung ist er maßgeblich, zusammen mit Bob Neubert, für den steuerlichen Bereich der Pensionsauslagerungen verantwortlich. Nach seinem Studium an der Hochschule für Verwaltung und Finanzen Ludwigsburg war er mehrere Jahre in verschiedenen Positionen für die Finanzverwaltung und als Referent tätig.

BANSBACH – das gesamte Spektrum an Leistungen und Werten

Die BANSBACH GmbH, 1924 gegründet, ist eine der führenden mittelständischen Wirtschaftsprüfungs- und Steuerberatungsgesellschaften in Deutschland. Wir beschäftigen rund 300 Mitarbeiter an bundesweit sieben Standorten. Zur BANSBACH-Gruppe gehören die BANSBACH Recht & Steuern GmbH, BANSBACH Unternehmensberatung GmbH, BTR BANSBACH GmbH, SLP BANSBACH GmbH, RWS BANSBACH GmbH & Co. KG und KRESTON BANSBACH GmbH.

Das ganze Spektrum der Wirtschaftsprüfung und Steuerberatung ist unser Aufgabengebiet. In unseren Teams arbeiten Spezialisten unterschiedlichster Fachbereiche zusammen. Dabei liegen unsere Schwerpunkte in folgenden Bereichen: Wirtschaftsprüfung, Steuerberatung, Corporate Finance, Unternehmensberatung, Financial Services, Rechtsberatung, Rechnungslegung und disziplinübergreifende Beratung. Dynamik, Flexibilität, individueller Einsatz, partnerschaftliches Denken und persönliche Verantwortung sind unsere Leitmotive. Was Sie als Mandanten an uns schätzen, gehört für uns zur internen Unternehmenskultur. Unsere Gesellschafter, Partner und Experten sind Ausdruck gebündelter Kompetenz für eine erfolgreiche Zusammenarbeit.

Unserem Urteilsvermögen vertrauen Unternehmer, Aufsichts- und Beiräte, Gesellschafter und Management ebenso wie Investoren, Kreditgeber, Geschäftspartner und die öffentliche Hand. Wir haben die Entwicklung der sich ständig ändernden Gesetze und Vorgaben im Blick, gehen Verordnungen auf den Grund und analysieren sie – um ihnen bestmögliche Gestaltungsmöglichkeiten aufzuzeigen. Kurz gesagt bedeutet dies, dass wir Komplexes einfach und nachvollziehbar machen und so die beste Lösung für Sie finden. Als Prüfungsgesellschaft für Unternehmen von öffentlichem Interesse nimmt das Unternehmen regelmäßig an der Qualitätskontrolle gemäß Paragraph 57a WPO teil.

Auch international ist BANSBACH immer eine gute Verbindung: weltoffen, international, grenzüberschreitend, modern. Als Mitglied und Mitbegründer von Kreston International begleiten wir Sie kompetent weltweit in über 100 Staaten in allen Wirtschaftszentren dieser Welt.

▶ **KONTAKT:** BANSBACH GmbH
Wirtschaftsprüfungs- und
Steuerberatungsgesellschaft
Dr. Bob Neubert, Jens Thomas Otto
Gänsheidestraße 67–74
70184 Stuttgart
Telefon: +49 711 16 46-796/-790
E-Mail: bob.neubert@bansbach-gmbh.de
jens.otto@bansbach-gmbh.de
Internet: www.bansbach-gmbh.de

Alexander Gunkel ist seit 2003 Mitglied der Hauptgeschäftsführung der Bundesvereinigung der Deutschen Arbeitgeberverbände (BDA) in Berlin. Er ist dort zuständig für die Bereiche Verwaltung und Verbandsorganisation, Betriebliche Personalpolitik, Volkswirtschaft, Finanzen, Steuern und Soziale Sicherung. Seit 2006 ist er Mitglied des Aufsichtsrats des Pensions-Sicherungs-Vereins VVaG. Er ist in zahlreichen Gremien mit Fragen der Alterssicherung befasst, so zum Beispiel als alternierender Vorsitzender des Bundesvorstands der Deutschen Rentenversicherung Bund, stellvertretender Vorsitzender des Sozialbeirats, Mitglied des Verwaltungsrats der Internationalen Vereinigung für Soziale Sicherheit und Vorsitzender des Verwaltungsrats des Versorgungsverbands deutscher Wirtschaftsorganisationen.

Die **BDA** ist die sozialpolitische Spitzenorganisation der gesamten deutschen gewerblichen Wirtschaft. Sie vertritt die Interessen kleiner, mittelständischer und großer Unternehmen aus allen Branchen in allen Fragen der Sozial- und Tarifpolitik, des Arbeitsrechts, der Arbeitsmarktpolitik sowie der Bildung. Die BDA setzt sich auf nationaler, europäischer und internationaler Ebene für die Interessen von einer Million Betrieben mit circa 20 Millionen Beschäftigten ein, die der BDA durch freiwillige Mitgliedschaft in Arbeitgeberverbänden verbunden sind. Die Arbeitgeberverbände sind in den der BDA unmittelbar angeschlossenen 51 bundesweiten Branchenorganisationen und 14 Landesvereinigungen organisiert.

▸ **KONTAKT:** BDA | DIE ARBEITGEBER
Bundesvereinigung der Deutschen Arbeitgeberverbände
Alexander Gunkel
Breite Straße 29
10178 Berlin
Telefon: +49 30 20 33-10 08
E-Mail: a.gunkel@arbeitgeber.de
Internet: www.arbeitgeber.de

Jana Schimke ist seit 2013 Mitglied des Deutchen Bundestags. Dort vertritt sie den Brandenburger Wahlkreis Dahme-Spreewald, Teltow-Fläming III und Oberspreewald-Lausitz I. Im Ausschuss für Arbeit und Soziales hat sie ihren Schwerpunkt in der Renten- und Beschäftigungspolitik. Sie engagiert sich ebenfalls im Parlamentskreis Mittelstand (PKM) sowie in der Jungen Gruppe der CDU/CSU-Bundestagsfraktion. Seit April 2015 ist Jana Schimke stellvertrende Landesvorsitzende der CDU Brandenburg sowie Vorsitzende des Landesfachausschusses für Arbeitsmarkt und Soziales.

Jana Schimke wurde 1979 in Cottbus geboren und studierte Politikwissenschaften in Dresden und Berlin. Nach einigen Jahren als Referentin für verschiedene Abgeordnete des Deutschen Bundestags war Jana Schimke zuletzt für die Bundesvereinigung der Deutschen Arbeitgeberverbände (BDA) tätig. Sie ist des Weiteren unter anderem ehrenamtlich im DRK Landesverband Brandenburg e. V. sowie der McDonald's Kinderhilfe Stiftung engagiert.

▸ **KONTAKT:** Deutscher Bundestag
CDU/CSU-Bundestagsfraktion
Jana Schimke, MdB
Platz der Republik 1
11011 Berlin
Telefon: +49 30 227-7 35 50
E-Mail: jana.schimke@bundestag.de
Internet: www.jana-schimke.de

Carsten Cornelsen, MBA, ist Projektmanager im Bereich Compensation & Benefits. Er berät seit 2009 Unternehmen zur betrieblichen Altersversorgung und entwickelt Konzepte zum Thema Compensation & Benefits. Im Rahmen dieser Tätigkeit führte er 2014 eine repräsentative Studie zum Thema Employer-Branding und Steigerung der Arbeitgeberattraktivität im Mittelstand durch.

Als Beratungsinstitut für betriebliche Altersversorgung berät die **confera GmbH** deutschlandweit Unternehmen und deren Mitarbeiter. Hierbei bietet die confera GmbH eine langjährig erprobte Kombination aus Transparenz für die Mitarbeiter und Verwaltungsminimierung für die Personalabteilung.

Das Ziel der Beratung ist stets, den Mitarbeitern die bestmögliche Versorgung zu ermöglichen und dabei den Aufwand für den Arbeitgeber gering zu halten. Mit langjähriger Erfahrung und einer stetigen Analyse der Marktentwicklung garantiert die confera GmbH fachliche Kompetenz auf hohem Niveau. Mit conzert verfügt die confera GmbH hierbei über einen zertifizierten Beratungsprozess der betrieblichen Altersversorgung. Dieser garantiert den Arbeitgebern und Arbeitnehmern einen gleichmäßig hohen Standard. Zusammen mit der confera Consulting GmbH entstehen so transparente und wirksame Konzepte zu Compensation & Benefits.

▶ **KONTAKT:** confera Unternehmensgruppe
Carsten Cornelsen
Langemarckplatz 3
91054 Erlangen
Telefon: +49 9131 97 49 70
E-Mail: c.cornelsen@confera.de
Internet: www.confera.de

Dr. Helmut Hofmeier ist seit 1. Januar 2014 Partner von Deloitte, Geschäftsführer der B&W Deloitte GmbH sowie Head of Actuarial & Insurance Services. Von 2001 bis 2013 bekleidete er im Gothaer-Konzern verschiedene Vorstandspositionen, war dabei auch CEO der Gothaer Lebensversicherung AG sowie der Verantwortliche Aktuar der Konzerngesellschaften. Innerhalb des Konzerns war er zudem spartenübergreifend verantwortlich für Mathematik und das Produktmanagement/-marketing. In seiner Funktion als CEO der Gothaer Lebensversicherung AG war er auch zuständig für die Lebensversicherungstechnik, bAV und Vertriebsunterstützung. Helmut Hofmeier ist Diplom-Mathematiker, Diplom-Physiker und Aktuar DAV/IVS.

Dr. Klaus Friedrich arbeitet seit 2013 als Director bei Deloitte. Sein Beratungsfokus ist die Produktgestaltung, das Produktmanagement und die Schnittstelle zwischen Aktuariat und Vertrieb. Zuvor war er mehrere Jahre bei der Skandia Gruppe in Berlin verantwortlich für die betriebliche Altersversorgung und leitete dort unter anderem das Produktmanagement. Er begann seine berufliche Tätigkeit bei dem Berater für betriebliche Altersversorgung Höfer Vorsorge-Management und leitete für diesen die Gründung des Pensionsfonds PENSOR, dessen Gründungsvorstand er war. Klaus Friedrich ist Diplom-Mathematiker, Aktuar DAV und Mitglied im IVS.

Deloitte erbringt Dienstleistungen aus den Bereichen Wirtschaftsprüfung, Steuerberatung, Consulting und Corporate Finance für Unternehmen und Institutionen aller Wirtschaftszweige. Mit einem Netzwerk von Mitgliedsgesellschaften in mehr als 150 Ländern verbindet Deloitte herausragende Kompetenz mit erstklassigen Leistungen und steht Kunden so bei der Bewältigung ihrer komplexen unternehmerischen Herausforderungen zur Seite. „To be the Standard of Excellence" ist für rund 200.000 Mitarbeiter von Deloitte die gemeinsame Vision und individueller Anspruch zugleich.

▸ **KONTAKT:** B&W Deloitte GmbH
Magnusstraße 11
50672 Köln
Telefon: +49 221 9 73 24 58
E-Mail: hhofmeier@deloitte.de
kfriedrich@deloitte.de
Internet: www.deloitte.com/de

RA Gisbert Schadek ist Vorstand der Entgelt und Rente AG. Er hat sein Jurastudium an der Universität Köln mit dem zweiten juristischen Staatsexamen abgeschlossen. Ehe er zur Entgelt und Rente AG bzw. deren Rechtsvorgängerin wechselte, war er für die Vorgängerin der deutschen Rentenversicherung Rheinland, die Landesversicherungsanstalt Rheinprovinz in Düsseldorf, tätig und maßgeblich am Aufbau Ost der Rentenversicherung in den neuen Bundesländern beteiligt.

Die **Entgelt und Rente AG (E & R)** ist ein IT- und Dienstleistungsunternehmen, das auf die Gebiete betriebliche Altersversorgung (bAV) und Entgeltabrechnung spezialisiert ist. Der Schwerpunkt unserer Angebote liegt auf der Digitalisierung von personaldatenbezogenen Verwaltungsprozessen.

Das Unternehmen beschäftigt sich bereits seit 1998 mit den beiden Geschäftfeldern bAV und Entgeltabrechnung. Als ursprünglicher Dienstleister für IHKs, Verbände und vergleichbare Einrichtungen bieten wir heute unsere Serviceleistungen allen Arbeitgebern unabhängig von der Mitarbeiteranzahl an.

Zurzeit beschäftigen wir circa 50 Mitarbeiter. Unser Firmensitz ist in Langenfeld (Nordrhein-Westfalen).

Unter der Marke Rentenmanager bieten wir eine Software-as-a-Service-Lösung zur bAV-Administration an sowie unter der Marke LuGIS ein entsprechendes Angebot für die Entgeltabrechnung, das durch mehrere Module, beispielsweise eine Urlaubs- und Zeitverwaltung, ergänzt werden kann.

▶ **KONTAKT:** Entgelt und Rente AG
RA Gisbert Schadek
Solinger Straße 22
40764 Langenfeld
Telefon: +49 2173 9 37 78 00
E-Mail: info@er-ag.de
Internet: www.er-ag.de

Autoren- und Unternehmensporträts

Dr. Guido Birkner ist verantwortlicher Redakteur für das Themenfeld Human Resources in der FRANKFURT BUSINESS MEDIA GmbH – Der F.A.Z.-Fachverlag in Frankfurt am Main. Er publiziert Studien, Bücher, Magazine und Artikel zu diversen HR-Themenfeldern, vor allem zur Vergütung, zur betrieblichen Altersversorgung, zu Dienstwagen und Mobilität sowie zum betrieblichen Gesundheitsmanagement. Nach einem Geschichtsstudium in Köln und Heidelberg war er zunächst als wissenschaftlicher Mitarbeiter an der Universität Heidelberg tätig. Hier wurde er 2000 promoviert. Im selben Jahr wechselte er zum F.A.Z.-Institut, für das er seitdem schreibt.

Die **FRANKFURT BUSINESS MEDIA GmbH – Der F.A.Z.-Fachverlag** mit Sitz in Frankfurt am Main ist eine 100-prozentige Tochter der F.A.Z. GmbH. Im Fachverlag FBM hat die F.A.Z.-Verlagsgruppe im November 2014 ihre Fachverlagsaktivitäten, Publishing-, Konferenz- und Bildungsaktivitäten einschließlich des F.A.Z.-Instituts neu geordnet. FBM verlegt Titel wie das „F.A.Z.-PersonalJOURNAL", den „Frankfurter Allgemeinen Hochschulanzeiger", das Magazin „Markt und Mittelstand" oder die Zeitung „Der Neue Kämmerer". Im Kongressgeschäft gehören Veranstaltungsmarken wie der „Innovationspreis der Deutschen Wirtschaft", der „Deutsche HR-Summit" und die Kongressmesse „Structured FINANCE" zum Geschäftsportfolio. Das F.A.Z.-Institut wendet sich als verbundenes Unternehmen des F.A.Z.-Fachverlags FBM mit hochwertigen Dienstleistungen an Entscheider in Marketing und Kommunikation. Zum Portfolio zählen die im deutschen Markt führenden Medien- und Kommunikationsanalysen. Ferner werden dort Corporate-Publishing-Konzepte entwickelt.

▸ **KONTAKT:** FRANKFURT BUSINESS MEDIA GmbH –
Der F.A.Z.-Fachverlag
Dr. Guido Birkner
Frankenallee 68–72
60327 Frankfurt am Main
Telefon: +49 69 75 91-32 51
E-Mail: guido.birkner@frankfurt-bm.com
Internet: www.frankfurt-bm.com

Dr. Klaus Mössle (geb. 1956) ist seit 2004 Geschäftsführer bei Fidelity Worldwide Investment (FIL). Als Leiter des Institutionellen Geschäfts und Geschäftsführer der deutschen Kapitalverwaltungsgesellschaft verantwortet er die klassische Vermögensverwaltung und Pensionslösungen für Unternehmenskunden. Zuvor war er acht Jahre als Geschäftsführer der Deutsche Asset Management (DeAM) in Frankfurt für das Geschäft mit institutionellen Anlegern zuständig. Vor seinem Eintritt bei der DeAM im Jahr 1989 arbeitete er als Rechtsanwalt für die Anwaltssozietäten Hengeler Mueller in Frankfurt und Arnold & Partner in Washington D.C. Klaus Mössle war zudem über mehrere Jahre Präsident der European Asset Management Association und Vorsitzender des BVI Spezialfonds-Ausschusses. Er hat an den Universitäten Tübingen und Genf ein Studium der Rechtswissenschaften absolviert und promoviert sowie ein Masters Degree an der New Yorker Columbia University erworben.

Fidelity Worlwide Investment ist eine Fondsgesellschaft, die insbesondere aktiv gemanagte Publikum- und Spezialfonds und Altersvorsorgelösungen für private und institutionelle Anleger anbietet. Das Unternehmen besitzt Niederlassungen in 25 Ländern weltweit und deckt mit seinen Anlagelösungen alle Regionen, Branchen und große Anlageklassen ab. Die Assets under Management betragen 259,7 Milliarden Euro. Neben hauseigenen Fonds können Anleger auch Anlageprodukte anderer Anbieter erwerben. Diese Assets under Administration betragen 77,9 Milliarden Euro. Mit weltweit über 6.000 Mitarbeitern betreut Fidelity Privatanleger, Finanzberater, Vermögensverwalter, Family Offices, Banken, Versicherungen, Altersvorsorgeeinrichtungen, Unternehmen und Staatsfonds. Dabei fokussiert sich Fidelity auf ein einziges Ziel: Mit herausragenden Investmentlösungen und ausgezeichnetem Service will Fidelity seinen Kunden helfen, ihre finanziellen Ziele zu erreichen. In der betrieblichen Altersversorgung entwickelt Fidelity Anlagelösungen für leistungsorientierte Pläne (Defined Benefits/DB) und für beitragsorientierte Pläne (Defined Contributions/DC).

Fidelity Worldwide Investment wurde 1969 von Edward C. Johnson II gegründet und ist bis heute im Besitz der Familie Johnson und des Managements. Die Philosophie der Gründerfamilie bildet die Basis des Investmentansatzes: Ein aktives Fondsmanagement und die Einzeltitelauswahl auf Grundlage fundierter Unternehmensanalysen liefern Anlegern echten Mehrwert. Daher verfügt Fidelity über eines der größten Research-Netzwerke mit rund 400 Anlageexperten weltweit.

In Deutschland ist Fidelity Worldwide Investment seit 1992 tätig, beschäftigt rund 300 Mitarbeiter und betreut ein Kundenvermögen von 30,4 Milliarden Euro. Fidelity vereint in Deutschland unter seinem Dach eine der führenden Fondsgesellschaften und mit der FFB eine der größten unabhängigen Fondsplattformen. Die FFB ist eine spezialisierte deutsche Fondsbank, die sich allein auf Dienstleistungen rund um Anleger und ihre Vermögensziele konzentriert. Sie richtet ihre Dienstleistungen an unabhängige Finanzberater, Investmentgesellschaften, Versicherungen und Banken, die über die Plattform unter anderem rund 8.000 Fonds und 250 ETFs von über 200 in- und ausländischen Anbietern kaufen und verwahren können. Die FFB betreut ein Vermögen von 15,8 Milliarden Euro in rund 575.000 Kundendepots. In der Asset-Management-Sparte verwaltet Fidelity in Deutschland ein Fondsvolumen von 14,6 Milliarden Euro. Unter der Marke Fidelity Worldwide Investment werden in Deutschland 159 Publikumsfonds direkt sowie über rund 600 Kooperationspartner vertrieben.

Alle Angaben per 30. Juni 2015. Weitere Informationen finden Sie unter www.fidelity.de und unter www.ffb.de.

▸ **KONTAKT:** FIL Investment Management GmbH
Fidelity Worldwide Investment
Dr. Klaus Mössle
Kastanienhöhe 1
61476 Kronberg im Taunus
Telefon: +49 6173 5 09 32 10
E-Mail: klaus.moessle@fil.com
Internet: www.fidelity.de

Winfried Becker stieß 2013 als Aktienanalyst zum Financial-Markets-Research-Team der BHF-BANK. Er verfügt über jahrzehntelange Erfahrung als Analyst für deutsche Aktien mit dem Schwerpunkt auf Industriewerte. Winfried Becker hat in seiner beruflichen Karriere seit 1986 zahlreiche Kapitalmarkttransaktionen bedeutender Unternehmen wie Heidelberger Druckmaschinen und MTU mit Research begleitet. Bei der BHF-BANK widmet er sich vor allem Unternehmen des deutschen Mittelstands und der Großindustrie, die im Rahmen von umfassenden Geschäftsbeziehungen aus einer Hand betreut werden. Im Geschäftsfeld Financial Markets & Corporate Banking sind die Handelsbereiche Devisen, Renten & Geldmarkt sowie Aktien zusammengefasst. Beim Thema Pensionsverpflichtungen wird auf das Know-how von FRANKFURT-TRUST, dem Asset-Manager der Bank, zurückgegriffen. Winfried Becker ist Autor einer Studie über die Auswirkungen der Pensionsverpflichtungen auf die Bilanzzahlen deutscher Unternehmen.

Der 1969 gegründete **FRANKFURT-TRUST** ist eine 100-prozentige Tochter der BHF-BANK, einer der führenden Privatbanken Deutschlands, die seit dem 26. März 2014 in den Verbund der Kleinwort Benson Group gehört. FRANKFURT-TRUST ist ein aktiver Fondsmanager mit disziplinierten, transparenten Investmentprozessen. Besondere Stärken bestehen in der konsequenten Risikosteuerung eines Gesamtportfolios durch hochflexible Vermögensverwaltungslösungen. Des Weiteren hat sich FRANKFURT-TRUST darauf spezialisiert, nachhaltig ertragreiche Investmentideen und langfristige Trends an den Kapitalmärkten zu identifizieren und seinen Anlegern mit innovativen Produkten auf intelligente Art und Weise zu erschließen. Aktuell managt FRANKFURT-TRUST ein Volumen von 18,3 Milliarden Euro in Publikumsfonds und institutionellen Mandaten.

Bei der betrieblichen Altersversorgung ist das Unternehmen als Asset-Manager mit starkem Fokus auf den deutschen Mittelstand auf Lösungen für mittelgroße Unternehmen spezialisiert. FRANKFURT-TRUST bietet im Pension-Asset-Management die Kombination effizienter Sicherungsplattformen, kundenindividueller Begleitung und zielorientierter Kapitalanlage an. Dabei können Unternehmen von jahrzehntelanger Erfahrung im On- und Off-Balance-Management von Pensionsgeldern und der maßgeschneiderten Beratung beispielsweise zur Finanzierung von Pensionsverpflichtungen profitieren. Im Projektmanagement arbeitet das Haus mit langjährigen strategischen Partnern zusammen.

FRANKFURT-TRUST bietet Lösungskompetenz im Pension-Asset-Management:

- Initiierung und Begleitung von Transaktionen
- Nutzung von Gruppentreuhand (CTA) und Pensionsfonds in Kombination als „das Beste beider Welten" unter Beachtung betriebswirtschaftlicher Effizienz
- kundenindividuelle Begleitung von Asset-Liability-Management, Asset-Allokation sowie Risiko- und Fiduciary-Management in Zusammenarbeit mit strategischem Partner
- zielorientierte Kapitalanlage als Kernkompetenz:
  - bei Ertragsorientierung: Absolute-Return-Strategien (konservativ, ausgewogen, dynamisch), Aktienstrategien, Fixed-Income-Strategien
  - bei Verpflichtungsorientierung: Liability-driven Investments in Zusammenarbeit mit strategischen Partnern

▸ **KONTAKT:** FRANKFURT-TRUST Investment Gesellschaft mbH
Bockenheimer Landstraße 10
60323 Frankfurt am Main
Internet: www.frankfurt-trust.de

Frank-Peter Martin
Geschäftsführer
Telefon: +49 69 92 05 01 20
E-Mail: frank-peter.martin@frankfurt-trust.de

Christian Storck, MBA, LL.M. (M&A), LL.M. (Altersvorsorge), Abteilungsdirektor Unternehmen, öffentliche Einrichtungen und Pensionslösungen
Telefon: +49 69 92 05 02 69
E-Mail: christian.storck@frankfurt-trust.de

Rainald Meyer ist seit Juli 2011 Geschäftsführer der Funk Vorsorgeberatung GmbH und der Funk Pensionsmanagement GmbH. Der diplomierte Mathematiker war in verschiedenen leitenden Funktionen in der Versicherungsbranche tätig und verfügt über eine langjährige Erfahrung im Bereich der betrieblichen Altersversorgung. An der Hochschule Kaiserslautern ist er seit mehreren Jahren Dozent für die betriebliche Altersversorgung. Rainald Meyer ist Mitglied der Fachvereinigung mathematische Sachverständige der Arbeitsgemeinschaft für betriebliche Altersversorgung e. V. (aba) und Mitglied des Arbeitskreises Lebensversicherung des VDVM.

Frank Rebenstorff verfügt über 16 Jahre Erfahrung in der betrieblichen Altersversorgung und angrenzenden Themenstellungen. Der Diplom-Betriebswirt berät als Experte im Bereich International Employee-Benefits aktiv multinationale Unternehmen und Organisationen, unter anderem in Benefit-Audit und Benchmarking, multinationalem Pooling, Global Benefits-Governance, internationalen Krankenversicherungslösungen sowie Absicherungsprogrammen für Expats.

Funk ist der größte inhabergeführte Versicherungsmakler und Risk-Consultant in Deutschland und gehört zu den führenden Maklerhäusern in Europa. 1879 in Berlin gegründet, beschäftigt das Unternehmen heute rund 1.050 Mitarbeiter an 33 Standorten in Europa. Über das eigene internationale Netzwerk „The Funk Alliance" ist Funk weltweit präsent. Als Systemhaus für Risikolösungen betreut Funk Unternehmen aller Branchen in Fragen des Versicherungs- und Risikomanagements sowie der Vorsorge. Für sie entwickelt Funk individuelle Konzepte und optimiert die Absicherung aller betrieblichen Risiken – konsequent am Bedarf orientiert.

▸ **KONTAKT:** Funk Vorsorgeberatung GmbH
Budapester Straße 31, 10787 Berlin
Rainald Meyer
Telefon: +49 30 25 00 92-904
E-Mail: r.meyer@funk-gruppe.de
Frank Rebenstorff
Telefon: +49 30 25 00 92-903
E-Mail: f.rebenstorff@funk-gruppe.de
Internet: www.funk-gruppe.de

Michael Reinelt begleitet als Abteilungsdirektor des Produkt- und Beratungsmanagement (bAV) das gesamte Produktportfolio in der bAV der Generali, das alle Durchführungswege sowie ergänzende Versorgungslösungen umfasst, in verantwortungsvoller Funktion und ist Vorstand mehrerer Unterstützungskassen. Seit Mitte der neunziger Jahre erfüllt Michael Reinelt vielfältige Funktionen in der betrieblichen Altersversorgung. Seine Praxiserfahrung umfasst zum einen die Produktgebersicht, die sich regelmäßig mit den komplexen fachlichen und (steuer-)rechtlichen Rahmenbedingungen auseinandersetzen muss. Zum anderen bietet die jahrzehntelange vertriebsnahe und auch kundennahe Betreuung in der bAV die Möglichkeit, selbige komplexe Fragestellungen praxisnah und verständlich zu vermitteln.

Die **Generali Versicherungen** gehören als Teil der Generali Deutschland Gruppe zum europäischen Finanzdienstleistungskonzern Assicurazioni Generali, Triest. Mit 6 Millionen Kunden, über 6 Milliarden Euro Beitragseinnahmen und rund 48 Milliarden Euro Kapitalanlagen zählen sie zu den bedeutenden Serviceversicherern in Deutschland. Sie bieten Versicherungsschutz für Privatkunden, ebenso für Firmenkunden. Im zukunftsträchtigen Geschäftsfeld der betrieblichen Altersversorgung genießt die Generali dank jahrzehntelanger Erfahrung, insbesondere bei Großkunden, einen hervorragenden Ruf. Regelmäßig attestiert die unabhängige Ratingagentur Service-Rating GmbH die Servicequalität in der betrieblichen Altersversorgung: durchgehend exzellent in den Qualitätsdimensionen Servicemanagement, Service- und Beratungsleistungen sowie Servicewirksamkeit. Damit ist die Generali Marktführer in Deutschland.

▶ **KONTAKT:** Generali Versicherungen
KompetenzCenter bAV
Oeder Weg 151
60318 Frankfurt am Main
Telefon: +49 69 15 02-27 51
E-Mail: christine.hopfinger@generali.com
Internet: www.generali.de, www.generali-bav.de

Wolfgang Murmann schloss sich Insight im Dezember 2013 als Business Development Director an. Zuvor war er 14 Jahre lang in verschiedenen Beratungs-, Strukturierungs- und Vertriebsfunktionen bei der Dresdner Bank/Commerzbank tätig. Zuletzt arbeitete Murmann als Pensions&Insurance-Strukturierer und verantwortete die Entwicklung und Implementierung einer Plattform zum Transfer von Langlebigkeitsrisiken. Zudem war er in Design und Vermarktung von Anlagelösungen und synthetischen Versicherungslösungen involviert. Murmann hat ein Studium zum Bachelor of Business Administration an der Frankfurt School of Finance & Management abgeschlossen und hält einen MSc in Finance der Cass Business School.

Insight Investment ist ein erfolgreicher und vielfach ausgezeichneter Asset- und Risikomanager, der maßgeschneiderte Investmentkonzepte für institutionelle Investoren entwickelt. Als Pionier innovativer Anlagestrategien stehen kundenspezifische Investmentziele im Fokus. Der partnerschaftliche Ansatz ermöglicht es Insight, als Spezialist für Risikomanagementkonzepte, aktives Anleihemanagement und Absolute-Return-Strategien einen ökonomischen Mehrwert für seine Kunden zu erwirtschaften. Seit Gründung 2002 ist Insight Investment dynamisch gewachsen und verwaltet heute mit rund 675 Mitarbeitern über 540 Milliarden Euro. Im Bereich Liability Driven Investments (LDI) ist Insight einer der größten Anbieter in Europa. Eine Leistungszusage entspricht ökonomisch einem Darlehen der Arbeitnehmer an den Arbeitgeber. Viele Unternehmen steuern aktiv Zinsrisiken aus der Fremdkapitalaufnahme, vernachlässigen aber das Managen der Risiken aus Leistungszusagen. Insights LDI-Konzepte haben das Ziel, unerwünschte Liability-Risiken abzusichern und zu steuern sowie eine Allokation des Planvermögens in Anlagen mit Wachstumspotenzial zu ermöglichen.

▸ **KONTAKT:** Insight Investment
Wolfgang Murmann
Business Development Director, Europe
160 Queen Victoria Street, London EC4V 4LA
Telefon: +44 20 73 21 13 65
E-Mail: wolfgang.murmann@
insightinvestment.com
Internet: www.insightinvestment.com

Frank Vogel ist seit Januar 2011 als Geschäftsleiter bei der KAS BANK N.V. – German Branch tätig und verantwortet alle Vertriebsaktivitäten der KAS BANK Gruppe in Deutschland. Zuvor war er zehn Jahre bei der Citigroup in London und Frankfurt beschäftigt, zunächst im Relationship-Management, später als Head of Sales Investor Services. Nach seinem Masterstudium begann Frank Vogel seine berufliche Laufbahn in der Finanzindustrie bei der Londoner Börse.

Die KAS BANK N.V. mit Hauptsitz in Amsterdam und Niederlassungen in Frankfurt am Main und London ist eine unabhängige Bank für Geschäftskunden. Sie zählt in den Niederlanden zu den führenden Anbietern von Wertpapier- und Mehrwertdienstleistungen für institutionelle Kunden aus dem Altersvorsorgesegment. Die weitreichende Expertise wird dem deutschen Markt über die nach hiesigem Recht eigenständig agierende Verwahrstelle KAS BANK N.V. – German Branch verstärkt angeboten, wobei mittelständische Versorgungseinrichtungen und Corporate Investors im Fokus stehen. Die KAS BANK strebt auch in Deutschland eine marktführende Stellung in dieser Zielgruppe an und baut dabei auf ihrer herausragenden Position im niederländischen Markt auf.

Die KAS BANK verfolgt mit ihrem risikoaversen Geschäftsmodell stringent die Unternehmensstrategie des Pure Play und tätigt als neutraler Service- und Informationsprovider weder eigenes Asset-Management noch Eigenhandel, Investmentbanking oder Kreditgeschäft. Die KAS BANK wurde 1806 gegründet. Das Traditionsunternehmen ist an der NYSE Euronext in Amsterdam gelistet und beschäftigt derzeit rund 700 Mitarbeiter.

▸ **KONTAKT:** KAS BANK N.V. – German Branch
Frank Vogel
Geschäftsleiter
Mainzer Landstraße 51
60329 Frankfurt am Main
Telefon: +49 69 5 05 06 79-20
E-Mail: frank.vogel@kasbank.com
Internet: www.kasbank.de

Mark Walddörfer, Aktuar DAV/Sachverständiger IVS, ist Mitglied der Geschäftsführung der Longial GmbH. Er ist für die Bereiche Bewertung, Gutachten, Prognose und Administration verantwortlich. Schwerpunkte seiner Tätigkeit liegen in der bilanziellen Bewertung von Pensions- und sonstigen Personalverpflichtungen nationaler und internationaler Konzerne sowie in der Tätigkeit als Verantwortlicher Aktuar betrieblicher und überbetrieblicher Pensionskassen.

Michael Hoppstädter, Betriebswirt für betriebliche Altersversorgung (FH), ist Leiter Consulting der Longial GmbH. Darüber hinaus ist er Ansprechpartner für Fragen internationaler betrieblicher Versorgungssysteme insbesondere im Rahmen des International Benefits Network (IBN). In der täglichen Beratungspraxis beschäftigt er sich mit allen konzeptionellen und betriebswirtschaftlichen Fragestellungen von Unternehmen im komplexen Themenfeld der bAV.

Longial – Die Pensionsberater mit Sitz in Düsseldorf und einem weiteren Standort in Hamburg versteht sich als der spezialisierte Dienstleister für Lösungen rund um die Altersversorgung von Unternehmen und Versorgungseinrichtungen in Deutschland: eigenständig und neutral, mit höchster Kundenorientierung, langjähriger Erfahrung und innovativen Ideen.

Die Pensionsexperten beraten, bewerten und betreuen betriebliche Versorgungslösungen in allen Fragen der betrieblichen Altersversorgung (bAV) für Unternehmen und Versorgungseinrichtungen, unabhängig von Branche und Größe. Der Fokus liegt immer auf der Gestaltung leistungsfähiger betrieblicher Versorgungssysteme, immer im Einklang mit der Unternehmensphilosophie des Kunden.

Aus den unterschiedlichsten Disziplinen arbeiten Experten in Beraterteams eng zusammen. Mathematiker, Aktuare, Volks- und Betriebswirte sind gemeinsam mit Steuerberatern, Juristen und erfahrenen Verwaltungsfachkräften darauf spezialisiert, optimale bAV-Lösungen für Kunden zu entwickeln.

Von der Beratung bei Neueinrichtung oder Umstrukturierung der betrieblichen Altersversorgung über versicherungsmathematische oder betriebswirtschaftliche Bewertungen bis hin zur Administration, dem kompletten Informationsmanagement und der Erstellung und Umsetzung von Finanzierungskonzepten: Die derzeit 85 Mitarbeiter bieten den Firmenkunden von Longial maßgeschneiderte, integrierte bAV-Lösungen auf höchster Qualitätsstufe.

▸ **KONTAKT:** Longial GmbH
Mark Walddörfer
Prinzenallee 13
40549 Düsseldorf
Telefon: +49 211 49 37-76 33
E-Mail: mark.walddoerfer@longial.de
Internet: www.longial.de

Pascal Bazzazi ist Herausgeber und Chefredakteur von www.Leiter-bAV.de und einer der wenigen, wenn nicht der einzige Finanzjournalist in Deutschland, der ausschließlich auf das institutionelle betriebliche Pensionswesen spezialisiert ist. Er ist Co-Herausgeber des vorliegenden Buches.

Leiter-bAV.de ist ein Onlineforum für die betriebliche Altersversorgung in Deutschland mit ihren institutionellen Protagonisten und ist inhaltlich ausschließlich auf die bAV fokussiert. Es erscheint mehrmals wöchentlich bis werktäglich morgens per Newsletter und bringt dabei immer nur einen einzigen, kurzen, knappen Beitrag, sei es News, Interview, Gastbeitrag, Kommentar, Presseschau, Personalmeldung oder Parkettgeflüster. Leiter-bAV.de richtet sich primus inter pares an die bAV-Chefs der deutschen Industrie und von Pensionseinrichtungen (also an die Leiter der bAV) sowie an deren Mitarbeiter, ebenso an Aufsicht und Ministeriale, Politiker und Verbandsvertreter, Aktuare, bAV-Consultants und -Anbieter sowie Asset-Manager, Custodians und Fonds-Administratoren – kurz: an alle, die sich für die Belange der bAV interessieren. Mit der Gründung Anfang 2013 hat Leiter-bAV.de insofern eine Lücke geschlossen, als die bAV in den meisten institutionellen Finanzmedien in Deutschland nicht als Kern-Topic gilt. Vielmehr liegt der Fokus dieser Medien zumeist auf dem Versicherungswesen oder auf dem Asset-Management, und das betriebliche Pensionswesen wird dort nur insofern behandelt, als es diese Themenkomplexe tangiert. Analoges gilt für Politik, Aufsichten und breite Öffentlichkeit: Dort wird die bAV häufig pauschal dem Komplex „Altersvorsorge" zugeordnet und zwischen dem Versicherungswesen, der dritten Säule, und der gesetzlichen Rente, der ersten Säule, kaum eigenständig wahrgenommen. Die betriebliche Altersversorgung ist eine kollektive, institutionell geprägte und weitgehend krisenfeste Sozialleistung der deutschen Industrie. Leiter-bAV.de ist ihr Onlinemedium und ihr Diskussionsforum gleichermaßen.

▶ **KONTAKT:** Pascal Bazzazi
Herausgeber und Chefredakteur Leiter-bAV.de
Prenzlauer Allee 216, 10405 Berlin
Telefon: +49 30 44 04 59 93
E-Mail: redaktion@lbav.de
Internet: www.leiter-bav.de

Matthias Edelmann ist seit 2011 ist Vorstand von Lurse. Er verantwortet die Neuordnung und Harmonisierung betrieblicher Versorgungswerke und sonstiger Benefitsysteme sowie die Durchführung internationaler Benefit-Audits. Zuvor war er Gründer und Vorstand einer auf betriebliche Altersversorgung spezialisierten Unternehmensberatung sowie Geschäftsführer für das bAV-Geschäft bei einem internationalen Beratungsunternehmen.

Dr. Carsten Schmidt ist Aktuar DAV und Sachverständiger IVS und seit 2013 Projektmanager bei Lurse. Er verfügt über eine mehr als 15-jährige Erfahrung in der Beratung auf dem Gebiet der bAV sowie der Gestaltung neuer Versorgungswerke. Zuletzt war er Head of Pensions & Pension Governance bei einem großen internationalen Handelskonzern.

Lurse ist eine führende HR-Strategieberatung im deutschen Markt. Seit über 25 Jahren schätzen Kunden Lurse als kompetenten Ansprechpartner bei der Gestaltung von Vergütungs-, Benefits- und Performancesystemen. Lurse verfügt über qualifizierte, seit Jahrzehnten gewachsene Benchmarkinformationen und das Know-how aus der Administration von bAV-Systemen. Die praxiserfahrenen Berater des Unternehmens stellen als Experten und Moderatoren die erfolgreiche Umsetzung von HR-Lösungen mit allen involvierten Parteien sicher. Lurse ist an den Standorten Paderborn/Salzkotten, Frankfurt/Main, Hannover, Köln/Bonn, München und Zürich vertreten.

▶ **KONTAKT:** Lurse AG
Matthias Edelmann
Friedberger Landstraße 8
60316 Frankfurt am Main
Telefon: +49 69 6 78 30 60-0
E-Mail: m.edelmann@lurse.de
Internet: www.lurse.de

Swen Silke Al ist seit Gründung der planbAV GmbH ihre Geschäftsführerin und Vorstand der providass AG. Sie blickt auf über 15 Jahre geschäftsführende Berufserfahrung im Bereich betriebliche Altersversorgung zurück, insbesondere mittelständische Unternehmen mit mehr als 10.000 Mitarbeitern zählen zu ihren Kunden. Ihr Know-how umfasst die Konzeption, Optimierung und Realisation von Vorsorgestrategien – 100 Prozent unabhängig und individuell.

Alexander Siegmund ist seit 2006 Geschäftsführer der Kölner Pensionsmanagement GmbH. Als Master Pension Management (M.A./MPM) und Betriebswirt der betrieblichen Altersversorgung (FH) ist Alexander Siegmund der einzige in Deutschland gerichtlich zugelassene Rentenberater mit diesem bAV-spezifischen Abschluss. Zusätzlich ist er Vorstand der phi Versorgungskasse e. V. sowie Gründungsmitglied und Vorstand des gemeinnützigen Vereins zur Förderung der betrieblichen Altersversorgung e. V. Seine am OLG Köln zugelassene Rentenberatungskanzlei schafft umfassende Rechtssicherheit und entwickelt maßgeschneiderte Versorgungswerke für Unternehmen.

Die **Königsweg Gruppe** vereint unter ihrem Dach drei Experten zur Konzeption und Realisation von effizienten Versorgungslösungen für den Mittelstand. Zu den Gesellschaften zählen die Kölner Pensionsmanagement GmbH, die bAV-Expertin für die Entwicklung von zeitgemäßen und wirtschaftlichen Versorgungskonzepten, und die planbAV GmbH als kompetente Dienstleistungsgesellschaft für die Verwaltung und Betreuung von Versorgungssystemen. Die Dritte im Bunde ist die providass AG als neutrale und unabhängige Spezialmaklerin für die Umsetzung und Vermittlung betrieblicher Altersversorgung.

▸ **KONTAKT:** Swen Silke Al
Geschäftsführerin
Kollegienweg 20
53121 Bonn
Telefon: +49 228 9 78 97 40-0
E-Mail: Swen-Silke.Al@planbav.de
Internet: www.koenigsweg-gruppe.de

Robert Müller ist bei der S-PensionsManagement GmbH (SPM) seit 2007 tätig. Seit Anfang 2011 ist er Geschäftsführer und in Personalunion Vorstand der Sparkassen Pensionsfonds AG. Er verantwortet die Bereiche Marketing und Vertriebsunterstützung, Risikomanagement, Unternehmenssteuerung und IT. Vor seinem Wechsel zur SPM war er bei der DekaBank unter anderem als Abteilungsleiter für die Depot-A Beratung und zuletzt als Abteilungsleiter im Bereich Betriebliche Altersvorsorge tätig. Als Investmentanalyst/DVFA sowie EFFAS Financial Analyst verfügt er über eine langjährige Erfahrung im Fondsgeschäft.

Die **Sparkassen Pensionsfonds AG** ist ein 100-prozentiges Tochterunternehmen der S-PensionsManagement GmbH und seit 2002 am Markt tätig. Sie hat sich in den vergangenen Jahren besonders auf die Übernahme von Pensionsverpflichtungen spezialisiert.

Die Sparkassen Pensionsfonds AG profitiert im Vertrieb, in der Verwaltung und in der Kapitalanlage von den Strukturen, den Erfahrungen und der Unterstützung ihrer Partner in der Sparkassen-Finanzgruppe. Die jeweiligen operativen Geschäftsfunktionen sind auf Basis von Funktionsausgliederungsverträgen bzw. Dienstleistungsverträgen ausgelagert. Die Landesdirektionen der regional tätigen öffentlichen Lebensversicherer und die Sparkassen kümmern sich bundesweit um den Vertrieb der Produkte der Sparkassen Pensionsfonds AG.

Die Stärke der Sparkassen Pensionsfonds AG ergibt sich durch die enge Verzahnung des Unternehmens mit der Sparkassen-Finanzgruppe. So profitiert sie zum Beispiel in der Kapitalanlage von der Expertise der DekaBank als einem der größten Fondsanbieter in Deutschland.

▶ **KONTAKT:** Sparkassen Pensionsfonds AG
Anna-Schneider-Steig 8–10
50678 Köln
Telefon: +49 221 98 54 43 53
Internet: www.s-pensionsfonds.de

Dr. Henriette Meissner übernahm 2005 die Geschäftsführung der Stuttgarter Vorsorge-Management GmbH und ist Generalbevollmächtigte für die betriebliche Altersversorgung der Stuttgarter Lebensversicherung a.G. Sie war in verschiedenen leitenden Funktionen bei der Allianz Versicherungs-AG, der Allianz Asset Management sowie der DBV-Winterthur tätig. Sie leitet die Fachvereinigung Unterstützungskasse der Arbeitsgemeinschaft für betriebliche Altersversorgung (aba). Darüber hinaus ist sie als Dozentin an den Hochschulen Koblenz und Kaiserslautern tätig. Sie ist Leiterin des Fachbereichs bAV der Deutschen Makler Akademie. Henriette Meissner ist Herausgeberin des Praxishandbuches „Betriebliche Altersversorgung" (Wolters Kluwer) und hat den „Stuttgarter bAV-Preis" ins Leben gerufen, mit dem Die Stuttgarter jedes Jahr herausragende Hochschularbeiten aus dem bAV-Bereich auszeichnet.

Die **Stuttgarter Lebensversicherung a.G.** blickt auf über 100 Jahre Erfahrung und Erfolg im Versicherungsgeschäft zurück. Das mittelständische Unternehmen mit Sitz in Stuttgart zählt zu den führenden deutschen Maklerversicherern. Als Versicherungsverein auf Gegenseitigkeit (VVaG) handelt Die Stuttgarter unabhängig von Aktionärsinteressen und ausschließlich im Interesse ihrer Vereinsmitglieder, der Versicherten. Diese kundenfreundliche Rechtsform gewährleistet darüber hinaus die Eigenständigkeit des Unternehmens. Die auf Solidität und Beständigkeit ausgerichtete Strategie der Stuttgarter hat sich bis heute bewährt. Unabhängige Experten bestätigen dem Versicherer mit seinen konstant ausgezeichneten Unternehmenskennzahlen seit Jahren regelmäßig eine überdurchschnittliche Finanzkraft und eine hervorragende Qualität.

▶ **KONTAKT:** Stuttgarter Lebensversicherung a.G.
Dr. Henriette Meissner
Rotebühlstraße 120
70135 Stuttgart
Telefon: +49 711 6 65 25 25
E-Mail: bav@stuttgarter.de
Internet:
www.stuttgarter.de/betriebliche-altersversorgung

Dr. Alexander Zanker ist Teamleiter im Bereich Investment Consulting bei Towers Watson. Seit über sieben Jahren begleitet er betriebliche Versorgungswerke von mittelständischen und internationalen Unternehmen bei Fragen zu Kapitalanlage und Risikomanagement. Alexander Zanker ist Mitglied im Fachausschuss Anlage von Wertguthaben der AG ZWK und Chartered Financial Analyst (CFA, diplomierter Finanzanalyst).

Heiko Gradehandt ist Mitbegründer der Mittelstandsinitiative von Towers Watson. Er verantwortet die Entwicklung und den Vertrieb von Lösungen der Plan- und Finanzierungsgestaltung, die auf die Bedürfnisse des Mittelstands zugeschnitten sind. Seit mehr als zwanzig Jahren begleitet er die aktuarielle Betreuung und gestalterische Beratung betrieblicher Versorgungswerke von mittelständischen und internationalen Unternehmen.

Als eines der weltweit führenden Beratungsunternehmen unterstützt **Towers Watson** Unternehmen in der Optimierung ihrer Performance durch effektive Lösungen im Personal-, Finanz- und Risikomanagement. Die circa 16.000 Mitarbeiter weltweit beraten zu allen Aspekten der bAV, des Talent- und Vergütungsmanagements sowie des Risiko- und Kapitalmanagements. In Deutschland zählt Towers Watson zu den Top-20-Beratungen und ist mit rund 850 Mitarbeitern an fünf Standorten vertreten. In der bAV steht Towers Watson als einer der Markt- und Meinungsführer Unternehmen und Organisationen zur Seite, um moderne betriebliche Versorgungssysteme zu gestalten, zu implementieren und zu verwalten sowie das Finanz- und Risikomanagement zu steuern.

▸ **KONTAKT:** Towers Watson
Reiner Jung
Eschersheimer Landstraße 50
60322 Frankfurt am Main
Telefon: +49 69 15 05-51 16
E-Mail: reiner.jung@towerswatson.com
Internet: www.towerswatson.de

Marc-Oliver Scharwath ist seit 2012 bei Universal-Investment-Luxembourg tätig. Der Rechtsanwalt leitet dort die Abteilung Recht/Fonds-Setup. Zu seinen Schwerpunktthemen gehören neben der klassischen Konzeption von UCITS-Strukturen unter anderem der Aufsatz und die laufende rechtliche Betreuung komplexer Vehikel zur Anlage in alternative Asset-Klassen. Neben dem Abschluss als deutscher Rechtsanwalt hat er einen LL.M. (Norwich).

Stefan Rockel ist seit 1990 für Universal-Investment tätig und seit 2011 Geschäftsführer. Er ist verantwortlich für die vielfältigen Strukturierungslösungen (Product Solutions) vor allem für alternative Anlagen sowohl auf der deutschen als auch auf der luxemburgischen Plattform von Universal-Investment. Zusätzlich verantwortet er die Felder Finanzen, Personal und Steuern/Jahresberichte. Seit 2007 ist er zusätzlich geschäftsführendes Verwaltungsratsmitglied der Universal-Investment-Luxembourg S.A. Darüber hinaus hat er den Vorsitz im Steuerausschuss des BVI Bundesverband Investment und Asset Management e.V. inne. Von 1982 bis 1990 war er als Steuerprüfer im Außendienst der Hessischen Finanzverwaltung tätig.

Die **Universal-Investment-Gruppe** ist mit einem verwalteten Vermögen von rund 260 Milliarden Euro, davon etwa 220 Milliarden Euro in eigenen Vehikeln, weit über 1.000 Publikums- und Spezialfondsmandaten und rund 600 Mitarbeitern die größte unabhängige Investmentgesellschaft im deutschsprachigen Raum. Das Unternehmen konzentriert sich mit den drei Leistungsbereichen Administration, Insourcing und Risk-Management auf die effiziente und risikoorientierte Verwaltung von Fonds, Wertpapieren, alternativen Investments und Immobilien. Die Investmentgesellschaft ist die zentrale Plattform für unabhängiges Asset-Management und vereint das Investment-Know-how von Vermögensverwaltern, Privatbanken, Asset-Managern und Investmentboutiquen. Als Tochter renommierter Bankhäuser gehört die 1968 gegründete Universal-Investment-Gruppe mit Sitz in Frankfurt am Main sowie Töchtern und Beteiligungen in Luxemburg und Österreich zu den Pionieren in der Investmentbranche und ist heute Marktführerin in den Bereichen Master-KVG und Private-Label-Fonds.

▶ **KONTAKT:**   Universal-Investment
Theodor-Heuss-Allee 70
60486 Frankfurt am Main
Telefon: +49 69 7 10 43-114
E-Mail: ui-institutional@universal-investment.com
Internet: www.universal-investment.com